高等职业教育"十三五"创新型规划教材

商务谈判与沟通
（第2版）

主　编　李逾男　杨学艳
副主编　张　丽　刘爱芳
主　审　张建奎

北京理工大学出版社
BEIJING INSTITUTE OF TECHNOLOGY PRESS

版权专有　侵权必究

图书在版编目（CIP）数据

商务谈判与沟通/李逾男，杨学艳主编 . —2 版 . —北京：北京理工大学出版社，2017.7（2020.3重印）

ISBN 978－7－5682－4131－1

Ⅰ.①商… Ⅱ.①李…②杨… Ⅲ.①商务谈判—高等学校—教材 Ⅳ.①F715.4

中国版本图书馆 CIP 数据核字（2017）第 126027 号

出版发行 / 北京理工大学出版社有限责任公司
社　　址 / 北京市海淀区中关村南大街5号
邮　　编 / 100081
电　　话 /（010）68914775（总编室）
　　　　　（010）82562903（教材售后服务热线）
　　　　　（010）68948351（其他图书服务热线）
网　　址 / http：//www.bitpress.com.cn
经　　销 / 全国各地新华书店
印　　刷 / 北京虎彩文化传播有限公司
开　　本 / 787 毫米×1092 毫米　1/16
印　　张 / 14
字　　数 / 330 千字　　　　　　　　　　　　　责任编辑 / 李玉昌
版　　次 / 2017 年 7 月第 2 版　2020 年 3 月第 4 次印刷　责任校对 / 周瑞红
定　　价 / 35.00 元　　　　　　　　　　　　　　责任印制 / 李志强

图书出现印装质量问题，请拨打售后服务热线，本社负责调换

前　言

　　本书以现代商务谈判理论为指导，借鉴了管理学、心理学、公共关系等不同学科和课程的相关知识，主要就商务谈判与沟通的理论与实务进行了比较系统的介绍。本书介绍了商务谈判与沟通的基本含义、原则、特点、形式、内容；商务谈判的基本过程、过程控制、策略和技巧；对商务谈判的心理、商务谈判中的沟通方法和技巧、商务谈判的礼仪等内容进行了介绍。本书的主要特点是理论联系实际，实用性强，既可作为高职高专院校市场营销及相近类专业的教材，也可作为广大在职商贸人员的学习参考用书。

　　本书是高职高专规划教材，是根据教育部相关文件精神，结合经济发展状况和日益频繁的商务活动，在认真总结课程教学经验的基础上而编写的。全书参照全国高职高专商务谈判课程教改成果，可以更好地满足高等职业院校市场营销及相关管理类专业的教学需要，以及精品课程资源库建设要求。

　　本书是由山东经贸职业学院与潍坊沃尔玛商业有限公司、青岛永旺东泰商业有限公司、山东家家悦集团、山东利客来集团等企业在长期校企合作的基础上联合编排的。这些企业在人才培养规格分析、学科知识结构与技能分解等问题上对全书给出了建设性意见，并参与了内容的编写。

　　本书体系新颖，首先从提高学生实际运用能力的角度出发，划分了三个大的学习情境，其下分成各个项目，再分解为各个任务，一层扣一层，完成每个任务就达成了学习的总体目标。本书内容充实广泛、实践性强，突出案例教学，强调谈判技能的培养和综合素质的提高。为便于学习，在每个项目后都设置了基本训练、实训操作和案例分析，同时还配套了电子教案、课件、试题及参考答案等，供教学时参考。

　　全书共三个大的学习情境，其中分解为八个项目，教学时数约为64学时：

学习情境	项目	任务	学时
商务谈判的了解与准备	1. 商务谈判概述 2. 商务谈判的前期准备	商务谈判的基本概念、特征、原则、类型、形式和内容；商务谈判准备的内容和方法	16
商务谈判的实施过程	3. 商务谈判的开局 4. 商务谈判的报价与磋商 5. 商务谈判的成交与签约	商务谈判的过程控制、策略、方法和技巧	26
商务谈判实务	6. 商务谈判心理 7. 商务谈判的沟通 8. 商务谈判礼仪	商务谈判的心理分析，商务谈判中的沟通方法和技巧，谈判中的礼仪	22

  本书由李逾男、杨学艳担任主编，由张丽、刘爱芳担任副主编。李逾男设计本书的编写思路，对全书进行编纂及定稿，杨学艳负责学习情境的分解的项目整合，张丽负责辅助材料的归集与整理。本书编写的具体分工为：李逾男（山东经贸职业学院）编写了项目一，王凤国（山东经贸职业学院）编写了项目二，杨学艳（山东经贸职业学院）、田虹（山东家家悦集团）编写了项目三、项目六，张丽（山东经贸职业学院）编写了项目四，李加明（山东经贸职业学院）、刘朝霞（山东利客来集团）编写了项目五，王坤（山东经贸职业学院）、张云勇（杭州娃哈哈集团有限公司）编写了项目七，韩翠兰（山东经贸职业学院）、徐莉（青岛永旺东泰商业有限公司）编写了项目八，刘爱芳（山东潍坊商业学校）对教材编写也做了大量工作。

  本书由山东大学张建奎教授主审，张教授认真审阅了本书的全部稿件，对本书的编写思路、体例设计提出了大量宝贵意见，对此编写组深表谢意。同时，我们在编写过程中也参考了大量的文献资料，借鉴和吸收了国内外各位专家和学者的大量研究成果，在此一并致谢。

  由于水平所限，不足之处在所难免，书中若有不妥之处，恳请读者赐教指正。

编 者

目 录

学习情境一 商务谈判的了解与准备

项目一 商务谈判概述 ……………………………………………………（3）
  任务一 了解商务谈判 ………………………………………………（4）
  任务二 商务谈判的类型、形式和内容 ………………………………（12）

项目二 商务谈判的前期准备 …………………………………………（31）
  任务一 商务谈判的信息准备 ……………………………………（32）
  任务二 商务谈判方案的制定 ……………………………………（39）
  任务三 商务谈判队伍的组织与管理 ……………………………（45）

学习情境二 商务谈判的实施过程

项目三 商务谈判的开局 ………………………………………………（57）
  任务一 商务谈判开局气氛的营造 ………………………………（58）
  任务二 开场陈述 …………………………………………………（67）
  任务三 商务谈判开局的策略 ……………………………………（70）

项目四 商务谈判的报价与磋商 ………………………………………（75）
  任务一 报价 ………………………………………………………（76）
  任务二 讨价还价 …………………………………………………（81）
  任务三 让步策略 …………………………………………………（87）
  任务四 谈判僵局的处理 …………………………………………（93）

项目五　商务谈判的成交与签约 ·· (100)
任务一　商务谈判的成交与促成 ·· (101)
任务二　商务谈判的签约 ·· (112)

学习情境三　商务谈判实务

项目六　商务谈判心理 ·· (125)
任务一　商务谈判心理概述 ··· (126)
任务二　商务谈判的心理分析 ·· (138)
任务三　商务谈判心理的运用技巧 ·· (143)

项目七　商务谈判的沟通 ··· (156)
任务一　商务谈判沟通概述 ··· (157)
任务二　商务谈判沟通技巧 ··· (165)
任务三　商务谈判语言艺术 ··· (178)

项目八　商务谈判礼仪 ·· (186)
任务一　商务谈判礼仪的概述 ·· (187)
任务二　商务谈判中的礼仪 ··· (191)
任务三　国际商务谈判礼仪 ··· (207)

学习情境一

商/务/谈/判/的/了/解/与/准/备

项目一

商务谈判概述

项目目标

- ❖ 了解商务谈判的含义、商务谈判的特征和商务谈判的基本原则。
- ❖ 熟悉商务谈判的类型及特点、商务谈判的模式。
- ❖ 掌握商务谈判的内容。

项目导入

谈判是一种普遍的行为,生活中的每一个人都是谈判的参与者。日常生活中,人们每天都在自觉或不自觉中进行着一场又一场的谈判。当人们与同事协商工作、与家人商谈旅游计划或购物支出计划、与农贸市场的老板讨价还价、与客户进行业务磋商等活动时,都是在经历商务谈判的过程。在经济快速发展的当今世界,谈判活动已经成为企业对外交往的重要手段,直接影响着各种人际关系。因此谈判已经成为越来越多的人需要掌握的一种能力。

导入案例

在比利时某画廊曾发生过这样一件事:一位美国商人看中了印度画商带来的三幅画,标价均为2 500美元。美国商人不愿出此价钱,双方各执己见,谈判陷入僵局。

终于,那位印度画商被惹火了,怒气冲冲地跑出去,当着美国商人的面把其中的一幅画烧掉了。美国商人看到这么好的画被烧掉,十分心痛,赶忙问印度画商剩下的两幅画愿意卖多少价,回答还是2 500美元,美国商人思来想去,拒绝了这个报价,这位印度画商心一横,又烧掉了其中一幅画。美国人只好乞求他千万别再烧掉最后那幅画。当美国人再次询问这位印度商人愿以多少价钱出售时,卖主说:"最后这幅画只能是三幅画的总价钱。"最终,这位印度画商手中的最后一幅画以7 500美元的价格拍板成交。

引例分析

在这个故事里,印度画商之所以烧掉两幅画,目的是刺激那位美国商人的购买欲望,因为他知道那三幅画都出自名家之手,烧掉了两幅,那么,物以稀为贵,不怕他不买剩下的最后一幅。聪明的印度画商施展这一招果然灵验,一笔生意得以成功。而那位美国商人是真心喜欢藏古董字画的,所以,宁肯出高价也要买下这幅珍宝。

中国自古就有"财富来回滚,全凭舌上功"的说法。在现代商业活动中,谈判已是交易的前奏曲,谈判是销售的主旋律。有资料表明,每天直接或间接从事谈判的人,约占全部商务活动人员的10%,专职从事商务谈判活动的人约有5%。随着人类交往活动的延续,谈判活动也必将延续。因此学习和掌握谈判的理论、技巧和实务,是现代人必须具备的基本素质。

【任务实施】

任务一 了解商务谈判

商务谈判基础含义

一、谈判与商务谈判

谈判已成为日常生活的一部分,其在本质上是一种利益交换、创造及妥协的过程,双方共同解决彼此的问题,就个人层次而言,小至菜市场买菜的讨价还价,大至买车、购房均会遇到谈判的场合,可以说谈判已成为人生活的一部分,谈判的运用可为个人谋得最大利益,或将个人损失减至最小;若是代表公司或国家进行谈判,所涉及的层面更为广大。

我们与身边的人产生联系、互动或进行各种行为活动时,有时看起来像是玩一场游戏,游戏中的每一个参与者皆希望取得最好的利益,或是取得一个令人满意的结果,在谈判的这场游戏中,我们可能成为参赛中的一个。

1. 谈判的概念

谈判实际上包含"谈"和"判"两个紧密联系的环节。谈,即说话或讨论,就是当事人要明确地阐述自己的意见,表达某种愿望和所要追求的目标,即充分发表关于各方应承担的义务和应享有的权利等看法;判,即分辨和判断,要判断和界定说话者的语义、语境、范围和目的,它是当事人各方关于各项权利和义务达成的一致意见。谈判是一项综合性学科,涉及社会学、经济学、逻辑学、语言学、行为学、管理学、传播学、公共关系学,以及众多的经济与技术科学。谈判又是一种复杂的、需要运用多种技能和方法的专业活动。目前,从不同的角度看,谈判有不同的定义。

美国谈判学会会长、著名律师杰勒德·I·尼尔伦伯格在《谈判艺术》一书中对谈判的解释是:"每一个要求满足的愿望和每一项寻求满足的需要,至少都是诱发人们展开谈判过程的潜因,只要人们为了改变相互关系而交换观点,只要人们是为了取得一致而磋商协议,他们就是在进行谈判。"

法国谈判学家克里斯托夫·杜邦在《谈判的行为、理论与应用》一书中,从社会关系的角度对谈判的解释是:"谈判是使两个或数个角色处于面对面位置的一项活动,各角色因持有分歧而相互对立，但他们彼此又互为依存，他们选择谋求达成协议的实际态度，以便终止分歧，并在他们之间（即使是暂时性的）创造、维持、发展某种关系。"

Ikel 认为谈判即"个人、团体或国家之间存在利益冲突，为达成协议而提出各种明示的提案，从事利益交换或实现共同利益的过程。"其在本质上是一种利益交换、创造及妥协的过程，双方共同解决彼此的问题。谈判亦是双方在争与让、取与舍之间，尝试寻求对方都同意接受的条件和过程。换言之，谈判至少必须有两方以上而且彼此之间有冲突的利益，又不愿意这种冲突的情形继续下去，而使双方进入谈判。

中国台湾的刘必荣认为："谈判不是打仗，它只是解决冲突、维持关系或建立合作架构的一种方式，是一种技巧，也是一种思维方式。"

我国大陆学者为谈判所下的定义，主要有以下观点：

赵大生在《涉外公共关系与谈判交往技巧》中提到："所谓谈判，乃个人、组织或国家之间就一项涉及双方利益的标的物，利用协商手段，反复调整各自目标，在满足己方利益的前提下取得一致的过程。"

许晓明在《经济谈判》中指出："谈判是人们为了各自的利益动机而进行相互协商并设法达成一致意见的行为。"

综上所述，中外谈判专家、学者对谈判定义的表述虽不尽相同，但其作为一种特定的沟通方式，内涵在以下几个方面是一致的。

（1）谈判是一种具有明确目的性的行为。这里最基本的目的就是追求自身的利益需要。当人们产生某种需要时，为了这种需要得以满足，就产生了谈判的动机，这也是谈判产生的原因。人们的利益需要多种多样，有物质的需要、精神的需要，有短期需要、长期需要，有个人需要、组织需要、国家需要等。人们的种种利益需要，有些可以依靠自身及其努力来满足，但更多的必须与他人进行交换，可以借助于谈判，通过相互沟通、寻求一致，从而使需要得以满足。

（2）谈判是一种双边或多边的行为和活动，谈判总要涉及谈判的对象。谈判的核心是利益的交换，单方是无法完成这种交换的。所以，谈判对象至少要有两个，否则自己和自己谈，就不能成为谈判，也不能达到谈判的目的。比如，美日汽车贸易摩擦谈判、中美知识产权问题谈判等。谈判有时是多方参与的，如"朝核六方会谈"等。谈判的双边性、多边性，决定了谈判这种活动需要运用交际手段、交际策略来实现其活动的目的。

（3）谈判是寻求建立或改善人们社会关系的行为。人们的一切活动都是以社会关系为背景的，人的活动离不开人群，人需要一个适宜的人际关系或人际氛围。因此，人们要花费一定的时间去建立或改善人们的社会关系，而谈判是建立这种关系的重要手段。

（4）谈判是一种协调双方行为方式的过程。谈判总是围绕着促进双方改善原有关系，建立新的良好关系，谋求更多的一致性、协调性、和谐性而进行的活动。谈判双方为了达成协议，就要进行协商、会谈。整个过程要经过提出问题、进行协商、可能出现新的问题、再进一步进行协商的多次反复，将自己的需要差距不断调整，直到双方感觉满意并达到一致为止。

（5）谈判需要选择恰当的时间、地点。古今中外，无论是贸易谈判、军事谈判还是政治谈判，都对时间和地点的选择十分重视，并且演化成一种控制谈判的策略。

综上所述，我们认为，谈判是指人们为了满足各自的需要而进行相互协商并设法达成一致意见的行为过程。

【案例】

有一个妈妈把一个橙子给了邻居的两个孩子。这两个孩子便讨论起来如何分这个橙子。两个人吵来吵去，最终达成了一致的意见，由一个孩子负责切橙子，而另一个孩子选橙子。结果，这两个孩子按照商定的办法各自取得了一半橙子，高高兴兴地拿回家去了。

第一个孩子把半个橙子拿到家，把皮剥掉扔进了垃圾桶，把果肉放到果汁机上榨果汁喝。另一个孩子回到家把果肉挖掉扔进了垃圾桶，把橙子皮留下来磨碎了，混在面粉里烤蛋糕吃。

从上面的情形，我们可以看出，虽然两个孩子各自拿到了看似公平的一半，然而，他们各自得到的东西却未物尽其用。这说明，他们在事先并未做好沟通，也就是两个孩子并没有申明各自利益所在。没有事先申明价值导致了双方盲目追求形式上和立场上的公平，结果，双方各自的利益并未在谈判中达到最大化。

如果我们试想，两个孩子充分交流各自所需，或许会有多个方案和情况出现。可能的一种情况，就是遵循上述情形，两个孩子想办法将皮和果肉分开，一个拿到果肉去喝汁，另一个拿皮去烤蛋糕。然而，也可能经过沟通后是另外的情况，恰恰有一个孩子既想要皮做蛋糕，又想喝橙子汁。这时，如何能创造价值就非常重要了。

结果，想要整个橙子的孩子提议可以将其他的问题拿出来一块谈。他说：“如果把这个橙子全给我，你上次欠我的棒棒糖就不用还了。”其实，他的牙齿被蛀得一塌糊涂，父母上星期就不让他吃糖了。另一个孩子想了一想，很快就答应了。他刚刚从父母那儿要了五元钱，准备买糖还债。这次他可以用这五元钱去打游戏，才不在乎这酸溜溜的橙子汁呢。

两个孩子的谈判思考过程实际上就是不断沟通、创造价值的过程。双方都在寻求对自己最大利益的方案的同时，也满足对方的最大利益的需要。

商务谈判的过程实际上也是一样。好的谈判者并不是一味固守立场，追求寸步不让，而是要与对方充分交流，从双方的最大利益出发，创造各种解决方案，用相对较小的让步来换得最大的利益，而对方也是遵循相同的原则来取得交换条件。在满足双方最大利益的基础上，如果还存在达成协议的障碍，那么就不妨站在对方的立场上，替对方着想，帮助扫清达成协议的一切障碍。这样，最终的协议是不难达成的。

2. 商务谈判的概念

商务谈判是谈判的一种，专指经济组织之间为达到一定的经济目的而进行的谈判。它是经济谈判的一种，商品买卖、劳务贸易、技术贸易、经济合作等方面的谈判均属于商务谈判的范畴。它具有以下诸方面的内涵：

（1）某种未满足的需要是商务谈判的基本动因。如果交易的一方或双方认识到有可能从对方获得需要的满足，就可能萌发谈判的动机。例如，商品交易中，买方希望在最有利的条件下购买货物或服务，以满足自己的消费需要；而卖方则希望在最有利的条件下出售货物或服务以收回货币，实现盈利。

（2）需要的冲突或差别是商务谈判的前提。经济活动中不是未满足的需要都会诱发商务谈判,只有这种需要与其他经济体之间存在对立统一关系时,才会催生谈判。例如,在商品交易时,买方需要一方能够以最低的价格买到最好的商品或服务,另一方则希望以最高的价格卖出商品,而双方又想从对方身上得到满足,且双方的交易条件之间存在交集时这笔交易才有可能达成。如何能够维护本方利益,又能让对方接受,这就需要谈判。

(3) 商务谈判的实质是一种平等协商的过程。商务谈判是当事人各方在地位平等的基础上进行协商调整、妥协让步的过程,充满了心理竞技。在英语里面,谈判与协商是同一个单词——Negotiation,即谈判就是协商。从当今众多的成功的国内、国外谈判案例中,我们不难发现,若要顺利完成谈判并取得良好的谈判效果,就要改变我们以往把"谈判"和"协商"绝然分开,并相互对立的想法,确立起"谈判就是协商"的观念。英国著名的谈判高手凯宾·卡纳迪说过"所有事都可以协商",从这句话中,我们也可以看出谈判就是协商。

(4) 商务谈判的主题与标的涉及买卖双方的利益,即与交易有关的各项交易条件。以商品贸易谈判为例,谈判的内容主要包括交易商品的质量、数量、包装、价格、支付、保险、商检、索赔等条款。

(5) 商务谈判的手段是沟通。谈判是借助于思维、语言、态势进行磋商并达成协议的过程。商务谈判是双向沟通的过程,由于谈判各方认识上的差异和有待实现的需要不同,对这项交易就会产生各自的立场和观点。要想达成最终的协议就必须说服对方,让对方同意己方的立场和观点,让对方承认己方的利益和要求是合理的。当然沟通并不仅限于摆事实、讲道理,也包括谈判策略、技巧的运用。

可见,商务谈判是指经济领域中,两个或两个以上从事商务活动的组织或个人,为了满足各自的经济利益,进行意见交换和磋商,谋求取得一致和达成协议的行为过程。

【案例】

某小型机械厂为一大型设备企业提供配件,在价格问题上双方相持不下。卖方出价为每个配件8元,理由是低于此价格面临亏损;买方只给7元,理由是如果成本降不下来,产品的市场竞争力就会受到影响。问题的解决上升到双方老总的层面,他们各自经过冷静分析后,不约而同地一致认为,一方离开配件,就面临整机设备不可能出厂的境况,因为没有替代厂家;而另一方所生产的配件则没有其他市场会需要,企业将面临停产。权衡利弊,双方都妥协让步,最终以7.6元的价格成交。

二、商务谈判的特征

商务谈判作为谈判的一种,除了具有谈判的一般共性外,还有其自身的特征。

1. 以经济利益为目的

对于不同类型的谈判,谈判者参与谈判的目的是不同的,外交谈判涉及的是国家利益;政治谈判关心的是政党、团体的根本利益;军事谈判主要是关系敌对双方的安全利益。虽然这些谈判都不可避免地涉及经济利益,但其核心是围绕着某一种关系国家、民族、政党最根本利益的立场和观点进行的,其重点往往不是经济利益。而商务谈判则十分明确,谈判者以获得经济利益为基本目的,在满足经济利益的前提下才涉及其他非经济利益。在商务谈判中，谈判者更关注谈判所涉及的产品或技术的质量、价格和数量，而不是相互之间的立场和观念。所以，人们通常以获取经济利益的多寡来评价一项商务谈判的成功与否。

2. 以价值谈判为核心

在商务谈判中，尽管谈判者的需要和利益表现在众多方面，但价值几乎是所有商务谈判的核心内容。因为价格是价值的表现形式，价格最直接地反映了谈判双方的利益，所以讨价还价就成了商务谈判的代名词。谈判双方在其他利益上的得与失，在很多情况下或多或少都可以折算为一定的价格。需要指出的是，在商务谈判中，我们一方面要以价格为中心，坚持自己的利益，另一方面又不能仅仅局限于价格，应该拓宽思路，设法从其他方面争取应得的利益。因为，与其在价格上与对手争执不休，还不如在其他利益因素上使对方在不知不觉中让步。

3. 谈判对象的广泛性和不确定性

在当今经济贸易环境下，贸易自由化程度越来越高，绝大多数商品的流通客观上是没有地区和国家界限的，从逻辑上讲，只要是商品就可以出售给任何人。作为卖方，其商品销售范围具有广泛性，同理，作为买方，对所购商品的选择权也是十分广泛的，因此无论是卖方还是买方，其交易对象会遍及全国，甚至全世界。此外，为了使交易更加有利，也需要广泛接触交易对象。但是，交易者总是同具体的交易对象谈判成交，不可能同广泛的对象成交，而具体的交易对象在各种竞争存在的情况下是不确定的，使谈判对象表现出高度不确定的特征。

4. 合同条款的严密性与准确性

商务谈判的结果是通过双方达成的合同来体现的。合同条款反映了各方的权利和义务，合同条款的严密性与准确性是保障谈判者获得谈判利益的重要前提。在有些商务谈判中，谈判者花了很大气力，通过反复磋商，好不容易与对方签订合同，谈判者似乎已经获得了这场谈判的胜利，但由于在订立合同条款时掉以轻心，不注意合同条款的完整、严密、准确、合理、合法，掉进了谈判对手在条款措辞上设下的陷阱，为此付出惨重的代价，这种例子在商务谈判中屡见不鲜。因此，在商务谈判中，谈判者要绝对重视合同条款的准确和严密。

5. 谈判条件的原则性和灵活性

商务谈判是以获得经济利益为目的的，所以每个谈判对象对交易条件均设置了"底线"，这个"底线"是达成协议的最低要求。一般来讲，在商务谈判中"保本"是最起码的要求，除非有其他目的，经营者一般不会做亏本买卖，这就是交易条件的原则性。

一般来讲，由于谈判双方的目标期望具有对立性，双方的谈判目标之间是有一定的距离的，实现己方目标的途径往往是对方的妥协，如果谈判中的各方在谈判目标上居高不下，或欲将对方置于死地，将会导致谈判的破裂，双方都将一无所获。所以，谈判人员要想实现己方的谈判目标，也应站在对方的立场上，考虑对方的利益得失，考虑己方所提出的利益要求是否能被对方所接受，即己方的条件是否在对方的承受范围内，这是交易条件的灵活性。

【案例】

日本某公司向中国某公司购买电石。此时是他们之间交易的第五个年头，去年谈价时，日方压低了中方 30 美元/吨,今年又要压低 20 美元/吨,即从 410 美元/吨压到 390 美元/吨。据日方讲,他已拿到多家报价,有 430 美元/吨,有 370 美元/吨,也有 390 美元/吨。据中方了解,370 美元/吨是个体户报的价,430 美元/吨是生产能力较小的工厂供的货,供货厂的厂长与中方公司的代表共 4 人组成了谈判小组,由中方公司代表为主谈。谈前,工厂厂长与中方公司代表达成了价格共同的意见,工厂可以在 390 美元成交,因为工厂需订单连续生产。公司代表讲,对外不能说,价格水平他会掌握。公司代表又向其主管领导汇报,分析价格形势;主管领导认为价格不取最低,因为中方公司是大公司,讲质量,讲服务。谈判中可以灵活,但步子要小。若在 400 美元以上拿下则可成交,拿不下时把价格定在 405～410 美元,然后主管领导再出面谈,请工厂配合。

中方公司代表将此意见向工厂厂长转达,并达成共识。中方公司代表作为主谈,和工厂厂长一起在谈判桌争取该条件。经过交锋,价格仅降了 10 美元/吨,在 400 美元成交。工厂代表十分满意,日方也满意。

三、商务谈判的原则

1. 客观真诚原则

遵循客观真诚原则就是要服从事实讲道理。为了更好地做到真诚客观,应从事实出发,掌握第一手资料。为了使谈判时本方有充足的依据,应全面搜集信息和材料。在争取各自利益时,要以事实为依据,讲出令人信服的理由。事实是不以人的意志为转移而客观存在的,具有客观性和直观性特点,在谈判过程中比数据、资料等更有说服力。

同时在承诺交易条件时,要守信用、重信誉,这是最基本的商业道德,也是谈判双方进行交往的最基本的情感基础。守信用即遵守自己在谈判中的承诺,是取信于对方的关键;信任对方,只有信任对方,才能获得对方的信任,这是取信于人的方法;不要轻易承诺,这是取信于人的保障。

【案例】

一次出口交易会上,某国的一位商人想向我国的某拖拉机厂订购一批农用拖拉机,但他不太相信该拖拉机厂的产品质量和销路。拖拉机厂的代表没有单纯地用一些枯燥的技术指标来说服他,而是拉家常式地问道:"贵国的×××经理您熟悉吗?"客商说:"熟悉,当然熟悉,我们都是做农用机械生意的,还合作过呢。"厂代表说:"噢,那你为什么不向他了解一下呢?去年他从我们厂买了一大批拖拉机,可是赚了一大笔啊。"客商回到住处,立即通过国际长途电话验证了这些情况,第二天,客商就高兴地与拖拉机厂签订了订购合同。

2. 平等互利原则

平等互利原则是商务谈判的一条重要原则。其含义是,谈判双方在法律地位上是对等的,在自愿合作的基础上建立商务谈判关系,并通过公平协商、平等交易来实现双方权利与义务的对等,做到互通有无、互惠互利。

谈判各方没有高低贵贱之分。在现代社会、经济条件下,交易双方不管是法人还是自然人,也不管经济实力的强与弱,在法律意义上都具有独立的资格,谈判双方的法律地位是平等的。同时，商品交换客观上要求自愿让渡。在商务谈判过程中，双方的观点、利益或行为方式等方面的分歧是客观存在的，存在的分歧只能通过平等协商来解决，不应该也不可能违背任何一方的意愿，将自己的意志强加给对方。

谈判各方的需要都应给予满足。一场成功的商务谈判，每一方都必须通过谈判实现某些需要，否则，对方就没有理由参加，一旦一方退出，那么另一方也不会获得任何利益。如果一方带着彻底击败另一方的想法来参与谈判，那么就是在心理上没有做好谈判的准备。只要对方发现不能得到某些预期的利益时，就会停止谈判，或者得到的比给予的少得多，那么也会不愿意继续谈判。因此，参与谈判的各方都必须清醒地认识到，要在平等互利的基础之上进行商务谈判。比如，在进行国内联合协作、资产重组、优势互补的谈判时，必须本着对各方都有利的原则来谈判。

在商务谈判中，谈判各方必须遵循和维护平等互利这一原则，尽可能体现出各方的互利和互惠性。当然给予对方的利益，是要以我们得到相应的利益为条件，绝不能无端地牺牲己方的利益。

【案例】

美国钢铁大王戴尔·卡内基曾经有这样一个谈判。有一段时间，他每个季度都有10天租用纽约一家饭店的舞厅举办系列讲座。后来在某个季度开始时，他突然接到这家饭店的一封要求提高租金的信，将租金提高了2倍。当时举办系列讲座的票已经印好了，并且已经都发出去了。卡内基当然不愿意支付提高的那部分租金。几天后，他去见饭店经理。他说："收到你的通知，我有些震惊。但是，我一点也不埋怨你们。如果我处在你们的地位，可能也会写一封类似的通知。作为一个饭店经理，你的责任是尽可能多地为饭店谋取利益。如果不这样，你就可能被解雇。如果你提高租金，那么让我们拿一张纸写下将给你带来的好处和坏处。"接着，他在纸中间画了一条线，左边写"利"，右边写"弊"，在利的一边写下了"舞厅。供租用"。然后说："如果，舞厅空置，那么可以出租供舞会或会议使用，这是非常有利的，因为这些活动给你带来的利润远比办系列讲座的收入多。如果我在一个季度中连续20个晚上占有你的舞厅，这意味着你失去一些非常有利可图的生意。"

"现在让我们考虑一个'弊'。首先你并不能从我这里获得更多的收入，只会获得的更少，实际上你是在取消这笔收入，因为我付不起你要求的价，所以我只能被迫改在其他的地方办讲座。"

"其次，对你来说，还有一弊。这个讲座吸引很多有知识、有文化的人来你的饭店。这对你来说是个很好的广告，是不是？实际上，你花5 000美元在报上登个广告也吸引不了比我讲座更多的人来这个饭店。这对于饭店来说是很有价值的。"

卡内基把两项"弊"写了下来。然后交给经理说："我希望你能仔细考虑一下，权衡一下利弊，然后告诉我你的决定。"第二天，卡内基收到一封信，通知他租金只提高原来的1.5倍，而不是2倍。

3. 求同存异原则

谈判作为一种谋求一致而进行的协商活动，谈判双方一定存在利益上的一致与分歧，因此为了实现谈判的成功，谈判者应当遵循求大同存小异的原则。求大同是指谈判各方在总体上、原则上必须保持一致，摒弃细枝末节的分歧，从而使参与谈判的各方都感到满意，这是谈判的基础。存小异，就是谈判各方必须作出适当的让步，容许与自己的利益要求不一致的小异存在于谈判协议之中。

【案例】

苏格兰某轮胎公司为了加强产品的市场竞争力，希望将公司原来的每周4天的工作制改为每周工作5天，但工会拒绝了。在漫长的对抗过程中，公司一再表明，如果工会不肯合作，公司将可能被迫关闭。显然，公司的决心已下，但是工会的决心更大，始终不肯作出任何让步。双方僵持了一段时间，公司只好宣布关闭，工人随之全部失业。

分析提示：公司与工会的谈判陷入僵局的主要原因在于双方只看到了分歧，却未看到可能带来的共同利益，也没有就共同利益即工人延长工作时间、公司应提高工人报酬的问题进行磋商，从而造成了双方都不愿意看到的、令人遗憾的结局。

4. 公平竞争原则

公平竞争原则就是主张通过竞争达成一致，通过竞争形式的合作达到互利，通过竞争从对方获得尽可能多的利益。这种竞争是指合法的竞争、公平的竞争、道德的竞争。这一原则要求双方首先具有公平的提供和选择。谈判中要解决利益矛盾，一定会提出许多方案，双方在提出方案时，机会是均等的，不能说一方条件优越就由这一方提供方案，或者一方实力强就独揽方案提供权。在方案选择时双方同样具有公平的机会，应尊重对方的选择，选出最佳方案，最大限度地满足双方的要求。其次，协议的达成和履行是公平的，协议应充分体现对各方利益的兼顾。通过公平的竞争，使谈判利益的分割让各方感到公正与公平，只有这样的协议才能得到有效的执行。再次，在履行协议上，双方都具有公平的义务和责任，不是说某一方可以自行决定某些做法，或者一方有超越合约的权利。最后，公平竞争原则还要求竞争者的地位一律平等，相关标准的适用是公平的。

【案例】

某国曾经与墨西哥就天然气的买卖进行谈判。但该国谈判代表以强国自居，无视墨西哥谈判代表团的感受，单方面拟定合同，并在合同文本中，将墨西哥的需求置之度外。结果，墨西哥代表团感到受到侮辱而中断了谈判。不公平谈判的结果必然是双方利益的损失。

5. 讲求效益原则

讲求效益原则，是指商务谈判要重视效益，不仅要节约谈判成本，重视谈判自身的效益，而且也要重视谈判项目的社会效益。谈判是一种投资，需要花费时间、人力、费用，只有以最短的时间、最少的人力和资金投入，达到预期的谈判目标，才是高效的谈判。同时，谈判还应该充分考虑合作项目的社会效益，努力实现组织自身效益和社会效益的统一。例如，某一投资谈判进行得很顺利，但该项目将会给社会带来环境污染、资源的大量消耗等问题，显然，这一谈判会受到社会的抵制。将经济效益和社会效益统筹兼顾，是商务谈判工作者应着重考虑的原则。

任务二　商务谈判的类型、形式和内容

一、商务谈判的类型

商务谈判的类型

根据不同的标准，可以将商务谈判划分为各种不同的类型。

1. 按谈判规模划分

（1）一对一谈判。

谈判各方参加谈判的人数均为1人。这类谈判因单兵作战，得不到助手的及时帮助，因此，对谈判人员的要求较高，要选择知识面广、有主见、决断能力强、有谈判经验并善于单兵作战者去完成，并事先做好充分准备。而性格脆弱、优柔寡断者是很难胜任的。

该类型通常适用于条件不多、交易额较小且相对次要的谈判。对谈判人员多、规模大的谈判，有时根据需要，也可以在首席代表之间安排这种"一对一"的谈判，专门磋商某些关键与要害问题。

（2）小组谈判。

小组谈判是指交易双方各派一个谈判小组参与谈判，每个谈判小组为2~4人。这是较常见的谈判类型。

谈判各方各有若干人同时参加谈判（通常双方谈判人员人数相等），内部有适当分工与合作，相互取长补短，各尽其能，以最大限度地防止谈判中的失误，缩短谈判时间，提高效率。

小组谈判的重要前提是正确选配小组成员，并有一位富有领导能力的主谈人。

对于交易额较大，条件较多，情况比较复杂的谈判多采用这种类型。

（3）大型谈判。

对关系企业生死存亡或影响地方乃至国家经济发展的重大项目的谈判，谈判各方多派出一个由各方面专家构成的高级代表团进行谈判。这类谈判，各方谈判阵营强大，主谈人的级别较高。

这类谈判各方少则6~8人，多则十多人，由1~2名负责人作为谈判的总指挥，代表团下设若干个谈判小组，在负责人的指挥下，各小组各负其责、相互配合、共同作战。这类谈判的程序比较严密，时间较长。

2. 按谈判对象所在国家（地区）划分

（1）国内商务谈判。

国内商务谈判是指我国公民及在我国注册的企事业单位、经济团体等法人在我国境内进行的，就其关心的经济利益、经济关系及其他问题进行的各种形式的磋商。

（2）涉外商务谈判。

涉外商务谈判是指在国际商务活动中，不同的利益主体为了达成某笔交易而就交易的各项条件进行协商的过程。谈判中利益主体的一方通常是外国的政府、企业或公民，另一方是中国的政府、企业或公民。涉外谈判比国内谈判要复杂得多。

3. 按谈判地点划分

（1）主场谈判。

主场谈判是指在己方所在地进行的谈判，包括在本国、本地、本市或本企业的办公场所进行的谈判。由于己方的谈判人员熟悉谈判的环境，可以随时检索各种谈判资料，及时向领导请示和汇报，在心理上形成一种安全感和优越感，因而对己方有不少便利之处。

（2）客场谈判。

客场谈判是指在谈判对手所在地进行的谈判，包括外国、外地或者对方的办公场所。处于客场谈判的一方，往往会存在较大的心理压力和工作上的不便，所以应尽量避免客场谈判。但有时候为了表示合作的愿望，也可以主动提出或接受对方邀请去客场谈判。

（3）中立地点谈判。

中立地点谈判是指谈判地点既不设在对手一方，也不设在自己一方，而是在第三地进行的谈判。在商务谈判中很少采用这种谈判形式。只有当双方都想占据主场之利，且难以协调时，或者双方的关系微妙，在主场、客场谈判均不合适时，才采用中立地点谈判。

【案例】

日本的钢铁和煤炭资源短缺，渴望购买煤和铁。澳大利亚生产煤和铁，并且在国际贸易中不愁找不到买主。按理来说，日本人的谈判者应该到澳大利亚去谈生意。但日本人总是想尽办法把澳大利亚人请到日本去谈生意。

澳大利亚人一般都比较谨慎，讲究礼仪，而不会过分侵犯东道主的权益。澳大利亚人到了日本，日本方面和澳大利亚方面在谈判桌上的相互地位就发生了显著的变化。澳大利亚人过惯了富裕的舒适生活，他们的谈判代表到了日本之后不几天，就急于想回到故乡别墅的游泳池、海滨和妻儿身旁去，在谈判桌上常常表现出急躁的情绪；而作为东道主的日本谈判代表则不慌不忙地讨价还价，他们掌握了谈判桌上的主动权。结果日本方面仅仅以少量招待费用作"鱼饵"，就钓到了"大鱼"，取得了大量谈判桌上难以获得的东西。

4. 按谈判内容划分

（1）商品购销谈判。

这里所说的商品是指传统意义上的商品，如农副产品、日用工业品、工业原材料等。这是最常见的商务谈判类型。在这类谈判中，双方的主要议题是交易标的数量、质量、价格、售后服务等。

商品购销谈判的特点是：这类谈判发生的频率高，交易条件相对明了，可以凭过去的经验和随时获得的市场信息筹划谈判，其谈判目标也比较明确；这类谈判的核心主要在交易标的的价格上；其难点在于双方的讨价还价，卖方往往不按实际成本定价，在谈判中隐瞒自己的成本，拒绝做出让步，买方则千方百计地压低价格。

（2）服务贸易谈判。

谈判双方主要围绕着提供服务的数量、质量、价格进行谈判。这种类型的谈判主要包括工程承包谈判、对外加工、装配业务谈判、租赁业务谈判等多种。

①工程承包谈判。工程承包谈判是指工程承建企业（称为承包人）与工程业主之间，就提供的技术、劳务、设备、材料、价格等进行的谈判。

工程承包是一种综合性的交易，它涉及劳务、技术、设备、材料，以及资金等许多方面，它具有以下一些特点。

a. 交易内容和程序复杂。由于工程承包涉及面广，程序复杂，从经济、技术和法律等方面的要求来看，要比一般商品贸易项目的要求高得多。在技术上，往往包括工程的设计、勘探、施工，设备制造、安装、使用等；在经济上，包括原材料购进、资金、信贷、技术转让、项目管理等。因此，工程承包谈判更加复杂，更加艰难。

b. 工程营建时间长，金额大，承担的风险也大。一个工程项目，从投标到工程完成，一般要经历较长的时间，少则几个月，多则几年。项目金额也较大，最小的项目金额也有数十万元，一般是几百万元、几千万元，大项目多在几亿元以上。尤其是国际大型工程承包项目，更是如此。因此，谈判者必须谨慎对待这类谈判。

此外，通过投标的承包项目，投标人的报价必须是实盘，一经报出，不得撤销，如果撤销，不但投入的费用无法收回，而且投标保证金也将被没收。因此，承包人在谈判桌上往往居于被动地位，加大了谈判的难度，承包人必须量力而行，认真研究，谨慎行事。

②对外加工、装配业务谈判。对外加工、装配业务，习惯上称为来料加工装配。它是来料加工和来件装配的总称，是由外商提供一定的原材料、零部件、元器件，由我国的工厂按对方要求的品质、规格和款式进行加工装配，成品交由对方处置，我方按照约定，收取加工费。它是一种简单的国际间劳务合作的形式。对外加工装配业务具有以下特点。

a. 交易双方不是买卖关系，而是委托加工关系。

b. 承接方对来料来件，一般不拥有所有权，只有使用权，即只能对来料来件进行加工装配，并收取一定的加工费。

c. 委托方承担接受全部加工装配合格的成品和支付约定的工费。

对于这类谈判，谈判者必须清楚国家关于服务加工贸易的相关规定，明确双方的权利和义务。

③租赁业务谈判。所谓租赁业务，是指出租人（租赁公司）按照契约规定，将他从供货人（厂商）处购置的资本货物，在一定时期内租给承租人（用户）使用，承租人则按规定付给出租人一定的租金。在租赁期间，出租人对出租的设备拥有所有权，承租人享有使用权和受益权，租赁期满后，租赁设备则退还出租人或按合同规定处理。

租赁业务，从其性质上来讲，它是典型的贸易与信贷、投资与筹资、融资与融物相结合的综合性交易，它既有别于传统的商品买卖，又不同于传统的企业筹资与信贷。租赁业务具有自身的特点，具体表现在下列三个方面。

a. 租赁业务具有鲜明的融资性质。承租人所需的机械设备，由出租人提供或垫款购买。承租人不需付款购买，即可取得机械设备的使用权，等于出租人向承租人提供了信贷便利。承租人在设备正式投产后，以租金的形式支付租赁设备费用。这样，企业可以在资金不足的情况下，提早使用设备，使生产早日上马，早获经济效益。租赁业务是一种以租物形式达到融资的目的，将贸易与金融结合在一起的信贷方式，这是租赁业最主要的特点。

b. 租赁设备的财产所有权与使用权截然分开。设备所有权属于出租人，承租人仅享有使用权和受益权，在法律上，出租人的所有权不可侵犯。

c. 租赁业务往往是三边交易，即租赁双方和供货人。租赁公司介于供货人和用户之间，租赁业务由销售合同和租赁合同共同完成。

（3）技术贸易谈判。

技术贸易，是指技术拥有方，把生产所需要的技术和有关权利，通过贸易方式，有偿地转让给技术需求方。在当今社会经济条件下，技术转让是一项重要的贸易活动。

技术作为特殊的商品进行买卖，其交易谈判具有其自身的特点。

①技术贸易多数是技术使用权的转让，而不是技术所有权的转让。技术拥有方并不因为把技术使用权转让给他人而失去所有权，他自己仍可使用或转让给其他企业使用这项技术。

②技术贸易是一个双方较长期的密切合作过程。技术转让，是知识和经验的传授，其目的是使技术引进方消化和掌握这项技术并用于生产。因此签订技术贸易合同后，履行合同一般要经过提供技术资料、技术人员培训、现场指导以及进行技术考核、验收，乃至继续提供改进技术等过程，这就需要技术贸易双方建立较长期的密切合作关系。

③技术贸易双方既是合作伙伴，又是竞争对手。技术贸易双方往往是同行，技术转让方想通过转让技术获取收益，同时又担心接受方获得技术后，制造同一类产品，成为自己的竞争对手。因此，技术转让方一般不愿把最先进的技术转让出去，或者在转让时可能附加某些限制性条款，以约束技术接受方。

④技术贸易的价格较难确定。技术贸易中技术的价格，不像传统商品价格那样主要取决于商品的成本。另外，技术转让后，技术转让方往往没有失去对这项技术的所有权，他仍可使用这项技术或可多次转让，以获取更多的经济效益。因此，决定技术价格的主要因素，是接受方使用这项技术后所能获得的经济效益。而接受方所获得的经济效益，在谈判和签订合同时往往难于准确预测，这就形成了确定技术贸易价格的复杂性。

（4）合作经营谈判。

合作经营是由两个或两个以上的企业法人、经济体、自然人，通过双方协商同意，按照双方所签协议中规定的投资方式，共同兴办的契约式企业的生产经营形式。合作经营谈判的主要特点如下。

①合作各方提供的合作条件，一般不以货币折算为投资股金，不以合作各方的投资额计股、分配利润。合作各方对收益分配、风险、债务的分担，企业经营管理方式，合作期满的清算办法等均应在合作经营企业合同中规定。

②合作经营企业，可以加速折旧还本或以其他方式提供收回投资。投资收回后，在未满的合营期限内，仍应按原投资额对合作经营企业的债务承担责任。否则，合作经营企业出现亏损时，则无法清偿，对债权人的利益无法保障。所以，如何保证还本后至合营期满一段时期内，合作各方仍对合作经营企业出现的经营风险承担责任，合同中也应有明确的规定。

（5）原有合同的重新谈判。

原有合同的重新谈判是指应对方的邀请，在合同截止期前，为修改原合同的部分条款而进行的谈判。为此，在进行商务谈判时，当己方对交易标的的某项交易条件把握不够准确时，在合同中应有一条允许买卖双方在合同截止期前重新谈判的条款。原有合同重新谈判的议题主要有以下方面。

①价格。在合同执行过程中，交易标的的市场价格出现了剧烈变化，价格变化的受损方向对方提出了调整价格的要求，从而产生了谈判。

②规格。由于交易标的的质量标准或市场交易的偏好发生了变化，买方向卖方提出改变质量指标或规格的要求，从而产生了谈判。

③数量。原合同的数量可能需要增加或减少，数量的变化往往引起价格的变化，这时双方需要对原合同重新谈判。

(6) 索赔谈判。

索赔谈判是指在合同履行过程中，由于当事一方违约，使合同不能或不能全部履行，给另一方造成经济损失，合同当事双方围绕着违约责任的界定和经济赔偿进行的谈判。在众多的合同履行中，因种种原因违约或部分违约的事件屡见不鲜，因此，就给商业谈判形成了一种特定的谈判——索赔谈判。违约谈判具有以下特点。

①以原合同为基础。违约是相对守约而言的，"违"与"守"均以"约"（原合同）为依据。原合同是判定违约与否的唯一基础条件。

②重证据。违约与否除依原合同判定外，还需要提供证据来证明"违约"的成立。比如：质量问题，需技术鉴定证书；数量问题，要商检的记录；还有些索赔问题需要电传、传真、信件、照片等证据。当然，索赔情况多种多样，所需证据难以一一罗列。"证据"是确立索赔的重要依据。

③注意时效。不论是什么交易，"索赔的权利"均不是无限期的。出于"公平"，也出于"安全或减少风险"，交易人视不同合同目的，均订有"有效索赔期"，过期则不负责任。任何合同签订时，都要明确索赔期。而展开索赔谈判之前，要检查合同的有关保证与索赔权限的规定，以确定该索赔谈判的必要性。

④注重关系。索赔总不是件令人愉快的事情。谈判双方处在问题的两端，大都十分难受，所以谈判时对"关系"的影响也就不可忽视。这里的"关系"表现在两个方面：签约人的关系及索赔后的关系。签约人之间的互相理解，且在过去的交易中的良好信誉，会对偶发的索赔事件的处理产生好的影响。

【案例】

德国某公司向天津某工厂提供了一条电子器件生产线，全线共近百台设备，其中有十几台该公司需要获得其联盟的出口许可证。合同生效后，所有德方的其他供货和中方负责提供的设备、仪器工具、场地、动力、人员均到位，但一年过去了，这十几台设备仍未有出口许可证，此时中方向德方提出了交涉。认为一年内的人力、物力、财力损失较大，德方应有说法。

双方查阅合同。合同中提出了许可证问题，但没有明确时间长度。合同主体义务没有修改。中方提出了"责任和补偿"问题。德方同意补偿，加大服务量以保证技术水平不减，协助找替代设备，并补充已供设备备件量。

二、商务谈判的形式

1. 口头谈判

(1) 口头谈判的含义。

口头谈判是指谈判双方在会谈时，不提交任何书面形式的文件，而是面对面地洽谈协商口头提出的交易条件；或者在异地用电话商谈。口头洽谈形式包括邀请外方来访、参加出口商品交易会或国际博览会、派出国推销团组等。一般是主体框架的谈判或首次谈判以面对面的谈判为主，电话谈判多为咨询性、征求意见性的谈判，或在主体框架已经确定的前提下进行谈判。

（2）口头谈判的特征。

口头谈判具有直接性与灵活性、广泛性，可以利用感情因素等特点。

谈判的直接性与灵活性。由于谈判双方是面对面地进行洽谈协商，能够察言观色，掌握对方心理；可以全面深入地了解对方的资金、信誉、谈判作风等情况；针对谈判的进程和谈判过程中出现的问题，采取具体、灵活的措施，调整谈判策略和谈判目标。

谈判的广泛性。由于谈判双方可以广泛地选择谈判对象和谈判内容，对谈判时间的要求也不严格，可以延长，也可以缩短，对于一些可能出现的争议尽快地协商解决。采取先磋商、后签约的方式，通过口头谈判，先摸清对方的底，然后才能承担某些义务。利用感情因素，面对面的谈判或多或少地会产生一些感情，谈判人要善于利用这种感情因素来强调自己的谈判条件，使对方接受。同时，口头谈判还可以配合身姿、手势、面部表情、直观材料等，促使谈判成功。

（3）口头谈判的优势及局限性。

面对面的口头谈判有利于明确各自的意见和观点，能够增强自己判断的真实性，相互之间的说服性也好。其局限性：一是时效性特强，决策风险大。由于没有更充分的考虑时间，谈判人员必须经过充分的授权，而且其决断力应当特别强，所以，为做好面对面的谈判，事前的准备工作要尽量充分，以免现场决策失误。二是差旅费、招待费等开支较大。

（4）口头谈判的形式。

近几年来，随着商品经济发展，市场日益活跃，出现了各种形式不同内容的交易会。这种形式一般规模较大、隆重、轰轰烈烈，同时，由于参加交易会的单位很多，便于沟通，也便于企业选择。因此，谈判成交额较大。正因为这种形式具有的优势，所以交易会谈判被广大企业认为是一种较好的口头谈判形式。具体来说，交易会谈判的作用主要表现在以下几个方面。

①有利于买卖双方广泛地了解市场动态，开展多方面的商品行情调研。通过多方面直接接触的机会，可以全面深入地了解客户单位的性质、地位及谈判人员的地位与谈判风度，了解客户的资金、经营活动和资金信用情况，了解客户生产经营的商品在市场上的营销情况，从而有利于调整自己的经营计划和经营策略。

②有利于买卖双方广泛地选择交易对象和交易商品，促使谈判双方较快地达成交易，从而有利于谈判时间的缩短和争议问题的协商解决。

③有利于信息反馈，加快产品更新换代。交易会一般举办的时间较长，各企业除派谈判人员到会洽谈外，有时为了听取客户对产品的反映和要求，还派科研、设计、生产人员参加，这就有利于产品的改进和产品质量的提高。

④政府有关经济管理部门一般也要派员参加。这样，既有利于政府人员指导各厂商的业务，又有利于各厂商了解政府人员带来的信息。

2. 书面谈判

（1）书面谈判的含义。

书面谈判是指谈判各方用信函、传真、电报、电子邮件、手机短信等通信工具在异地之间进行的谈判。

（2）书面谈判的特征。

书面谈判具有准备充分、谈判成本低及间接性等特点。

①准备充分。双方事先都以书面形式提供了议事日程、谈判内容、所提建议、愿意承担的义务等，这些都经过详细的研究。这样，双方就有比较充足的时间考虑对方的提议，可促使谈判过程早日完成。

②谈判成本低。由于书面谈判一般不需要谈判人员四处奔走，只需花费通信费，而不需花费差旅费和招待费，因此谈判费用开支要比口头谈判费用开支节省得多。

③间接性。由于具体的谈判人员互不见面，双方可以不考虑谈判人员的身份，把主要精力集中在双方条件的洽谈上，从而避免因谈判者的级别、身份不对等而影响谈判的开展和交易的达成。

（3）书面谈判的优势及局限性。

书面谈判具有以下优势：

①书面谈判方式可以使双方对问题有比较充足的考虑时间。在谈判过程中有时间同自己的助手、企业领导及决策机构进行讨论和分析，有益于慎重决策。书面谈判一般不需要谈判者四处奔走，他们仍可以坐镇企业，向国内外许多单位发出信函、电报，并对不同客户的回电进行分析比较，从中选出对自己最有利的交易对象。

②具体的谈判人员互不见面，他们互相代表的是本企业，双方都可不考虑谈判人员的身份，把主要的精力集中在交易条件的洽谈上，从而避免因谈判者的级别、身份不对等而影响谈判的开展和交易的达成。

③书面谈判只花费通信费，不花费差旅费和招待费，因而谈判费用开支较少。

书面谈判具有以下局限性：书面谈判多采用信函、电报等方式，文字要求精练，如果文不达意，容易造成双方理解差异，引起争议和纠纷；由于双方的代表不见面，因而无法通过观察对方的语态、表情、情绪以及习惯动作等来判断对方的心理活动，从而难以运用行为语言技巧达到沟通意见的效果；书面谈判所使用的信函、电报需要邮电、交通部门的传递，如果这些部门发生故障，则会影响双方的联系，甚至丧失交易的时机。鉴于书面谈判有其局限性，所以它多适用于双方经常有交易活动的谈判，以及跨地区、跨国界的谈判。

书面谈判形式有利有弊。谈判形式利用的好坏，完全在于对各种谈判形式掌握得如何，应根据交易的需要和各种谈判形式的特点加以正确选择。在实际工作中，不要把两种谈判形式截然分开，可以把它们结合起来，取其所长，避其所短。在一般情况下适用书面谈判的交易，在特殊情况下也可以改用口头谈判。在实际工作中，既要正确选择又要灵活运用谈判形式。

值得注意的是，只要是通过谈判达成交易，无论是采取口头谈判，还是采取书面谈判，都必须签订书面合同。交易谈判的内容烦琐而复杂，每项内容都关系双方的经济利益，把谈判的结果用书面合同反映出来，就会加强签约双方的责任心，促使双方按照合同办事。一旦出现问题，发生纠纷，也有据可查，便于公平合理处理问题。签订书面合同对口头谈判的作用显而易见，因为"口说无凭"，要"立据为证"。同样，书面谈判的成交也要以合同为证，虽然在书面谈判的过程中，也采用书面形式，但这只是反映谈判过程的情况，而不能表明成交的确立。

【案例】

某单位欲购进计算机500台，为产生批量效益，先打出求购100台的采购广告，商家纷纷而至。该单位将面谈的情况和网上查询的信息综合分析，得到一个重要的提示：近期内市场行情可能处于价格下滑期，延期采购可能更为有利，这就为进一步了解市场提供了时间保障。

接着，该单位采用电子商务业务，利用网络优势展开深入的市场调查，并将规模采购分为100台、300台、500台三个批量，要求供应商将各批量的优惠价格、供货时间、分期付款的承诺情况、保修期限等关键条款以电子邮件的形式传过来，从中选出三位供应商，再来单位面谈，最后以低于市场价15%的优惠价和两年内分三次等量等期付款的分期付款承诺签订了500台计算机的采购合同。

三、商务谈判的内容

概括说来，商务谈判的内容就是涉及谈判各方利益的标的物及围绕该标的物衍生出来的相关条款。商务谈判有多种不同的类型，不同类型的商务谈判，其谈判内容也不尽相同。在此，以发生频率最高的商品贸易谈判为例，介绍商务谈判中所涉及的基本内容。

商品贸易谈判是以商品为中心展开的，其谈判的内容主要包括商品的品质、数量、包装、价格、交货及货款支付、保险、商品检验及索赔、仲裁和不可抗力等条款。

1. 商品品质

商品品质是指商品的内在质量和外观形态。它往往是交易双方最关心的问题，也是洽谈的主要问题。商品品质是衡量商品使用价值高低的尺度，是影响商品交易价格高低的重要因素。

签订贸易合同中的品质条款，必须贯彻当事方所在国家或地区的各项法律法规，从实际出发，在兼顾买卖双方利益的前提下，全面考虑国内外的生产情况和消费需要，结合商品的特性，郑重签订合理的品质条款，以免影响履约和造成不应有的损失。

品质条款的内容必须明确具体，用语、数据、计量单位力求准确、恰当，便于检验和分清责任。避免使用"大约""左右""先进设备""良好品质"等含混不清的字样。在商品贸易合同中，品质条款是对商品应达到的技术指标、规格、等级、包装等的具体要求，品质条款是评定商品是否合格的重要依据。

在商品贸易谈判中，对商品质量的约定有三种方式。

（1）以样品表示法。

当一些商品的质量要求难以用文字、数据、图表准确表达时，由标准化机构或交易双方共同确定的，能反映规定质量要求的标准实物样品，用以进行商品质量评价的依据。当前，在粮食、茶叶、棉花、羊毛等商品贸易和质量管理中都要用到标准样品，以此在生产、贸易、质量监督中作为质量评定的依据。

样品指的是最初设计加工出来或者从一批商品中抽取出来的、能够代表贸易商品品质的少量实物。样品可由交易的任一方提出，只要双方确认，卖方就应该供应与样品一致的商品，买方也应该接收与样品一致的商品。为了避免纠纷，样品要一式三份，由买卖双方各持一份，另一份送给合同规定的商检机构或其他公证机构保存，以备买卖双方发生争议时作为核对品质的依据。在商品买卖实务中，一般在样品确认时，应再规定商品的某个或某几个方面的品质指标作为依据。

（2）以说明表示。

凡是以实物以外的其他形式来规定货物品质的，均为凭说明表示货物的品质。

①凭规格表示。商品规格是反映商品的成分、含量、纯度、大小、长度、粗细等品质的技术指标。此方法特别适合于原材料、化学品等大宗散装货物。用规格来表示货物品质，明确具体，简单易行。

②凭等级表示。商品等级是根据规格的差异而对货物品质进行的划分。一般来说，每一等级对应每一规格。如果买卖双方对某一种货物的等级所对应的规格已经非常熟悉，采用等级来说明货物的品质就比较容易。但是，由于同类商品厂商不同，所以统一数码、文字、符号表示的等级品质内涵不尽相同。买卖双方对商品品质的磋商，可以借助已经制定的商品等级来表示。

③凭标准表示。标准是指各国政府、工商团体或其他组织统一化了的规格、等级及其检验方法。根据制定者不同，可以分为国际标准、国家标准、团体方对商品品质提出的要求和认可。

④凭商标或牌号买卖。牌号是商品的名称，商标是商品的标记。有些商品由于品质上优良、稳定，知名度和美誉度高，在用户中享有盛名，为广大用户所熟悉和赞誉，在谈判中只要说明牌名或商标，双方就能明确商品品质情况。但在磋商时要注意同一牌名或商标的商品是否来自不同的厂家，以及这些商品是否由于某些原因造成了损坏或变质，更要注意假冒商标的商品。

（3）在实际交易中，上述表示商品品质的方法可以结合在一起运用。比如，有的交易既使用牌名，又使用规格，有的交易既使用规格，又参考样品。除此，还应注意：

第一，商品品质表示的多种方法共同使用时，应避免其出现混淆不清，条款中应标明以哪种方法为基准，哪种方法为补充。

第二，当交易的商品品质容易引起变动时，应尽量收集其引起变动的原因，以防患于未然。也可以在磋商中议定上下差异范围，制定品质公差。

第三，商品品质标准会随着科技的发展而变化，磋商中注意商品品质标准的最新规定，条款应明确双方认定的交易商品的品质标准是以何种版本为依据，以免发生误解和争议。

第四，商品品质的其他主要指标，如商品寿命、可靠性、安全性、经济性等条款的磋商，都应力求明确，便于检测操作认定。

第五，商品品质条款的磋商应与商品价格条款紧密相连，互相制约。

【案例】

我方外贸公司向德国出口一批大麻，合同规定所含水分最高不超过15%，杂质不超过

3%,但在成交前,我方曾向对方寄过样品,合同订立后我方又电告对方"成交货物与样品相似"。货到德国后,买方出具了货物品质比样品低7%的检验证明,并要求赔偿600英镑的损失。我方拒赔,陈述理由:此批商品在交货时是经过挑选的,因为是农产品,不可能做到与样品完全相符,但也不至于比样品低7%。

2. 商品的数量

商品交易的数量也是商务谈判的核心内容。成交商品数量的多少,不仅关系到卖方的销售计划和买方的采购计划能否完成,而且与商品的交易价格密切相关。商品交易的数量直接影响到交易双方的经济利益。

确定交易商品的数量,首先要明确所采用的计量单位。不同的商品,其计量单位往往是不同的,比如:粮食、棉花、煤炭、金属等商品,往往以吨、千克、磅、蒲式耳等单位计量;纺织品往往以件、双、打等单位计量;日用工业品往往以件、套、台等单位计量;石油往往以吨、桶等单位计量;木材往往以立方米、立方英尺①等单位计量。

在国际贸易中,由于各国采用的度量衡制度不同,谈判人员要掌握各种度量衡之间的换算关系,有时还要在合同中明确规定使用哪一种度量衡制度,以免造成误会和争议。

在贸易实践中,容易引起争议的是商品的重量。因为商品的重量不仅受自然环境的影响,而且许多商品还存在包装与重量的问题。如果交易双方在谈判时没明确重量的计算方法,在交货时就会因重量问题而发生纠纷。

常用的重量计算方法有两种:一是按毛重计算;二是按净重计算。毛重是商品和包装物的总重量,净重是商品本身的重量。在商贸活动中,以重量计量的交易商品,大多是按净重计价的,因此,在商务谈判中,如何扣除皮重,必须协商明确,以免发生纠纷。

总之,在商务谈判中,交易双方必须对数量条款做出明确合理的规定。规定数量条款时应注意:明确计量单位;一般不规定交货数量为"约"量;合理约定溢短装条款。

【案例】

某建筑公司与建材公司签订黄沙购销合同,建筑公司购买建材公司黄沙30车,每吨价300元。合同签订后,黄沙价格开始上涨,市场价由300元/吨涨到350元/吨。建材公司经理李某见价格上涨,不愿如数供货,就给建筑公司的经办人张某打电话,提出因货源紧张,要求变更货物数量,少供货,但遭到建筑公司的拒绝。李某遂于次日安排两辆"130型"货车,装了两车黄沙(每车装载2吨),送到建筑公司处,并要求以"130型"车为标准,计算交货数量。建筑公司认为,合同中规定的交货数量为30车,应以"东风牌"大卡车作为计算标准,每车装载5吨,共150吨。为此,双方发生争议,建筑公司向人民法院起诉,要求建材公司承担违约责任。

3. 商品包装

在商品贸易中,除了散装货、裸货外,绝大多数商品都需要包装。商品包装是商品不可缺少的有机组成部分,是商品价值和使用价值得以实现的重要前提。商品包装具有促销、宣

---

① 1立方英尺≈0.028 3立方米。

传、保护商品、便于储运、方便消费等多方面的作用。

商品包装的种类很多：按包装的作用不同，通常分为运输包装和销售包装；按包装容器不同，通常分为箱形包装、桶形包装、袋形包装、包形包装等；按包装材料不同，通常分为木制包装、纸制包装、金属包装、玻璃包装、陶瓷包装和塑料包装等；按包装货物种类不同，通常分为食品、药品、轻工产品、针棉织品类包装等。

在商务谈判中，确定包装条款应注意下列问题：

（1）明确包装材料和包装形式，如木箱包装、纸箱包装、铁桶包装、麻袋包装等。在当今国际贸易中，大多数的国家为了防止有害生物（主要是昆虫）的跨国境传播，危害本国的利益，对进口产品所用的包装材料有一些特殊的规定，因此，在对外商品贸易中，卖方所提供产品的包装材料一定不能与这些规定相抵触。

（2）明确包装的规格、技术和方法。在商品包装条款中要明确包装的尺寸，每件重量或数量、加固条件等。

（3）确认运输标志。按照国际惯例，一般由卖方设计确定，但也可由买方决定，但在签约时，买方必须提出明确的要求和责任，以减少运输过程中不必要的损失。

（4）对于有些包装术语如"适合海运包装""习惯包装"等，因可以有不同理解而引起争议，除非买卖双方事先取得一致认识，应避免使用。尤其对设备包装条件，应在合同中做出具体明确的规定，如对精密仪器、设备包装必须符合运输要求外，还应规定防震措施等。

（5）包装费用一般包括在货价内，合同条款不必列入。但如买方要求特殊包装，则可增加包装费用，如何计费及何时收费也应在条款中列明。如果包装材料由买方供应，则条款中应明确包装材料到达时间，以及逾期到达时买方应负的责任。

4. 商品的价格

商品价格是商务谈判的核心。交易商品价格的高低，直接影响着贸易双方的经济利益。交易商品的价格高低也是评价商务谈判成败的重要条件之一。

价格是价值的货币表现。商品价格一般受商品成本、商品质量、成交数量、供求关系、谈判能力、竞争条件、运输方式和价格政策等多种因素的影响。此外，竞争者的经营策略也会直接影响商品交易的价格，有时企业为了取得货源，商品价格就会高一些；有时企业为了抢占市场，提高市场占有率，价格就会低一些。

在商务谈判中，价格条款主要包括单价和总值两项内容。单价由计量单位、单位价格金额、计价货币和价格术语组成。总值是单价和数量的乘积，即一批货物的总值。

在国际商务谈判中，谈判双方应明确使用何种货币和货币单位。一般来讲，出口贸易时要争取采用"硬货币"，进口贸易时则要力求使用"软货币"或在结算期不会升值的货币。此外，还要注意所采用货币的安全性和可兑换性。

在国际商务谈判中，谈判人员应尽量了解各国及国际组织对于价格有关问题的不同解释或规定，并在合同中加以明确，选定对己方有利的价格条件。价格条件，又称价格术语，是国际贸易中由贸易习惯所形成和认可的，代表不同价格构成和表示买卖双方各自应负的责任、费用、风险以及划分货物所有权转移界限的一种术语。常用的价格术语有：离岸价，又称装运港船上交货价；离岸加运费价，又称成本加运费价；到岸价，又称成本加保险、运费价。此外，还有交货港、目的港船上交货价，交货港、目的港码头交货价，工厂交货价，边境交货价等价格术语。

【案例】

某君到商店里买皮鞋，在两种不同的式样面前他犹豫起来。原来一双要价95元，比较便宜，但颜色差一些；另一双要价145元，比较贵，但颜色和质量比较好。售货员看到这种情况，指着比较贵的一双皮鞋说："您穿这双皮鞋特别好，这是我店刚刚进的一种新产品，销路特别快。"显然，他是让顾客买贵的，以便多赚些钱。

"好是好，就是贵了些！"顾客说。

"贵是贵了点，但质量、式样好。你想过没有，一双皮鞋能穿几年？"

顾客回答道："大概两年吧。"

"好，咱们就按两年计算吧。这双鞋比那双贵50元。"售货员一边说着，一边按计算器，一边写，"每年贵25元，每月平均贵2.1元，每日平均贵不到7分钱。"说到这里，售货员望着叼着烟卷的顾客说："你看，你每天抽一包烟要10元左右，却不心疼，每天多花7分钱还犹豫什么，更何况，每天只需多花7分钱，就能使你更潇洒，更有风度。难道这还不值得吗？"

售货员一番计算和解说，产生了明显的效果，顾客爽快地掏出145元买下了这双鞋。

5. 交货及货款支付

交货是指卖方按照与买方约定的时间、地点和方式将符合销售合同的货物交付给买方的行为。在商品贸易中，交货是关系买方利益的核心问题，因此，在商务谈判中，交易双方应对交货条款做出明确约定。交货条款主要包括交货时间、交货方式、交货地点、运输单据和运费等内容。

在商品贸易中，货款的结算与支付同交货一样也是一个非常重要的问题，它直接关系到卖方的利益。在商务谈判中，交易双方应对支付条款做出明确约定。支付条款主要包括货款结算支付的方式、期限、地点等内容。

国内贸易货款结算方式分为现金结算和转账结算。现金结算，即一手交货，一手交钱，直接以现金支付货款的结算方式。转账结算是通过银行在双方账户上划拨的非现金结算。根据国家规定，各单位之间的商品交易，除按照现金管理办法可采用现金结算的之外，都必须通过银行办理转账结算。这种规定的目的是节约现金使用，有利于货币流通，加强经济核算，加速商品流通和加快资金周转。

非现金结算的付款有两种方式：一种是先货后款，包括异地托收承付、异地委托收款、同城收款；另一种是先款后货，包括汇款、限额结算、信用证、支票结算等。

转账结算可分为异地结算和同城结算。前者的主要方式有托收承付、信用证、汇兑等，后者的主要方式有支票、付款委托书、限额结算等。

6. 商品检验

商品检验是对交易商品的质量、数量、包装等项目按照合同规定的标准进行检查或鉴定，并由检验部门出具证明，作为买卖双方交接货物、支付货款和处理索赔的依据。

在商品贸易中，商品检验条款是十分重要的，它直接关系到贸易双方的经济得失。交易商品是否符合合同中规定的质量要求,交易双方能否顺利地交货履约,以及发生问题后的争议处理,都与合同中约定的商品检验条款密切相关。

商品检验条款主要包括:发货人的检验机构、检验时间、检验地点、检验证书;收货人的复验、复验机构、索赔期限、检验费用,以及仲裁等条款。在某些商品贸易合同中,还应明确检验标准、抽样方法、检验方法、检验条件及使用的检测仪器设备,防止由于检验标准、方法、条件的不同,所产生的系统误差而引起争议。

国际上承担进出口商品检验、鉴定的机构有国家政府设立的官方机构,也有民间的检验机构,还有由生产者自己进行检验。它们的背景、能力、技术、信誉各有不同,所以买卖双方有必要共同选定双方均认可的检验机构。

在国际贸易中进出口商品检验的时间和地点密切关系着买卖双方的切身利益,因为它涉及检验权、检验机构及索赔等问题。

根据国际惯例,进出口商品的检验时间和地点,一般有三种做法:

(1)以离岸品质、数量为准,就是由卖方在装运口岸装运前,申请检验机构对出口商品的品质、数(重)量进行检验,检验后出具的检验证书,作为商品品质、数(重)量的最后依据。这种做法,买方对货物无复验权,也就是没有提出索赔的权利。

(2)以到岸品质、数量为准。货物运抵目的港后,由当地的检验机构检验和出具的检验证书为最后依据,如品质、数(重)量与合同规定不符,买方凭检验证书向卖方提出索赔,除非造成上述不符情况属于承运人或保险人的责任,卖方一般不得拒绝理赔。

(3)买方有复验权,就是卖方在装运前进行检验的检验证书,并不是最后依据,而是交货依据,货到目的地,允许买方进行复验,发现到货的品质、数(重)量与合同规定不符,属于卖方责任的,可凭检验证书向卖方提出索赔。这种做法兼顾了买卖双方的利益。我国在进出口业务中,大都采用这种做法。

作为一位对外商务谈判人员还应清楚当今世界各国对进出口商品法定检验的相关规定。

进出口商品法定检验是国家出入境检验检疫部门根据国家法律法规规定,对规定的进出口商品或有关的检验检疫事项实施强制性的检验检疫,未经检验检疫或经检验检疫不符合法律法规规定要求的,不准输入输出。

法定检验检疫的目的是保证进出口商品、动植物(或产品)及其运输设备的安全,卫生符合国家有关法律法规规定和国际上的有关规定;防止次劣有害商品、动植物(或产品)以及危害人类和环境的病虫害和传染病源输入或输出,保障生产建设安全和人类健康。

我国出入境检验检疫部门对进出口商品实施法定检验检疫的范围包括:列入《出入境检验检疫机构实施检验检疫的进出境商品目录》(简称《检验检疫商品目录》)中的产品;《中华人民共和国食品卫生法(试行)》中规定的,应实施卫生检验检疫的进出口食品;危险货物的包装容器、运输设备和工具的安全技术条件的性能和使用鉴定;装运易腐烂变质食品、冷冻品的船舱、货仓、车厢和集装箱等运载工具;国家其他有关法律、法规规定须经出入境检验检疫机构检验的进出口商品、物品、动植物等。

7. 保险

保险是以投保人交纳的保险费集中组成保险基金用来补偿因意外事故或自然灾害所造成的经济损失,或对个人因死亡伤残给予物质保障的一种方法。我们这里所指的保险主要指货物保险。货物保险的主要内容有：贸易双方的保险责任，具体明确办理保险手续和支付保险费用的承担者。

我国商品贸易没有明文规定保险责任该由谁来承担，只有通过谈判、双方协商解决。

在国际贸易中，商品价格条款中的价格条件确定后，也就明确了双方的保险责任，如：离岸价格和成本加运费价格，商品装船交货后，卖方不承担保险，责任由买方承担；到岸价格，商品装船后运输过程中的保险责任仍由卖方负责。在对外贸易业务中，出口时应尽量采用到岸价，争取在我国保险，由我国收取保险费。

对同类商品，各国在保险的险别、投保方式、投保金额的通用做法与对商品保险方面的特殊要求和规定不尽相同，谈判双方必须加以明确。

对世界各国主要保险公司在投保手续与方式、承保范围、保险单证的种类、保险费率、保险费用的支付方式、保险的责任期和范围、保险赔偿的原则与手续等方面的有关规定加以考虑筛选，最后加以确定。对保险业务用语上的差异和名词概念的不同解释，要给予注意，以避免争议。

8. 争议与争议的处理

在商品交易中，买卖双方常常会围绕彼此的权利和义务引起争议，并由此引起索赔、仲裁等情况的发生。为了使争议得到顺利的处理，买卖双方在商务谈判中，对由争议引起的索赔和解决争议的方式，事先应进行充分磋商，并做出明确的约定。此外对于不可抗力及其对合同履行的影响结果等，也应做出约定。

（1）索赔。

在商品交易过程中，买卖双方往往会由于彼此间的权利义务问题而引起争议。争议发生后，因一方违反合同规定，直接或间接给另一方造成损失，受损方向违约方在合同规定的期限内提出赔偿要求，以弥补其所受损失，就是索赔。

从法律观点来说，违约的一方应该承担赔偿的责任，对方有权提出赔偿的要求，直到解除合同。只有当履约中发生不可抗力的事故，致使一方不能履约或不能如期履约时，才可根据合同规定或法律规定免除责任。

在商品贸易中，争议和索赔情况是经常发生的，由于争议和索赔直接关系到交易各方的经济权益，所以各方都十分重视索赔，在合同中明确有关的条款，以维护自己的利益。

一般来讲，索赔条款中应明确索赔的依据、索赔期限、索赔金额的确定等内容。

索赔依据是指提出索赔必须具备的证据和出示证据的检测机构。索赔方所提供的违约事实必须与品质、检验等条款相吻合，且出证机关要符合合同的规定，否则，都会遭到对方的拒赔。

索赔的期限是指索赔一方提出索赔的有效期限。索赔期限的长短，应根据交易商品的特点来合理商定。

索赔金额包括违约金和赔偿金。违约金只要确认是违约，违约方就得向对方支付，违约金带有惩罚的性质。赔偿金则带有补偿性，如果违约金不够弥补违约给对方造成的损失时，应当用赔偿金补足。

在我国的进出口贸易中，发生争议、索赔的事例是很多的，特别在市场情况发生变化，国外商人觉得履约对他们不利时，往往会寻找各种借口拒不履约或拖延履约，甚至弄虚作假或提出无理要求。如何正确处理好对外的索赔和理赔是一个十分重要的问题，它既关系到比较复杂的业务技术问题，又涉及维护国家的权益和声誉，必须严肃对待和认真处理。

国际贸易情况复杂，产生争议和索赔的原因是多种多样的。争议和索赔并不局限于买卖双方，有的还涉及运输、保险等方面。从索赔对象来分，大致有以下各种原因：

①买卖双方之间的贸易索赔包括：

　a. 买方违约。如：不按时开立信用证，以及故意开立不完全的信用证或过高要求的信用证，致使卖方无法履行合同；不按时付款赎单；无理拒收货物；在买方负责运输的情况下不按时派船接货，或不按时签订运输契约，不到指定交货地点等。

　b. 卖方违约。如：不按时交货；不按合同规定的品质、规格、包装、数量（重量）交货；不提供合同、信用证规定的合适单证等。

　c. 合同条款不够明确，以致买卖双方对合同条款的理解或解释不一致引起争议索赔。

②向承运人的运输索赔（装运索赔）包括：

　a. 货物短卸，即货物未卸净，或货物误卸在其他港口造成短卸。

　b. 货物在运输过程中被盗窃，或因破损撒漏而货物短少。

　c. 由于承运人责任的货物损毁，包括破损、毁坏、水渍、污染等。

③保险人的保险索赔。属于保险单内规定范围的有关损失，应向保险公司索赔。

我国对外商品贸易合同一般都规定受货人有复验权条款。在对外商品贸易谈判中，订立检验索赔条款时最好要明确：

　a. 出口贸易合同最好订明："双方同意以装运港中国出入境检验检疫机构签发的品质、数（重）量检验证书作为信用证项下议付所提出单据的一部分。买方有权对货物的品质、数（重）量进行复验，列明复验费由××负担。如发现品质或数（重）量与合同不符，买方有权向卖方索赔，但须提供经卖方同意的公证检验机构出具的检验报告。索赔期限为货物到达目的港××天内。"

　b. 进口贸易合同最好订明："双方同意以制造厂（或××检验机构）出具的品质及数（重）量检验证明书作为有关信用证项下付款的单据之一。货到目的港经中国出入境检验检疫机构复验，如发现品质或数（重）量与本合同规定不符时，除属保险人或承运人责任外，买方凭中国出入境检验检疫机构的检验证书，在索赔有效期内向卖方提出退货或索赔。索赔有效期为××天，自货物卸毕日期起计算。所有退货或索赔引起的一切费用（包括检验费）及损失均由卖方负担。"

　c. 根据不同商品和国内调运、检验等实际情况，以及检验工作的繁简，作出不同的规定，如30～150天。对机电设备商品应在合同中加订品质保证期（一般为1年），以便在使用过程中发现材质次劣、装配不当、工艺加工不良，以致使用中发生故障、损坏和性能显著降低，以及发现其他隐蔽性严重缺陷等问题，属于发货人责任的，可在品质保证期内凭出入境检验检疫机构出具的证书向发货人索赔。

我国对外商品贸易合同中的索赔条款，大致有两种：一种是异议和索赔条款；另一种是罚金条款。

在一般商品的买卖合同中，多数只订异议和索赔条款，同检验条款合并订在一起。条款的内容包括：明确一方如违反合同，另一方有权提出索赔；索赔依据。规定索赔时需提供的证件以及检验出证的机构;索赔期限包括索赔有效期和品质保证期(或称质量保证期);赔偿损失的估损办法和金额。例如,规定所有退货或索赔所引起的一切费用(包括检验费)及损失均由卖方负担等。

在大宗商品或机械设备贸易合同中,一般还订有罚金条款,内容主要规定:一方如未履行合同所规定的义务时,应向对方支付一定数额的约定罚金,以补偿对方的损失。这种条款一般适用于卖方延期交货等,双方还根据延误时间长短预先约定赔偿的金额,同时规定最高罚款金额。

(2) 仲裁。

仲裁是双方当事人在谈判中磋商约定,当合同履行过程中发生争议时,经协商不能解决时,自愿把争议提交给双方约定的第三者进行裁决的行为。裁决的结果对双方都有约束力,双方必须依照执行。

在商务谈判中,交易双方必须对仲裁条款做出明确的约定。在仲裁谈判中,应约定仲裁机构、仲裁程序和规则、裁决的效力、仲裁费用的分担等内容。

(3) 不可抗力。

不可抗力,又称人力不可抗拒。通常是指合同签订后,不是由于当事人的疏忽过失,而是由于当事人所不可预见,也无法事先采取预防措施的事故(如地震、水灾、旱灾等自然原因或战争、政府封锁、禁运、罢工等社会原因)造成的不能履行或不能全部履行合同。

在商务谈判中,交易双方必须对不可抗力条款做出明确的约定。不可抗力条款主要包括:不可抗力事故的范围;不可抗力事故发生后双方的责任;不可抗力事故发生后的补救方法、手续、出具证明的机构和通知对方的期限等。

一般来讲,在不可抗力事故发生后,遭受事故的一方可以据此免除履行合同的责任或推迟履行合同,另一方也无权要求其履行合同或索赔。

【案例】

1984年12月21日和28日,申诉人与被诉人在广东省吴川县签订了84TZ19A001和84TZ19A002两份计算器散件买卖合同。合同规定,被诉人以CIF条件向申诉人提供EL全新计算器散件20万套,申诉人通过中国银行湛江分行开立以被诉人为受益人总金额为558 000美元的不可撤销信用证。合同签订后,双方经协商同意,定交货期限由1985年4月30日至1985年5月7日。被诉人按信用证规定的期限发运了货物,并在议付银行取得全部货款。卸货后,申诉人在被诉人派出的技术人员协助下进行验收和安装。

在验收和安装过程中,申诉人发现该批货物存在货物的名称、规格、唛头和合同条款不符,配套不齐,设计缺陷,质量低劣等严重问题。随即依照合同第15条规定向中华人民共和国广东省进出口商品检验局申请复验,并于1985年7月3日电报通知被诉人:"货到后发现质量有问题,现正商检,我方保留索赔权。"广东省进出口商品检验局于1985年7月24日出具检验证书。检验证书指出:

1. 到货IC集成电路线板实为EL727,而机壳、包装纸盒及说明书则印有"SHARP" "EL-838" "MADE IN JAPAN"等字样,而合同均无上述规定。

2. 在抽样的490块EL727线路板检测中,故障板65块,占13.3%。

3. 在到货EL全新计算器散装件中任意抽取200套,安装成品检验中,发现说明书与后盖符号不符，电路板与机壳型号不符，并造成个别成品后盖与电池、后盖与印刷线短路等问题。

检验证书的结论是："上述EL全新计算器散装件不是经正规设计并生产出来的套件，而是拼凑产品，品质低劣。"申诉人于1985年7月27日致函被诉人，正式提出索赔，并希望双方本着友好态度，尽可能采取协商方式解决。

被诉人在几次回函中提出：

1. 该批货物的交货是符合信用证条件的，货物清单已如数交付申诉人。

2. 该批计算器散件的采购是根据申诉人下家买主吴川县某贸易总公司和某贸易公司所提供的样本进行的。该批货与样本相符合。

3. 该批货物出现检验证书中所指出的问题，可能是因为天气不好，搬运中的损坏以及申诉人装配技术的不足等原因而造成的。被诉人愿意负责修理。但被诉人在收到检验证书时已过了合同规定的90天时间。申诉人提出的索赔要求是不合理的。为了自己的商业声誉，被诉人将向仲裁机构提出申诉。

申诉人在回函中提出，两份计算器散件买卖合同是申诉人与被诉人之间签订的，吴川县某贸易总公司和某贸易公司有关人员的行为并不能代表申诉人，申诉人对此不予负责。合同中没有要求在计算器散件上打印"SHARP""EL-838""MADE IN JAPAN"等字样，合同也未规定按样交货。对被诉人与吴川县某贸易总公司及某贸易公司之间的行为，申诉人不予承认。

1985年6月至10月，双方多次电信往来，但始终未能就索赔一事达成协议。其后，被诉人不再答复申诉人的要求，也没有派人员协商。申诉人遂于1986年3月5日将纠纷提交仲裁。申诉人在仲裁申请书中要求：

1. 20万套计算器散件全部退还被诉人，被诉人退还申诉人货款558 000美元。

2. 被诉人退还申诉人所付货款利息。

3. 被诉人退赔申诉人的关税980 000元人民币。

4. 被诉人承担申诉人的仲裁费用。

5. 由仲裁办主持处理本案裁决后发生的连带法律事务。

1986年8月22日，申诉人向本会深圳办事处提交变更仲裁请求书，对其仲裁请求作如下变更：

1. 申诉人享有索赔权。

2. 申诉人有权按市场议价处理货物。

3. 被诉人赔偿申诉人因其违约而造成的损失。

项目总结

谈判广泛存在于人类生活的各个方面。谈判是指人们为满足各自的需要，而进行相互协商，并设法达成一致意见的行为过程。谈判的种类很多，有政治谈判、军事谈判、经济谈判、外交谈判等。商务谈判是经济谈判的一种，是指不同利益群体之间，以经济利益为目的，围绕涉及双方利益的标的物，借助于思维、语言、策略、技巧进行的沟通和协商，最终达成一项双方都能接受的协议的行为和过程。商务谈判的特征包括五个方面：以获得经济利益为目的；以价值谈判为核心；交易对象的广泛性和不确定性；合同条款的严密性与准确性；谈判条件的原则性和灵活性。商务谈判的原则主要有：平等原则；互利原则；合法原则；守信原则；合作原则。

根据不同的标准，可以将商务谈判划分为各种不同的类型和模式。成功的商务谈判是指在与对手建立良好的人际关系的前提下，以富于效率的方式达成谈判目标。

商务谈判的内容就是涉及谈判各方利益的标的物。商务谈判有多种不同的类型，不同类型的商务谈判，其谈判内容也不尽相同。在商品贸易谈判中，谈判的内容主要包括交易商品的品质、数量、包装、运输、价格、货款结算与支付、保险、商品检验、索赔、仲裁和不可抗力等条款。

基本训练

1. 你全面理解了商务谈判的含义了吗？请你谈谈对"谈判就是协商"的理解。
2. 你是否清楚了商务谈判的特征？请你谈谈对"谈判条件的原则性和灵活性"的理解。
3. 你清楚商务谈判应坚持的原则了吗？请你谈谈对"合作原则"的理解。
4. 商务谈判的类型很多，你能准确地区分它们吗？
5. 就谈判地点来讲，商务谈判有主场谈判、客场谈判和中立地谈判之分，你能结合你的生活经验谈谈这些谈判的长处和短处吗？在你今后的谈判实践中如何扬长避短？
6. 请你谈谈对"索赔谈判"的理解。
7. 你认为怎样的谈判才算是一场成功的谈判？
8. 在发生频率最高的商品贸易谈判中，谈判双方需要对哪些问题达成协议，你心中有数了吗？请你逐一列举这些条款，并阐明洽谈这些条款时的注意事项。

实训操作

实训内容：公平的谈判。

实训目标：了解谈判过程中为什么不同的谈判主体必须是平等的，不平等的谈判将产生什么样的后果。

实训组织：

1. 确定实训背景。

你和几个朋友计划合伙开办一家劳务中介公司，营业执照还没有来得及办理。因为急于开展业务活动，你和朋友们分头去各企业、学校联系合作事宜，看看那些合作者将怎样与你谈判。

2. 实训过程。

根据不同的身份按照项目内容草拟一份周密的业务洽谈计划，并按照计划的步骤选择相应的机构去寻求与他们的合作，并进行商谈，看看效果如何。

案例分析

案例一：

美国约翰逊公司的研究开发部经理，从一家有名的 A 公司购买了一台分析仪器，使用几个月后,一个价值2.95美元的零件坏了,约翰逊公司希望A公司免费调换一只。A公司却不同意,认为零件是因为约翰逊公司使用不当造成的,并特别召集了几名高级工程师来研究,寻找证据。双方为这件事争执了很长一段时间,几位高级工程师费了九牛二虎之力终于证明了责任在约翰逊公司一方,取得了谈判的胜利。但此后20年时间,约翰逊公司再未从A公司买过一个零件,且告诫公司员工,今后无论采购什么物品,宁愿多花一点钱,多跑一些路,也不与A公司发生业务关系。

问题:请你来评价一下,A公司的这一谈判究竟是胜利还是失败?应该如何来评价一场谈判的成败。

案例二:

某友好国家工业贸易代表团来华谈判,该国大使先找到有关领导要求促成贸易合作。有关领导指示,在可能的前提下尽量与我方达成协议。对方要求向中国出口矿山设备,要价高且质量不及先进国家水平。中方代表很为难,如果答应,中方损失太大;如果当场拒绝,又怕影响两国关系。最后中方代表想出了办法,要求对方拿出一台矿山设备到我国北方严寒地区进行一定时间的实验。如果能在零下40℃条件下正常工作,我方可以留购,对方答应回去研究。两个月后,对方答复说,他们国家最低气温为零下7.2℃,要适应我国零下40℃的工作条件,技术上有困难。于是,对方放弃了向我国出口矿山设备的要求。

问题:1. 这场谈判中体现出哪些谈判原则?
2. 你从这场谈判中得到什么启发?

项目二

商务谈判的前期准备

项目目标

- ❖ 了解信息准备的意义和原则、谈判方案制定的原则和依据、谈判班子应具备的合理结构。
- ❖ 熟悉信息准备的内容、谈判方案的内容、谈判人员应具备的条件。
- ❖ 掌握信息搜集整理的方法、谈判人员的组织与管理、谈判场所的选择与布置原则。

项目导入

商务谈判能否取得成功,不仅取决于谈判桌上的唇枪舌剑、讨价还价,而且有赖于谈判前充分、细致的准备工作。可以说,任何一项成功的谈判都是建立在良好的准备工作的基础之上的。本部分主要讨论商务谈判的信息准备、谈判方案制定、谈判队伍的组织等。

导入案例

厚积薄发——养兵千日,用兵一时

20世纪80年代我国光冷加工的水平较低,为改变这种状况,国家决定为南京仪表机械厂引进联邦德国劳(LOH)光学机床公司的光学加工设备。南京仪表机械厂的科技情报室马上对劳公司的生产技术进行了情报分析。在与劳公司谈判时,劳公司提出要对我方转让24种产品技术,我方先前就对劳公司的产品技术进行了研究,从24种产品中挑选出13种产品引进,因为这13种产品技术已经足以构成一条先进完整的生产线。同时我方也根据对国际市场情报的掌握提出了合理的价格。这样,我国既买到了先进的设备又节约了大量的外汇。事后劳公司的董事长R·柯鲁格赞叹道:"你们这次商务谈判,不仅使你们节省了钱,而且把我们公司的心脏都掏去了。"

> **引例分析**
>
> 在平时注意对情报的收集和处理，在谈判中往往能够游刃有余，获得成功。

【任务实施】

任务一　商务谈判的信息准备

国际商务谈判前的信息准备

一、商务谈判信息的作用

商务谈判信息准备是商务谈判的基础工作，是商务谈判准备的重要环节，做好信息准备工作，对推动谈判的成功、实现谈判利益起着重要的作用。

1. 谈判信息是制定谈判方案的依据

谈判方案正确与否，在很大程度上决定着谈判的成败得失。一个好的谈判方案应当是谈判目标正确，谈判策略切实可行，谈判时间的选择、控制得当。要使所制定的谈判方案具备以上特征，就必须有可靠的信息作为依据。否则，谈判方案就成了无源之水、无本之木，其合理性、科学性也就无从谈起，谈判也不会取得良好的结果。

2. 谈判信息是控制谈判过程的手段

信息、时间、权力是进行谈判控制的三个最基本的要素，它们自始至终对谈判的发展方向和进程产生着影响，它们也是谈判者谋取谈判主动权的基本手段。要想做到对谈判过程的有效控制，必须首先掌握详尽、准确的谈判信息，同时利用手中拥有的各种权力和对谈判时间的有效控制，影响谈判的发展方向和进程。

二、商务谈判信息的收集

商务谈判是一项复杂的企业经营活动，其影响因素多，可控性差。一般来讲，凡是对谈判产生影响的信息都应在搜集整理的范围之内。概括起来，这些信息应包括以下几个方面。

1. 对方信息

对谈判对手信息的搜集和分析研究是信息准备工作中最为关键的一环。谈判对手的信息资料也是谈判信息中最有价值和最难搜集的信息。在商务谈判中，如果不设法最大程度上获取谈判对手的信息，就很难深入地分析了解谈判对手，就会冒较大的风险。谈判对手的信息是复杂多样的，在信息准备过程中，应侧重搜集谈判对手的下列信息：

（1）对方的基本情况。

首先应该掌握对手企业的性质、注册资金、主营业务范围、控股股东等基本信息。这样可避免因错误估计对方而造成失误，甚至上当受骗。应尽可能选择在国内或某一经济区域内具有一定知名度，注册资金雄厚，主营业务清晰，控股股东实力强大的企业作为谈判的对象。当然与这样的对手谈判不是一件轻松的事，要求有较高超的谈判技巧，谈判目标也不能过高，但一旦谈判成功，谈判利益就有了保证，较少有上当受骗的事情发生。

对那些知名度不高的企业，只要身份地位合法，资产真实有效，主营业务清晰，生产经营情况正常，也是我们较好的谈判对象。这些企业往往处于创业阶段，急于开拓市场，谈判条件一般不会太苛刻，有利于实现己方利益的最大化。

对没有确切的办公场所，没有营业场所或自己的产业，人员不多的"皮包"型公司，一定要查清楚其真实情况，谨防上当受骗。尤其不要被对方虚假的招牌、优惠的条件所迷惑。

（2）对方的营运状况。

尽可能掌握对方企业的营运状况。生产经营状况不好的公司，往往会负债累累，履约能力很差，会带来较大的违约风险。如果对方一旦破产，会给己方的利益造成很大的损失。

（3）对方的信誉。

谈判对手信誉主要体现在以下两个方面：一是对方主体的合法资格；二是对方资本、信用与履约能力。

①对对方主体的合法资格的审查。如果谈判对手主体资格不合格或不具备与合同要求基本相当的履约能力，那么所签订的协议就是无效协议或者是没有履行保障的协议，谈判就会前功尽弃，甚至会蒙受巨大的损失。

对对方法人资格的审查，可以要求对方提供有关证件，如法人成立地注册登记证明等，详细掌握对方企业名称、法定地址、成立时间、注册资本、经营范围等；还要弄清对方法人的组织性质，是有限公司还是无限责任公司，是母公司还是子公司或分公司，因为公司组织性质不同，其承担的责任是不一样的；还要确定其法人的国籍，即其应受哪一国家法律管辖。对于对方提供的证明文件还要通过一定的手段和途径进行验证。

对对方合法资格的审查还应包括对谈判人代表资格或签约资格进行审查。在对方存在保证人时，还应对保证人进行调查，了解其是否具有担保资格和能力。在对方委托第三者谈判或签约时，应对代理人的情况加以了解，了解其是否有足够权力和资格代表委托人参加谈判。

②对对方资本、信用及履约能力的审查。对谈判对手资本审查主要是审查对方的注册资本、资产负债状况、收支状况、销售状况、流动资金状况等有关事项。对方具备了法律意义上的主体资格，并不一定具备很强的行为能力，因此，应该通过公共会计组织审计的年度报告，银行、资信征询机构出具的证明来核实。

对谈判对手商业信誉及履约能力的审查，主要调查该公司的经营历史、经营作风，产品的市场声誉、财务状况，以及在以往的商务活动中是否存在不良的商业信誉。在国际贸易中还应避免产生认识上的误区，如"外商是我们的老客户，信用应该没问题。""客户是朋友的朋友，怎么能不信任？""对方商号是大公司，跟他们做生意，放心。"对老客户的资信状况也要定期调查，特别是当其突然下大订单或有异常举措时，千万不要掉以轻心。

（4）对方的真正需求。

谈判对手的谈判目标是什么，所追求的核心利益是什么，哪些是他们的附属利益，对这些问题己方应做到心中有数，这些信息是己方制定报价目标和讨价还价策略的重要依据。

（5）对方谈判人员的权限。

谈判的一个重要法则是不与没有决策权的人谈判。不了解谈判对手的权力范围，将没有足够决策权的人作为谈判对象，不仅在浪费时间，甚至可能会错过更好的交易机会。一般来说，对方参加谈判人员的规格越高或者与企业核心领导人的关系越密切，权限也就越大。如果对方参加谈判的人员规格较低，己方就应该弄清楚对方参加谈判人员是否得到授权，对方参谈人员在多大程度上能独立做出决定，有没有决定是否让步的权力，等等。如果对方是代理商，必须弄清其代理的权限范围及对方公司的经营范围。

（6）对方谈判的最后期限。

任何谈判都有一定的时间限制，谈判时限与谈判目标、谈判策略有着密切联系。谈判者需要在一定的时间内完成特定的谈判任务，可供谈判的时间长短就成了决定谈判者制定谈判策略和谈判目标的重要影响因素。可供谈判的时间越短，用以完成谈判任务的选择机会就越少，最后期限的压力常常迫使人们不得不采取快速行动，立即做出决定。可供谈判的时间较长，往往拥有较大的主动权和选择权。掌握了对方谈判时限，就容易了解对方在谈判中可能会采取的态度和策略，己方据此可制定相应的谈判策略。

（7）对方的谈判风格和个人情况。

谈判风格是指在谈判中反复、多次表现出来的特点，了解对手的谈判风格可以更好地采取相应的对策，尽力促成谈判的成功。

此外，还要尽可能了解对手谈判班子的组成情况及个人情况，比如，主谈人背景；谈判班子内部人员的相互关系；谈判班子内每个成员的资历、能力、信念、性格、心理类型、个人作风、爱好与禁忌等。

【案例】

我国某厂与美国某公司谈判设备购买生意时，美商报价218万美元，我方不同意，美方降至128万美元，我方仍不同意。美方诈怒，扬言再降10万美元，118万美元不成交就回国。我方谈判代表因为掌握了美商交易的历史情报，所以不为美方的威胁所动，坚持再降。

第二天，美商果真回国，我方毫不吃惊。果然，几天后美方代表又回到中国继续谈判。我方代表亮出在国外获取的情报——美方在两年前以98万美元将同样设备卖给匈牙利客商。情报出示后，美方以物价上涨等理由狡辩了一番后将价格降至合理。

谈判中的价格竞争也是情报竞争，把握对手的精确情报就能在谈判中的价格竞争中取胜。

2. 己方信息

古人云："知人者智，自知者明。"在谈判前的信息准备工作中，不仅要调查分析谈判对手的情况，还应该正确了解和评估谈判者自身的状况。没有对自身的客观评估，没有自知之明，就很难做到对双方实力的准确判断，并做出正确的决策。自我评估首先要看到自身所具备的实力和优势，同时要客观地分析自己的不足。

商务谈判多为互利合作型谈判，满足自身的需要是参加谈判的目的，同时还应考虑如何满足他人的需要。谈判者应该分析自己的实力，认清自己到底能满足对方哪些需要，如：己方的生产经营状况；己方的财务状况和支付能力；己方能够提供的商品数量、商品品质、商品的技术指标；己方的售后服务能力与水平；己方与铁路等运输部门的关系；等等。如果己方具有其他企业所没有的满足对方需要的能力，或是己方能够比其他企业更好地满足对方的某种需要，那么己方就拥有了更多与对方讨价还价的优势。

【案例】

济南市某机床厂厂长在美国洛杉矶同美国卡尔曼公司进行推销机床的谈判。双方在价格问题的协商上陷入了僵持的状态,这时我方获得情报:卡尔曼公司原与台商签订的合同不能实现,因为美国对日、韩以及我国台湾地区提高了关税的政策使得台商迟迟不肯发货。而卡尔曼公司又与自己的客户签订了供货合同,对方要货甚急,卡尔曼公司陷入了被动的境地。我方根据这个情报,在接下来的谈判中沉着应对,卡尔曼公司终于沉不住气,在订货合同上购买了150台中国机床。

在谈判中,不仅要注重自己方面的相关情报,还要重视对手的情报,只有知己知彼知势,才能获得胜利。

3. 市场信息

市场资料是商务谈判可行性研究的重要内容,在目标市场基本确定的情况下,对目标市场的相关资料进行搜集和整理,也是信息准备的重要环节。市场方面的信息资料十分丰富,市场信息的准备主要是调查目标市场的供求情况、竞争情况。

(1) 需求情况。

需求情况包括目标市场上该产品的市场需求总量、需求结构、需求的满足程度、潜在需要量等方面的情况。通过这方面资料的搜集与整理,摸清目标市场上消费者的消费需求和消费心理,掌握消费者对该产品的消费意向,客观估计该产品的竞争力,以利于和谈判对手讨价还价,取得更好的谈判效益。

(2) 销售情况。

销售情况包括该类产品在近几年的销售量及销售量变动趋势、销售价格及价格变动趋势、该类产品及替代产品的进出口情况等。通过对该类产品销售情况、进出口情况的调查分析,可以使谈判者了解该类产品的市场容量,从而确定科学、合理的谈判目标。

(3) 竞争情况。

竞争情况包含目标市场上竞争对手的数量;主要竞争对手的生产规模、产品性能、价格水平等;竞争对手所使用的销售渠道、销售组织形式、优惠措施、售后服务;竞争产品的市场占有率等。通过调查,使谈判者能够掌握竞争对手的基本情况,寻找他们的弱点,评估己方产品的竞争能力,在谈判中灵活掌握谈判条件。

4. 相关环境信息

谈判是在一定的法律制度和特定的政治、经济、文化背景下进行的。它们会直接或间接地对谈判产生着影响。特别是涉外商务谈判,其相关环境因素甚至会对谈判产生决定性的影响。因此在谈判准备阶段也应认真搜集整理这方面的信息资料。

(1) 谈判对手所在国家和地区的政治状况。

①谈判对手所在国家和地区的经济运行机制和宏观经济政策。在计划经济体制下,企业的经营在很大程度上受经济政策的影响,这就要求谈判者弄清楚此次交易有多少列入国家计划,有没有争取到相应的计划指标,以便最大限度上降低谈判风险。在市场经济条件下,企业有较多的自主权,生产经营的自由度较大,较少受政策的直接干预。

每一个国家在不同的历史时期,由于经济发展状况和经济目标的不同,都对应着一些相应的宏观调控政策,这些政策对行业的发展有着直接的影响,在商务谈判中要充分考虑这一点。

②谈判对手所在国家和地区的政局稳定性。政局的稳定性关系到协议的履行有没有保证,因此必须了解对方所在国家和地区的政治制度、政策倾向,政府可能发生的更迭,非政府组织对政府的影响,发生战争和武装冲突的概率等,尽最大努力将谈判的政治风险降到最低。

③谈判对手所在国家和地区政府的贸易倾向。

(2) 宗教信仰。

宗教信仰往往涉及民族尊严,在某些国家和地区,宗教对政治制度、法律制度、经济体制有很大的影响,人们的日常行为也要符合宗教教义。在谈判过程中必须尊重对方的宗教信仰,这就要求谈判人员对谈判对手所信仰的宗教的礼仪礼节、宗教禁忌有充分的了解。

(3) 法律制度。

首先要熟悉我国与经济活动有关的现行法律法规,如税法、经济合同法等。其次还要认真了解谈判对象所在国家和地区的经济法律法规及相应的国际法,如当事人所在国家和地区的财税政策、联合国国际货物销售合同公约、联合国国际贸易委员会仲裁规则等法律法规。在国际商务谈判中,善于运用国际商务谈判的一些基本原则来解决实际问题,会取得更好的谈判效果。

(4) 商业习惯。

商业习惯在国际贸易中显得更为重要,几乎每一个国家和地区都有其特定的贸易规则和习惯,如果不了解这些习惯就很有可能产生误解,影响谈判的顺利进行,弄不好还会落入对方的"习惯"陷阱,造成重大的损失。

商业习惯的表现形式多种多样,比如,是否做任何事情都要见诸文字;律师的作用;是否存在贿赂现象;如存在贿赂现象,方式如何;一个项目是否可以同时与多家公司谈判;业务谈判的常用语言是什么;合同文件是否可以用两种语言来表示;如果合同文件可以用两种语言来表示,两种语言是否具有同等的法律效力等。

语言是交流磋商必不可少的工具,良好的外语技能有利于更好地了解对方,提高双方交流的效率和质量,避免沟通过程中的障碍和误解。许多国家的人都认为,对方懂得自己的语言是对自己民族的尊重,比如:法国人对自己语言的热爱和"保护"众所周知,对在法国不讲法语的外国人,他们的热情与欢迎程度会大大降低。

(5) 社会文化。

掌握了谈判对手所在国家和地区的社会文化信息,会有利于谈判双方的沟通和交流,对谈判产生推动作用。社会文化包括文化教育、生活方式、社会习俗等多个方面,比如,商业交往中习惯使用的称呼;是否只能在工作时间谈业务,在业余时间是否也可谈业务;社交场合中是否应该带妻子;送礼的方式,礼品的内容;妇女可否参与经营业务;是否守时;餐饮习惯等。

(6) 基础设施。

对方所在国家和地区的基础设施是否完善,关系到谈判的效率和履约能力,在投资贸易中还会影响投资的效果和收益。基础设施包括多个方面,如该国的通信状况、交通运输状况等。

5. 交易品信息

交易品信息也是信息准备的主要内容，主要包括：

（1）交易品的关税。

（2）交易品品质的表示方法，衡量交易品质量的指标，世界各地对交易品品质的最新规定和要求。

（3）交易品与其他品牌同类产品在品质、性能、用途上表现出来的差异。

（4）交易品数量的表示方法，计量单位。

（5）谈判对象所在国家和地区对交易品包装的相关规定。

（6）谈判对象所在国家和地区对交易品保险方面的特殊规定，对保险用语的法定解释，国际上同类商务在保险的险别、投保方式、保险金额等方面的通常做法。

（7）谈判对象所在国家和地区对交易品检验方面的特殊规定，如在检验内容、检验标准、检验方法、检验时间、检验地点等方面的要求和规定等。

（8）谈判对象所在国家和地区在支付货币、支付方式方面的习惯做法。

【案例】

石家庄市某印染厂准备与德国某公司以补偿贸易形式进行为期15年的合作生产，规定由外方提供生产工艺和关键设备。该工艺包含了大量的专利。初次谈判对方要求我方支付专利转让费和商标费共240万欧元。我方厂长马上派人对这些专利进行了专利情报调查。调查发现其中的主要专利的有效期将于几年后到期失效。在第二轮的谈判中，我方摆出这个证据，并提出降低转让费的要求，外商只得将转让费降至130万欧元。

在我国的技术引进中，常常为了一些价值低廉的技术付出巨额的投资，在技术转让的谈判中往往不能据理力争，如果在谈判之前多掌握些合理的情报，也许结果会完全不同。

6. 信息收集的方法

信息收集的方法很多，在实际工作中应根据具体情况，选择合适的方法来完成信息的收集。

（1）通过大众传媒收集信息。

当今社会是一个信息的社会，信息形形色色，信息的载体多种多样，在我们日常生活中的大众信息传播媒介上存在着大量的信息，甚至是核心信息。

报纸、杂志、专业书籍、内部刊物中登载着大量的消息、图表、数字、图片，这些信息资料有的与即将展开的谈判密切相关。这个渠道可提供比较丰富的各种环境信息、竞争对手信息和市场信息。谈判者可以通过这些渠道获得比较详细而准确的综合信息。

互联网是当今社会非常重要的信息传播渠道。在电脑网络上可以非常方便快捷地查阅国内外许多公司信息、产品信息、市场信息以及相关环境信息。

各国政府、国际组织、行业协会定期发布的各类统计报告上包含了大量准确的宏观信息资料。各银行组织、信息咨询公司、各公众公司的定期报告上包含了大量准确的微观信息资料，且资料详尽，并提供了大量的原始数据。

（2）市场调查。

市场调查是一种针对性很强的信息收集方法，只要调查问卷设计合理，调查对象选择得当，采用这种方法会得到很有价值的特定信息。市场调查实际运用方法有多种，在实际工作中应根据具体情况，选择适当的方法。

①访谈法。访谈法是指调查者直接面对访问对象，通过问答的方式获取信息的方法。访谈的形式多种多样，既可召集多人举行座谈，也可对个别对象进行走访。尤其是对知情人士走访显得更为重要，更容易获得详细、准确的信息，如走访记者、公司的商务代理人、当地的华侨、驻外使馆人员等。此外走访各种专门机构，比如商务部、对外经济贸易促进会、银行、进出口公司、本公司在国外的办事处、大使馆等，也能获得很有价值的信息。

在访谈之前，应准备好一份调查提纲，有针对性地设计一些问题。访谈对象回答问题时应做好录音或记录，以便事后整理分析。

②问卷法。调查者事先印刷好问卷，发放给相关人士，填写好以后收集上来进行分析。问卷的设计要讲究科学性和针对性，既要有封闭式问题，也应有开放式问题。

这种方法的特点是可以广泛收集相关信息，利于实现调查者的主导意向，易于整理分析，难点在于如何调动被调查者填写问卷的积极性以及保证填写内容的真实性。

（3）实地考察法。

实地考察法主要包括以下两种。

①现场观察法。现场观察法是指调查者亲临对方所在地，甚至是对方的生产区、经营区进行现场收集情景动态信息。这种方法可以补充以上几种间接方法搜集信息的不足，通过亲临现场观察得到最为真实可靠的信息。但是这种方法也有局限性，比如受交通条件限制，对有些现场难以实现现场观察；观察者会受到各种条件限制，使观察不够全面，也难免受主观意识的影响而带有偏见。

②会议考察法。通过参加各种商品交易会、展览会、订货会、企业界联谊会、各种经济组织专题研讨会来获取资料。

（4）咨询法。

咨询法是指通过向公共关系公司、咨询公司咨询，获取信息资料的方法。尤其是通过知名咨询公司获取的资料具有很高的价值。但这种方法获取信息的成本较高。

（5）特殊方法。

这里所说的特殊方法是指通过非正常手段获取信息的方法，如通过商业间谍获取信息、通过金钱收买获取信息等。当今社会提倡公平竞争，不赞成使用这些手段搜集信息，但必须清楚有这么一种收集信息的方法，并且采用这种方法搜集的大都是保密程度很高的核心信息。

三、商务谈判信息的处理

1. 信息的筛选

要将收集的资料进行鉴别和分析，剔除那些与事实明显不符的信息、某些不能有足够证据证明的信息、某些带有较强主观臆断色彩的信息等，保留那些可靠的信息。

2. 信息的分类

在信息资料可靠性的基础之上将资料进行归纳、分类。将原始资料按时间顺序、问题性质、反映问题角度等指标分门别类地排列成序，以便于更加明确地反映问题的各个侧面或整体面貌。

3. 信息的分析研究

将整理好的资料做认真的研究分析，从表面的现象探求其内在本质，由此问题逻辑推理到彼问题，由感性认识上升到理性认识。

4. 提出建议

在信息的分析研究基础之上，做出对问题的正确判断和结论，并对问题的解决提出具有指导意义的建议，供企业领导和谈判者参考。

任务二　商务谈判方案的制定

谈判方案范文

一、谈判方案的含义

谈判方案是指针对即将展开的商务谈判，根据客观的可能性，运用科学方法，从总体上对谈判目标、谈判策略、谈判时间等做出的决定和选择，是企业从全局出发对谈判活动进行的总体谋划和部署。谈判方案的可行、正确与否直接关系到谈判的成败，是谈判前期准备的关键所在。

谈判方案中应包括：具体明确的谈判目标；实现谈判目标的策略方法和措施；谈判时间的选择与控制等一系列内容。在商务谈判中，只有制定出科学、合理的谈判方案，才能做到有效地控制谈判，使谈判向己方预期的方向发展，实现己方的谈判利益。

二、谈判方案制定的原则和依据

1. 谈判方案制定的原则

（1）科学性原则。

科学性原则是谈判方案制定的重要原则。其要求是谈判方案的制定要用科学的谈判理论作指导，用科学方法进行择优，切忌不切实际的凭空臆造。具体应做到：一是要进行谈判方案的可行性分析；二是要充分考虑影响谈判方案制定的各种因素；三是必须进行谈判方案反馈工作，及时进行谈判方案的优化调整。

（2）择优原则。

择优原则是指决策者通过优化筛选，从所有的可行性方案中选择最优方案。其要求是在决策过程中，要充分论证所制定的谈判目标的合理性，充分探讨谈判策略的可实施性和有效性，从而选择出操作性最强、效率最高的谈判方案。

（3）系统性原则。

系统性原则包括合理性、先进性、合法性、有效性等方面。合理性要求谈判方案适应谈判的情势和双方在技术、商业习惯、财务等方面的例行准则。先进性要求谈判目标是需要经过努力才能达到的在现实基础之上的高目标。合法性要求谈判方案必须符合相关的法律规定，不能与谈判当事方所在国家和地区的现行法律法规、相关国际法和国际惯例相抵触。

(4) 创新原则。

创新原则要求决策者在谈判方案制定时要有创新、开拓精神，敢于探索新的谈判模式，提出崭新的谈判思路和方法，从而做出高质量的谈判方案。

2. 谈判方案制定的依据

在制定谈判方案时应重点考虑以下几个方面的问题。

(1) 有关谈判当事方的经济贸易法规、政策和规定。

不同的国家和地区在经济贸易方面往往有不同的法令和规定，在谈判方案制定时要与其相适应，不能违反这些政策和规定。在国际商务谈判中还必须遵守相关的国际法和国际惯例。

(2) 交易的重要性。

对于交易额巨大或关系到本企业长远利益的谈判，在谈判目标、谈判策略和谈判措施上都要慎重决策，战术技巧上要做到稳扎稳打，谈判目标和让步策略要具有一定的灵活性。

(3) 是否同对方保持长久的贸易往来。

如果打算与对方保持长期贸易往来，就必须与对方建立起良好的关系，谈判人员之间也应有密切的私人交往，这样就要求本次的谈判目标不要过分苛刻，处理好短期利益与长远利益的关系，尽量避免采用对抗性较强的谈判策略。

(4) 谈判时间的限制。

如果此次谈判己方无较苛刻的时间限制，则可确定较高的谈判目标和采取较强硬的谈判策略。一般来讲，较长时间的谈判，谈判目标的弹性也较大，谈判策略也更加灵活；较短时间的谈判，谈判目标的弹性则较小。

(5) 双方在谈判中的实力和谈判能力。

如果己方的谈判实力和能力居于优势地位，则可确定较高的谈判目标和采取较强硬的谈判策略。反之，则要确定弹性较大的谈判目标和灵活多变的策略，以给己方留下回旋余地。

三、谈判方案的内容

1. 确定谈判目标

(1) 谈判目标的含义。

谈判目标是指谈判应达到的具体要求，它是谈判的指挥棒。商务谈判的目标主要以交易条件的形式反映出来，如交易标的的数量、价格、质量、交货与支付方式等，此外还包含着市场占有率的提高、新市场的开拓等要求。

确定正确的谈判目标有利于谈判利益的实现和促进谈判的成功，减少谈判的盲目性。

(2) 自我需要的认定。

满足需要是谈判的目的，清楚自我需要的各方面情况，才能制定出切实可行的谈判目标。

①希望借助谈判满足己方哪些需要。比如，作为谈判中的买方，应该仔细分析自己到底

需要什么样的产品和服务，需要多少，要求达到怎样的质量标准，价格可以出多少，必须在什么时间内购买，对方必须满足己方哪些条件等；作为谈判中的卖方，应该仔细分析自己能够或愿意向对方出售哪些产品，提供的数量是多少，卖出价格最低限是多少，对方的支付方式和时间如何等。

②各种需要的满足程度。己方的需要是多种多样的，各种需要重要程度并不一样。要搞清楚哪些需要必须得到全部满足，哪些需要可以降低要求，哪些需要在必要情况下可以放弃，这样才能抓住谈判中的主要矛盾，保护己方的核心利益。

③需要满足的可替代性。在谈判中需要满足的可替代性大的一方，回旋余地就大，如果需要满足的可替代性小，那么谈判中讨价还价的余地也就小。需要满足的可替代性包含两个方面。

一是谈判对手的可选择性有多大。有些谈判者对谈判对手的依赖性很强，这样就会容易陷入被动局面，常常被迫屈从于对方的条件。分析谈判对手可选择性要思考这样一些问题：如果不和他谈，是否还有其他的可选择的对象；是否可以在将来再与该对手谈判；如果与其他对手谈判，收益和损失是什么等。

二是谈判内容可替代性的大小。比如，如果价格需要不能得到满足，可不可以用供货方式、提供服务等需要的满足来替代；眼前需要满足不了，是否可以用长期合作的需要满足来替代。这种替代的可能性大小，要通过认真分析评价来确定。

④满足对方需要的能力鉴定。谈判者不仅要了解自己要从对方得到哪些需要的满足，还必须了解自己能满足对方哪些需要，满足对方需要的能力有多大，在众多的竞争对手中，自己向对方提供的需要具有哪些优势，占据什么样的竞争地位等。

满足自身的需要是参加谈判的目的，满足他人需要的能力是谈判者参与谈判与对方合作的资本。谈判者应该分析自己的实力，认清自己到底能满足对方哪些需要，如出售商品的数量、质量、期限、技术服务等。如果己方具有其他企业所没有的满足对方需要的能力，或是谈判者能够比其他企业更好地满足对方的某种需要，那么谈判者就拥有更多的与对方讨价还价的优势。

2. 谈判目标的分类

谈判目标根据实现的可能性可分为三个层次。

（1）最低目标。最低目标是在谈判中己方必须达到的目标。对己方而言，宁可谈判破裂，放弃该合作项目，也不愿接受比最低限度目标更低的条件。因此，也可以说最低目标是谈判者必须坚守的最后一道防线。

商务谈判一般坚持不亏损原则，所以标的的成本往往作为谈判的最低目标，但当谈判是以开拓市场为目的时，就另当别论了。

（2）实际需求目标。实际需求目标是谈判人员根据各种主客观因素，经过对谈判对手的全面评估，对企业利益的全面考虑，科学论证后所确定的努力争取实现的谈判目标。谈判中的讨价还价往往是围绕这一目标展开的，所以可接受的目标的实现，往往意味着谈判取得了胜利。

（3）最高期望目标。最高期望目标是对谈判者最有利的一种理想目标。实现这个目标，将最大限度地满足己方利益。一般来讲，己方的最高期望目标往往是对方最不愿接受的条件，因此很难实现。但是确立最高期望目标是很有必要的，它可以激励谈判人员尽最大努力去实现谈判利益的最大化。在谈判实战中，往往以最高期望目标作为己方的报价，有利于在讨价还价中使己方处于主动地位。

谈判目标的确定是谈判方案制定中的一个关键环节。首先，不能盲目乐观地将全部精力放在争取最高期望目标上，而很少考虑谈判过程中会出现的种种困难，造成束手无策的被动局面。一般来讲，谈判目标要有一定的弹性，定出上下限，根据谈判实际情况进行适当调整。其次，在多条件谈判中最高期望目标不止一个，在这种情况下要将各个目标进行排队，抓住最重要的目标努力实现。最后，己方最低限度目标要严格保密，除参加谈判的己方人员之外，绝对不可透露给谈判对手，这是商业机密，如果一旦疏忽大意透露出己方最低限度目标，就会使对方主动出击，使己方陷于被动。

3. 明确谈判的策略

（1）谈判策略的含义。

在商务谈判过程中为实现特定的谈判目标而采取的各种方法、措施、技巧及其组合称为商务谈判的策略。谈判策略形形色色、多种多样，即策略无常形。在谈判实战中，要根据对谈判形势的分析，谈判中可能出现的情况，实事求是地制定出谈判可能采用的具体策略，做到事先有所准备。

商务谈判是"合作的利己主义"的过程，在这个过程中，参与谈判的双方都要为自己获得尽可能多的利益而绞尽脑汁。作为一种复杂的智力竞争活动，谈判高手无不借助谈判策略的运用来显示其才华。因此，谈判策略选用是否得当，能否成功，是衡量谈判者能力高低、经验丰富与否的主要标志。

（2）影响商务谈判策略选择的基本因素。

一般来说，商务谈判策略的选择和运用主要取决于以下基本因素。

①谈判对象的状况。商务谈判对象的状况是指谈判双方的具体条件及状态，在商务谈判中，要根据双方的具体条件和状态决定所选用的商务谈判策略。通常，商务谈判对象的状况主要包括：

a. 商务谈判对象的实力。这是选择商务谈判策略的主要依据，如果谈判对方实力雄厚，处于谈判的有利地位，则我方可选择的策略受到很大的限制，在谈判中就不易采用强硬型策略。

b. 商务谈判对象的地位和权力。如果对方主谈判人员是职位较高的企业核心领导，有较大的行政权力，那么在选择商务谈判策略时就会受到较大的限制，反之策略选择的自由度就较大。

c. 商务谈判对象的风格和经验。如果对方是一位谈判高手，具有丰富的商务谈判经验，那么一般的谈判策略对其不会产生太大的作用，这时选用的商务谈判策略要多变，节奏也应稍快一些。

d. 商务谈判对象的动机和态度。商务谈判的重要性和与对方长期合作的可能性，通常影响谈判的动机和态度。对态度良好、渴望成功、追求合作的谈判者，所选用的商贸谈判策略应柔和一些，尽量避免强烈的对抗。

e. 商务谈判对象的性格和气质。比如对急躁直率的谈判者和温和婉转的谈判者，运用的商务谈判策略应有所不同。一般来说，对前者，多采用诱惑报价，求疵还价，象征性让步等诱其上钩的策略；对后者，则应多采用坦诚相待，利益协调，压力缓解等策略。

②商务谈判的焦点。比如在单因素谈判中，由于利益点过于集中，使谈判变得非常艰难，冲突、僵局随时都会发生，这时最好把单因素谈判转化为多因素谈判，即采用把蛋糕做大策略。

③商务谈判所处的阶段。商务谈判所处的阶段不同，对商务谈判策略的运用也有所不同。比如，在开局阶段为建立友好的谈判气氛，则不易采用对抗性策略；在讨价还价阶段由于直接关系到利益分配的多寡，双方会互不相让，则谈判的对抗性会很强。

④商务谈判的组织方式。商务谈判的组织方式主要指商务谈判的对象进入谈判的形式、规模和范围。比如，谈判对象是一个实体还是若干实体，是分别谈判还是联合谈判，联合谈判是紧密型的，还是松散型的，这对商贸谈判策略的选用都是有影响的。

4. 商务谈判策略的特征

商务谈判策略有其特有的特征。这些特征是在长期的商务谈判实践经验和教训的基础上总结、概括出来的。

（1）针对性。商务谈判是一种应对性很强的活动。在商务谈判中，任何策略的出台都有其明显的针对性，它必然是针对谈判桌上的具体情形而采取的方法和措施。

在商务谈判中，谈判人员一般要针对谈判的标的、目标、手段、对方的谈判风格以及对方可能采取的策略等来制定己方的策略。有效的商务谈判策略必须对症下药，有的放矢。比如，卖方为了卖个好价钱，一般会采取"筑高台"的策略，实施"喊价要高"的战术，针对这种情况，买方往往采取"吹毛求疵"的策略，实施"还价要低"的战术予以应对。策略与反策略的运用，是商务谈判策略针对性最明显的体现。

（2）预谋性。从一定意义上讲，商务谈判策略是谈判人员智慧的体现。在谈判中，策略的运用绝不是盲目的，无论遇到什么样的情况，出现何种复杂的局面，选择和使用什么样的应对策略，谈判人员事先应进行商讨和筹划。在商务谈判中，如果没有事先筹划的应对策略，一定会处处被动，措手不及，只有招架之功，没有还手之力。

（3）时效性。几乎所有的商务谈判策略都有很强的时效性。一定的策略只能在一定的条件下才产生效用或效用最大化，超出这一特定的条件，策略的效应就会大大下降，甚至无效，比如，疲劳战术比较适合对远距离出差的谈判者使用；最后通牒策略往往是一种强者采用的策略。

（4）随机性。在商务谈判中，无论考虑得多么缜密，方案计划得多么详细，都会因为时间、地点、空间的变化，而使一些事先谋划的策略失去意义，不会产生预期的效果。在这种情况下，商务谈判人员必须根据谈判的实际情况，借助过去的经验和现时的创新，随机应变，采取适当的策略来解决实际的问题。

策略的产生与应用，是一个动态的依赖时空变化的随机过程，需随时随地吸收信息，及时做出调整。

（5）隐匿性。在商务谈判实践中，谈判策略一般只为己方知晓，而且要尽可能做好保密工作，这就是商务谈判策略使用的隐匿性特征。

隐匿己方策略的目的在于预防对方运用反策略。在商务谈判中，如果对方对己方的策略或谈判套路了如指掌，对方就会在谈判中运用反策略，应对自如，处于主动的地位，反而对己方不利。

（6）艺术性。艺术性是科学性、技巧性、突然性的总体反映。商务谈判策略的运用应尽量追求具有艺术性。一方面，策略的运用要为自己服务，为实现己方的最终目标服务；另一方面，为了使签订的协议能保证履行，还必须保持良好的人际关系，人际关系好坏也是判断商务谈判成功与否的标准之一。

5. 确定谈判时间

谈判时间也是谈判的构成要素之一。谈判总是在某一特定的时间开始，又在一定的时间内完成。在一场谈判中，谈判时间要素有三个基本参数：谈判的开始时间、谈判过程中的时间控制和谈判的截止时间。

（1）谈判的开始时间。

开始时间就是说，选择什么时间来启动这场谈判。它的得当与否，有时会对谈判结果产生很大影响。比如一个谈判小组在经历了长途跋涉、喘息未定、身心疲惫之时，立即投入到紧张的谈判中去，就很容易因为舟车劳顿而导致精神难以集中、记忆和思维能力下降，而误入对方圈套。所以应对谈判开始时间的选择给予足够的重视。一般说来，在选择开始时间时，要考虑以下几个方面：

首先，准备的充分程度。俗话说："不打无准备之仗"，在安排谈判开始时间时也要注意给谈判人员留有充分的休息时间，以免疲劳、仓促上阵。

其次，谈判人员的身体和情绪状况。谈判是一项精神高度集中、体力和脑力消耗都比较大的工作，要尽量避免在身体不适、情绪不佳时投入谈判。一般也不要在饱餐后投入谈判，因饱餐后人的思维能力也会明显地下降。

再次，谈判的紧迫程度。尽量不要在自己急于买进或卖出某种商品时才进行谈判，如避免不了，应采取适当的方法隐蔽这种紧迫性。

最后，从谈判的竞争技巧考虑，可以利用对方疲劳或在对方的最后期限临界点时开始关键问题的谈判，在对方精力不足、反应迟钝、时间压力极大的情况下，迫使对方让步。但有一点，这些工作应安排得天衣无缝，不然的话会招致对方的反对，引起对方的反感。

（2）谈判过程中的时间控制。

在谈判进行过程中，可以利用对谈判时间进行有效控制的技巧，摆脱不利局面或争取更大的主动。比如，在需要时间去构思一些关键问题时，在需要时间去核实一些需要弄清楚的问题时，在需要时间去调整谈判策略时，为了回避对方提出的己方暂不知如何回答的问题时，可以采取暂停的方式影响谈判的发展方向和进程，当然，不能让对方察觉出己方是有意暂停，常用的借口有资料忘记带了、去卫生间、身体不适等。

对大中型商务谈判来讲，很少经一次磋商就能达成协议，大多数要经历数次多轮磋商才能达成一致。这样，在两次磋商之间就形成了一个谈判的时间间隔。在谈判实战中应充分利用这一时间间隔，舒缓紧张的谈判气氛，调整各自的谈判目标和谈判策略。比如在谈判双方出现了互不相让、紧张对峙的时候，双方宣布暂停谈判两天，由东道主安排一些旅游等轻松的活动，在友好、轻松的气氛中，双方的态度、主张有可能会有所改变，在接下来的重新谈判中，就更容易达成一致。

(3) 谈判的截止时间。

谈判的截止时间即谈判的最后期限。每一场谈判总不可能没完没了地进行下去，总有一个结束谈判的具体时间。在同一场谈判中的谈判对象，由于所处的环境不同，其确定的谈判截止时间是不一样的。

谈判的截止时间是确定谈判策略的重要因素之一，谈判时间的长短，往往直接决定着谈判者是选择轻松舒缓的谈判策略还是速决速胜的谈判策略。

这一时间还对谈判中处于劣势的一方构成很大的压力，因为他必须在限期到来之前，做出让步达成协议还是放弃交易终止谈判的选择，做这样的选择是很痛苦的。

一般说来，大多数的谈判者总是想达成协议，为此，弱势一方只能做出让步。在商务谈判中常常利用这一点，迫使对方让步，实现更大的谈判利益。

因此，在谈判中应始终保守住"己方谈判的最后期限"这个秘密，同时要时刻警惕对方对这个秘密的探测，避免对方利用这个秘密对己方展开攻击。

【案例】

美国西部一名牛仔闯入酒店喝酒，几杯酒下肚之后，便开始乱折腾，把酒店整得一塌糊涂。这还不算，到后来，他居然掏出手枪朝着天花板乱射，甚至对准酒店中的客人。就在大伙儿一筹莫展之际，酒店老板——一个瘦小而温和的好人，突然一步步地走到那牛仔身边，命令他道："我给你五分钟，限你在五分钟之内离开此地。"而出乎意料的是，这名牛仔真的乖乖收起手枪，握着酒瓶，踏着醉步离开酒店，扬长而去了。惊魂未定，有人问老板："那名流氓如果不肯走，那你该怎么办？"老板回答："很简单，再延长期限，多给他一些时间不就好了。"

为了能使谈判的"限期完成"发挥其应有的效果，对于谈判截止前可能发生的一切，谈判者都必须负起责任来，这就是"设限"所应具备的前提条件。只有在有新的状况发生或理由充足的情况下，才能"延长期限"。

6. 预计可能会发生的问题

在制定谈判方案时，应把困难估计得充分一些，把谈判中可能会出现的问题设想得全面一些，并预先做好多套应对方案，当谈判中出现异常情况时，能及时启动备用方案，以免手忙脚乱，丧失谈判的主动权。

任务三　商务谈判队伍的组织与管理

组建一支能打硬仗、高效、精干的谈判班子，是谈判成功的根本保证。高质量的谈判班子是通过高素质的谈判人员和谈判班子的整体优化实现的。

一、谈判班子的构成

谈判的主体是人，因此，筹备谈判的第一项工作内容就是人员准备，也就是说组建谈判班子。谈判班子的素质及其内部协作与分工的协调对于谈判的成功是非常重要的。

1. 谈判班子的规模

组建谈判班子首先碰到的就是规模问题，即谈判班子的规模多大才是最为合适的。

根据谈判的规模，谈判可分为一对一的个体谈判和多人参加的集体谈判。个体谈判即参加谈判的双方各派出一名谈判人员完成谈判的过程。美国人常常采取此种方式进行谈判，他们喜欢单独或在谈判桌上只有极少数人的情况下谈判，并风趣地将谈判人员称为"孤独的守林人"。个体谈判的好处在于：在授权范围内，谈判者可以随时根据谈判桌上的风云变幻做出自己的判断，不失时机地做出决策以捕获转瞬即逝的机遇，而不必像集体谈判时那样，对某一问题的处理要首先在内部取得一致意见，然后再做出反应而常常贻误战机，也不必担心对方向自己一方谈判成员中较弱的一人发动攻势以求个别突破，或利用计谋在己方谈判人员间制造意见分歧，从中渔利；一个人参加谈判独担责任，无所依赖和推诿，全力以赴，因此会产生较高的谈判效率。

谈判班子由一个人组成，也有其缺点，它只能适用于谈判内容比较简单的情况。在现代社会里，谈判往往是比较复杂的，涉及面很广。从涉及的知识领域来讲，包括商业、贸易、金融、运输、保险、海关、法律等多方面的知识，谈判中所要运用收集的资料也是非常之多，这些绝非个人的精力、知识、能力所能胜任的，何况还有"智者千虑，必有一失"之说。

谈判班子人数的多少没有统一的标准，谈判的具体内容、性质、规模以及谈判人员的知识、经验、能力不同，谈判班子和规模也不同。实践表明，直接上谈判桌的人不宜过多。如果谈判涉及的内容较广泛、较复杂，需要由各方面的专家参加，则可以把谈判人员分为两部分：一部分主要从事背景材料的准备，人数可适当多一些；另一部分直接上谈判桌，这部分人数与对方相当为宜。在谈判中应注意避免对方出场人数很少，而我方人数很多的情况。

2. 设计谈判班子的结构

一套好的谈判班子应具有一个合理的结构。在较为正规、复杂的中大型商务谈判中，应尽量配齐各方面的人才，组成一个结构合理、长短互补的谈判班子。

（1）知识结构。在商务谈判中，由于交易标的和交易条件的不同，谈判所涉及的知识面很广，应根据谈判的需要，在谈判班子中配备有关方面的专业人才，如商务专家、技术专家、法律专家、金融专家等，对外谈判还应有翻译人员。

各类人员不仅应精通本专业的知识，而且要对其他方面的知识也有所了解，比如技术人员应懂得一些商务方面的知识，商务人员应懂一些金融、法律方面的知识，否则，很难做到各方面人员之间的相互协作。

（2）性格结构。组建谈判班子时，还应考虑有一个合理的性格结构，即讲究谈判人员性格的协调，通过性格的互补作用，达到优化谈判班子的目的。比如活跃和沉静是一对很好的补充。分配任务时，也应考虑性格因素，比如，对具有内向型性格的人，宜安排内务工作，如资料、信息的整理等；对具有外向型性格的人，宜安排了解情况，搜集信息，对外的沟通协调等交际性工作；性格沉稳，思维缜密，组织能力强，且富有进取心的人，宜作为主谈人。切忌把那些具有典型性格特征的人安排到与本人性格相背的工作中去。

（3）年龄结构。组建谈判班子时，还应考虑谈判人员的年龄结构。不同年龄段的人群由于阅历的不同，其知识的宽度、深度、时代感、经验的多寡、处事的方法、体力和精力相差很大。比如，老年人阅历深，经验丰富，人际关系广，但体力、精力较差，知识老化，进取心往往也不强；中年人经多年的工作磨炼，经验丰富，体力、精力较充沛，知识面广，工作责任心强,富有进取心;青年人的经验不足,考虑、处理问题欠周全,但体力、精力充沛,知识的时代感强,工作的冲劲足,富有进取心。

总体来讲,谈判班子应以中年人为主,辅以青年人和老年人。切忌谈判班子由清一色的青年人或老年人组成。

此外,班子内成员间必须关系融洽,能求同存异。

二、谈判人员应具备的条件

人是谈判的行为主体,谈判人员的素质是筹备和策划谈判谋略的决定性主观因素,它直接影响整个谈判过程的进展,影响谈判的成功与失败,最终影响谈判双方的利益分割。可以说,谈判人员的素质是事关谈判成败的关键。

那么,一个优秀的谈判人员应具备怎样的素质呢?

弗雷斯·查尔斯·艾克尔在《国家如何进行谈判》一书中写道:"根据十七、十八世纪的外交规范,一个完美无缺的谈判者,应该心智机敏,而且有无限的耐心;能巧言掩饰,但不欺诈行骗;能取信于人,而不轻信于人;能谦恭节制,但又刚毅果断;能施展魅力,而不为他人所惑;能拥有巨富、藏娇妻,而不为钱财和女色所动。"当然对于谈判人员的素质,古今中外向来是仁者见仁、智者见智,但是一些基本的要求却是共同的,并被许多谈判者所遵奉。

1. 坚强的政治思想素质

这是谈判人员必须具备的首要条件,也是谈判成功的必要条件。它首先表现在谈判人员必须遵纪守法,廉洁奉公,忠于国家、组织和职守。其次,谈判人员具有强烈的事业心、进取心和责任感。在商务谈判中,有些谈判人员不能抵御谈判对手变化多端的攻击法,为了个人私欲损公肥私,通过向对手透露情报资料,甚至与外商合伙谋划等方式,使己方丧失有利的谈判地位,使国家、企业蒙受巨大的经济损失。因此,谈判人员必须思想过硬,在谈判中不应考虑个人的荣誉得失,应以国家、企业的利益为重,始终把握"失去集团利益就是失职,赢得集团利益就是尽职、就是成功"的原则,发扬献身精神,有一种超越私利之上的使命感,使外在的压力变成内在的动力。

2. 健全的心理素质

从来就没有一帆风顺的谈判。谈判过程,特别是讨价还价阶段是一个非常困难的过程,其中充满了困难和曲折;有时谈判会变成一项马拉松式的较量,这不仅对谈判人员的知识技能、体力等方面是一个考验,而且也要求他们有良好的心理素质。

健全的心理素质是谈判者主体素养的重要内容之一,表现为谈判者主体应具备坚韧顽强的意志力和良好的心理调适能力。

谈判的艰巨性,不亚于任何其他事业,谈判桌前持久的讨价还价枯燥乏味,令人厌倦。这时,谈判者之间的持久交锋,不仅是一种智力、技能和势力的比试,更是一场意志、耐心和毅力的较量,如果谈判者没有坚韧不拔、忍耐持久的恒心和泰然自若的精神,是难以适应的。有一位很著名的谈判能手曾这样说过:"永远不轻易放弃,直到对方至少说了七次'不'。"谈判者只有具备了这样的素质,才能应付各种艰巨复杂的谈判。

这种意志力、忍耐力还表现在一个谈判人员无论在谈判的高潮阶段还是低潮阶段，都能心平如镜，特别是当胜利在望或陷入僵局时，更要能控制自己的情感，喜形于色或愤愤不平不仅有失风度，而且会让对方抓住弱点与疏漏，给对方造成可乘之机。

古往今来的伟大政治家、军事家、思想家都以"戒躁""制怒""贵虚""留静"等作为自我修养的基本方法，"戒躁""制怒"就是要想方设法消解自己激动的情绪，如果失去理智就会做出愚蠢的事情。"贵虚""留静"有两层含义：一是养成一种敏锐、明澈如玄的心境，这是一种特殊的心理状态；二是冷静地观测事态的发展变化，抓住薄弱环节，出其不意、克敌制胜。

商务谈判是斗智比谋的高智能竞技活动，感情用事会影响谈判，控制自己的非理性情感的发泄，幽默大度、灵活巧妙地转化消极情绪为积极情绪，能使自己摆脱困境、战胜对方。因此，良好的心理调适能力是谈判人员必不可少的。

3. 合理的学识结构

谈判是人与人之间利益关系的协调磋商过程。在这个过程中，合理的学识结构是讨价还价、赢得谈判的重要条件。

合理的学识结构指谈判者必须具备丰富的知识，不仅要有广博的知识面，而且要有较深的专业学问，两者构成一个"T"字形的知识结构。

（1）谈判人员的横向知识结构。一名优秀的谈判人员，必须具备完善的相关学科的基础知识，要把自然科学和社会科学统一起来，普通知识和专业知识统一起来，在具备贸易、金融、营销等一些必备的专业知识的同时，还要对心理学、经济学、管理学、财务学、控制论、系统论等一些学科的知识广泛摄取，为我所用，这是谈判人员综合素质的体现。在现实的经贸往来中，谈判人员的知识技能单一化已成为一个现实的问题，技术人员不懂商务、商务人员不懂技术的现象大量存在，已给谈判工作带来了很多困难，因此，谈判人员必须具备多方面的知识，即知识必须有一定的宽度，才能适应复杂的谈判活动的要求，这点我们应当从与美国谈判人员的交往中受到启发。

（2）谈判人员的纵向知识结构。优秀的谈判人员，除了必须具备广博的知识面，还必须具有较深的专业知识，即专业知识要具有足够的深度。专业知识是谈判人员在谈判活动中必须具备的知识，没有系统而精深的专业知识功底，就无法进行成功的谈判。改革开放以来，我国在对外经济交往中，出现了许多因缺乏高深而系统的专业知识、因不通专业技术导致的重大失误，也出现了一些因财务会计的预算错误造成的经济损失，因不懂法律造成的外商趁机捣鬼事端，令人痛心。因此，谈判者专业知识的学习和积累是必不可少的。

总之，扩大知识视野，深化专业知识，猎取有助于谈判成功的广博而丰富的知识，能使我们在谈判的具体操作中，左右逢源，运用自如，最终取得谈判的成功。

【案例】

中海油某公司欲从澳大利亚某研发公司（以下简称C公司）引进"地层测试仪"，双方就该技术交易在2000—2002年举行了多次谈判。地层测试仪是石油勘探开发领域的一项核心技术，掌控在国外少数几个石油巨头公司手中，如斯伦贝谢、哈利伯顿等。他们对中国实行严格的技术封锁，不出售技术和设备，只提供服务，以此来占领中国广阔的市场，赚取高额垄断利润。澳大利亚C公司因缺乏后续研究和开发资金,曾主动带着他们独立开发的、处于国际领先水平的该设备来中国寻求合作者,并先后在中国的渤海和南海进行现场作业,效果很好。

中方于2000年年初到澳方C公司进行全面考察,对该公司的技术设备很满意,并就技术引进事宜进行正式谈判。考虑到这项技术的重要性以及公司未来发展的需要,中方谈判的目标是出高价买断该技术。但C公司坚持只给中方技术使用权,允许中方制造该设备,技术专利仍掌控在自己手中。他们不同意将公司赖以生存的核心技术卖掉,委身变成中方的海外子公司或研发机构。双方巨大的原则立场分歧使谈判在一开始就陷入僵局。

中方向C公司表明了立场之后,对谈判进行"冷处理",回国等待。迫于资金短缺的巨大压力,C公司无法拖延谈判时间,就交易条件多次找中方磋商,试图打破僵局。由于种种原因,中澳双方最终没能达成协议,谈判以失败告终。但中海油科技工作者走出了一条自力更生的技术创新之路。

中澳双方在这一石油技术领域有着很好的合作前景,C公司拥有世界领先的技术,但缺乏资金和市场;中方有广阔的市场、丰裕的资金,但缺核心技术。虽然双方都极尽努力去化解僵局,但因谈判目标上的巨大差异和利益冲突,双方的谈判无果而终。在僵持阶段,双方只是重申己方立场和要求,澳方谈技术转让的条件,而中方是"一口价",即买断技术所有权。双方从各自的立场观点出发,试图说服和改变对方,而不愿换位思考,站在对手的立场上寻找双赢的解决方案。双方都立场坚定,既不被对方小恩小惠的让步所打动,也不做出实质性让步,僵局演变为死局。

4. 谈判人员的能力素养

谈判者的能力是指谈判人员驾驭商务谈判这个复杂多变的"竞技场"的能力,是谈判者在谈判桌上充分发挥作用所应具备的主观条件。它包括以下内容:

(1) 认识能力。善于思考是一个优秀的谈判人员所应具备的基本素质。谈判的准备阶段和洽谈阶段充满了多种多样、始料未及的问题和假象,谈判者为了达到自己的目的,往往以各种手段掩饰真实意图,其传达的信息真真假假、虚虚实实,优秀的谈判者能够通过观察、思考、判断、分析和综合的过程,从对方的言行和行动迹象中判断真伪,了解对方的真实意图。

(2) 运筹、计划能力。谈判的进度如何把握;谈判在什么时候、什么情况下可以由准备阶段进入接触阶段、实质阶段,进而到达协议阶段;在谈判的不同阶段将使用怎样的策略,等等,这些都需要谈判人员发挥其运筹的作用,当然这种运筹和计划离不开对谈判对手背景、需要、可能采取的策略的调查和预测。

(3) 语言表达能力。谈判是人类利用语言工具进行交往的一种活动。一个优秀的谈判者,应像语言大师那样精通语言,通过语言的感染力强化谈判的艺术效果。谈判中的语言包括口头语言和书面语言两类。无论是哪类语言,都要求准确无误地表达自己的思想和感情,使对手能够正确领悟你的意思,这点是最基本的要求。此外,还要突出谈判语言的艺术性。谈判中的语言不仅应当准确、严密,而且应生动形象、富有感染力。巧妙地用语言表达自己的意图,本身就是一门艺术。

(4) 应变能力。任何细致的谈判准备都不可能预料到谈判中可能发生的所有情况，千变万化的谈判形势要求谈判人员必须具备沉着、机智、灵活的应变能力，以控制谈判的局势。应变能力主要包括处理意外事故的能力、化解谈判僵局的能力、巧妙袭击的能力等。

(5) 创造性思维能力。随着社会的发展和科学的进步，以综合性、动态性、创造性、信息性为特征的人类现代思维方式已经取代了落后的传统思维方式，创造性思维是以创新为唯一目的并能产生创造的思维活动。谈判者运用创造性思维能提高分析问题和解决问题的能力，提高谈判的效率。

5. 健康的身体素质

毛泽东曾经讲过："身体是革命的本钱。"谈判的复杂性、艰巨性也要求谈判者必须有一个良好的身体素质。谈判者只有精力充沛、体魄健康才能适应谈判超负荷的工作需要。

三、对谈判人员的管理

一场成功的谈判往往可以归结为谈判人员所具有的良好个人素质，然而单凭个别人高超的谈判技巧并不能保证谈判获得预期的结果，还需谈判班子人员的功能互补与合作。这就好像一场高水准的交响音乐会，之所以能最终赢得观众雷鸣般的掌声，无法离开每位演奏家的精湛技艺与和谐配合。

如何才能使谈判班子成员分工合理、配合默契呢？

具体来讲，就是要确定不同情况下的主谈人与辅谈人、他们的位置与职责以及他们之间的配合关系。

所谓主谈人，是指在谈判的某一阶段或针对某一个或几个方面的议题，由谁为主进行发言，阐述己方的立场和观点，此人即为主谈人。这时，其他人处于辅助的位置，称为辅谈人。一般来讲，谈判班子中应有一名技术主谈，一名商务主谈。

主谈人作为谈判班子的灵魂，应具有上下沟通的能力，有较强的判断、归纳和决断能力，必须能够把握谈判方向和进程，设计规避风险的方法，必须能领导下属齐心合作，群策群力，突破僵局，达到既定的目标。

确定主谈人和辅谈人，以及他们之间的配合是很重要的。主谈人一旦确定，那么，本方的意见、观点都由他来表达，从一个口子对外，避免各吹各的调。在主谈人发言时，自始至终都应得到本方其他人员的支持。比如，口头上的附和"正确""没错""正是这样"等。有时在姿态上也可以做出赞同的姿势，如眼睛看着本方主谈人不住地点头等，辅谈人的这种附和对主谈人的发言是一个有力的支持，会大大加强他说话的力量和可信程度，如己方主谈人在讲话时其他成员东张西望、心不在焉，或者坐立不安、交头接耳，就会削弱己方主谈人在对方心目中的分量，影响对方的理解。

有配合就有分工，合理的分工也是很重要的。

1. 洽谈技术条款时的分工

在洽谈合同技术条款时，专业技术人员处于主谈的地位，相应的经济人员、法律人员则处于辅谈人的地位。技术主谈人要对合同技术条款的完整性、准确性负责，在谈判时，对技术主谈人来讲，除了要把主要的注意力和精力放在有关技术方面的问题上以外，还必须放眼谈判的全局，从全局的角度来考虑技术问题，要尽可能地为后面的商务条款和法律条款的谈判创造条件。对商务人员和法律人员来讲，他们的主要任务是从商务和法律的角度向技术主谈人提供咨询意见，并适时地回答对方涉及商务和法律方面的问题，支持技术主谈人的意见和观点。

2. 洽谈商务条款时的分工

很显然，在洽谈合同商务条款时，商务人员、经济人员应处于主谈人的地位，而技术人员与法律人员则处于辅谈人的地位。

合同的商务条款在许多方面是以技术条款为基础的，或者是与之紧密联系的。因此，在谈判时商务人员需要技术人员给予密切的配合，从技术角度给予有力的支持。比如，在设备买卖谈判中，商务人员提出了某个报价，这个报价是否能够站得住脚，取决于该设备的技术水平。对卖方来讲，如果卖方的技术人员能以充分的证据证明该设备在技术上是先进的、一流水平的，即使报价比较高，也是顺理成章、理所应当的。而对买方来讲，如果买方的技术人员能提出该设备与其他厂商的设备相比在技术方面存在的不足，就动摇了卖方报价的基础，而为本方谈判人员的还价提供了依据。

3. 洽谈合同法律条款时的分工

事实上，合同中的任何一项条款都是具有法律意义的，不过在某些条款上法律的规定性更强一些。在涉及合同中某些专业性的法律条款的谈判时，法律人员也以主谈人的身份出现，法律人员对合同条款的合法性和完整性负主要责任。由于合同条款法律意义的普遍性，法律人员应参加谈判的全部过程。只有这样，才能对各项问题的发展过程了解得比较清楚，从而为谈判法律问题提供充分的依据。

项目总结

信息准备是商务谈判的先导，是影响商务谈判成败的决定性因素，也是谈判组织的基础。信息准备必须遵循一定的原则，这些原则主要包括准确性、全面性、科学性、及时性、针对性和长期性原则。由于影响谈判的因素很多，因此在信息准备过程中，需要搜集整理的信息也是多方面的，主要包括对方信息、己方信息、市场信息、交易品信息和相关环境信息等五个方面。获取信息的方法也是多种多样的，既可以直接通过形形色色的大众传播媒介收集信息，也可以采用市场调查、专业咨询、实地考察等方法获取信息，在特殊情况下也可采用一些特殊方法获取对方的核心信息。

商务谈判的方案是指针对即将展开的商务谈判，根据客观的可能性，运用科学方法，对谈判目标、谈判策略、谈判时间等做出决定和选择。为了确保谈判方案的正确、合理，在制定谈判方案时一方面必须遵守科学、系统、创新、择优的制定原则，另一方面还要综合考虑有关的法规、政策和规定，交易的重要性，谈判时间的限度，双方在谈判中的实力等因素。商务谈判方案的内容包括明确的谈判目标，为实现谈判目标所采取的各项策略和措施，进入和终止谈判的时间和谈判中时间的分配。

组建一支能打硬仗、高效、精干的谈判班子，是谈判成功的根本保证。高质量的谈判班子是通过高素质的谈判人员和谈判班子的整体优化实现的。一套好的谈判班子首先应有一个合理的规模，其次应具有一个合理的结构。谈判班子规模不是绝对的，必须根据具体情况来确定，既可以是一个人，也可以是多人。一套好的谈判班子应具有一个合理的知识结构、性格结构和年龄结构。为了满足谈判工作的要求，谈判人员应具有良好的道德素养、广博的知识面、较强的业务能力和良好的性格气质。企业和谈判小组领导人还应做好对谈判人员的管理工作。

基本训练

1. 你清楚商务谈判的准备工作主要从哪些方面展开吗？
2. 请你谈谈为保证谈判的成功，需要搜集哪些方面的信息资料？
3. 你掌握信息搜集整理的方法吗？
4. 请你谈谈在制定谈判方案时应考虑哪些因素？
5. 你清楚一个完整的谈判方案中包括哪些内容吗？
6. 请你谈谈如何才能制定出切实可行的谈判目标？
7. 你全面理解商务谈判策略的含义吗？请你谈谈在制定谈判策略时应考虑哪些因素？
8. 一套好的谈判班子应具有一个合理的结构，你知道如何建立最佳结构的谈判班子吗？
9. 仔细评价一下，你是一位合格的谈判人员吗？
10. 要想成为一位优秀的谈判班子领导人，你还应做出哪些方面的努力？
11. 请你比较分析一下主场谈判与客场谈判的利与弊。
12. 你能布置一个令谈判各方都称心如意的谈判场所吗？

实训操作

实训内容：讨论会。

实训目标：作为谈判人员，能力素养是谈判成功的关键要素之一。通过讨论会，增加同学们之间的交流，找到自己的不足，从而有针对性地训练和改善自己的谈判沟通能力。

实训组织：学生分组讨论，主题明确。如提升自己的谈判素养，可用2个课时。同学之间可以互相评价对方，谈优点，找不足，提出改进的方法，互相促进。教师主持，即时点评。

案例分析

案例一：

1954年，周总理出席日内瓦会议，准备放映我国新拍摄的戏剧电影《梁山伯与祝英台》招待与会的外国官员和新闻记者。出于帮助外国观众看懂这部电影的目的，有关人员将剧情介绍与主要唱段用英文写成长达16页的说明书，剧名也相应地改为《梁与祝的悲剧》。有关人员拿着说明书样本向总理汇报，满以为会受到表扬，不料却受到了批评。总理认为这样的说明书是"对牛弹琴"。周总理当场设计了一份请柬，上面只有一句话："请您欣赏一部彩色歌剧影片《中国的罗密欧与朱丽叶》。"收到这份请柬的外国官员和记者兴趣大增，纷纷应邀出席，电影招待会取得了成功。

问题：1. 说明书表达的信息有何不妥？

2. 总理设计的请柬为何能调动大家的兴趣?

案例二:

美国有位谈判专家想在家中建个游泳池,建筑设计要求非常简单:长 30 英尺①,宽 15 英尺,有温水过滤设备,并且在 6 月 1 日前做好。谈判专家对游泳池的造价及建筑质量等方面是个外行,但这难不倒他。在极短的时间内,他不仅使自己从外行变成了内行,而且还找到了质量好、价钱便宜的建造者。

谈判专家先在报纸上登了个想要建造游泳池的广告,具体写明了建造要求,结果有 A、B、C 三位承包商来投标,他们都递交了承包的标单,里面有各分项工程所需的器材、费用及工程总费用。谈判专家仔细地看了这三张标单,发现所提供的温水设备、过滤网、抽水设备、设计和付钱条件都不一样,总费用也有差距。

接下来的事情是约这三位承包商来他家里商谈,第一个约定早上 9 点钟,第二个约定 9 点 15 分,第三个则约在 9 点 30 分。第二天三位承包商如约而来,他们都没有得到主人的马上接见,只得坐在客厅里彼此交谈着等候。

10 点钟的时候,主人出来请第一个承包商 A 先生进到书房去商谈。A 先生一进门就宣称他的游泳池一向是造得最好的,好游泳池的设计标准和建造要求他都符合,顺便还告诉主人 B 先生通常使用陈旧的过滤网,而 C 先生曾经丢下许多未完成的工程,并且他现在正处于破产的边缘。接着又换了 B 先生进行商谈,从他那里又了解到其他人所提供的水管都是塑胶管,他所提供的才是真正的铜管。C 先生告诉主人的是,其他人所使用的过滤网都是品质低劣的,并且往往不能彻底做完,拿到钱之后就不管了,而他则是绝对做到保质保量。

谈判专家通过静静的倾听和旁敲侧击的提问,基本上弄清楚了游泳池的建筑设计要求及三位承包商的基本情况,发现 C 先生的价格最低,而 B 先生的建筑设计质量最好。最后他选中了 B 先生来建造游泳池,而只给 C 先生提供的价钱。经过一番讨价还价之后,谈判终于达成了一致。

问题:1. 分析本次谈判中信息准备的特点。

2. 分析本次谈判中所运用谈判策略的特点。

案例三:

苏州某公司听说南非是一个诱人的市场,希望自己的产品打入南非市场。为了摸清合作伙伴的情况,公司决定组团到南非进行实地考察。到达南非后对方立即安排他们与公司的总经理会面,地点在一个富丽堂皇的大饭店里。总经理的下属举止得体,总经理派头十足,谈话时充满激情。他侃侃而谈公司的情况、经营方略以及未来的发展。

所有的这些深深打动了考察团,他们深信这是一个财力雄厚、可靠的合作伙伴,回国后马上发去了 100 多万美元的货物,然而,该批货物再也没有了音信。

公司再派人前去调查,才发现自己掉进了一个精心设计的圈套里。那位总经理原来是当地的一个演员,陈设精良的接待室是临时租来的房间,而公司已宣告破产。

问题:从该案例的商务活动中,你认为谈判人员在谈判之前应该做好哪些工作?

---

① 1 英尺 = 0.304 8 米。

学习情境二

商/务/谈/判/的/实/施/过/程

项目三

商务谈判的开局

项目目标

- ❖ 了解商务谈判气氛的含义、类型和作用；了解开场陈述的内容和原则。
- ❖ 熟悉影响商务谈判开局气氛选择的因素、开场陈述的方式和方法。
- ❖ 掌握营造商务谈判开局气氛的策略方法、商务谈判开局的策略。

项目导入

商务谈判的开局对整场谈判有着非常重要的作用，一个良好的开局会为接下来的谈判取得成功打下一个良好的基础。开局阶段关系到商务谈判双方对商务谈判所持有的态度、诚意，是积极进行还是消极应对，关系到商务谈判的格调和商务谈判的走向。

导入案例

日本一家著名汽车公司刚刚在美国"登陆"，急需找一个美国代理商来为其推销产品，以弥补他们不了解美国市场的缺陷。当日本公司准备同一家美国公司谈判时，谈判代表因为堵车迟到了，美国谈判代表抓住这件事紧紧不放，想以此为手段来获取更多的优惠条件，日本代表发现无路可退，于是站起来说："我们十分抱歉耽误了您的时间，但是这绝非我们的本意，是我们对美国的交通状况了解不足，导致了这个不愉快的结果，我希望我们不要再因为这个无所谓的问题耽误宝贵的时间了，如果因为这件事怀疑我们合作的诚意，那么我们只好结束这次谈判，我认为，我们所提出的优惠条件是不会在美国找不到合作伙伴的。"日本代表的一席话让美国代表哑口无言，美国人也不想失去一次赚钱的机会，于是谈判顺利进行下去了。

引例分析

此案例主要体现了谈判的开局阶段。在谈判中，开局阶段运用策略是双方谈判者为了谋求在谈判中的有利地位而采用的策略，并决定着整个谈判的走向和发展趋势。在谈判中，

"良好的开端是成功的一半",开局阶段的氛围营造是关键。商务谈判中的开局氛围的营造主要来自于参与谈判的所有谈判人员的情绪、态度与行为。任何谈判个体的情绪、态度和行为都能影响和改变谈判的开局气氛,换言之,谈判的哪一方控制了谈判开局的气氛,也就从某一程度上控制了另一方。

【任务实施】

任务一 商务谈判开局气氛的营造

谈判开局

开局阶段虽短,但它营造的气氛,则涉及随后各个阶段的谈判行为,关系着整个谈判的进展和成效。

一、商务谈判气氛的含义和类型

1. 商务谈判气氛的含义

谈判气氛是指谈判对象之间的相互态度,以及由它引起的谈判人员心理、情绪和感觉上的反映。

谈判气氛在谈判对象刚一碰面时就开始形成,即第一感觉。随着双方接触的深入,尤其是谈判进入到利益纷争阶段后,双方的态度会发生修正或改变,谈判的气氛也会随之发生变化,因此,在谈判过程中谈判气氛不是一个常量,而是一个变量,谈判者需要随时关注谈判气氛的变化。

谈判气氛是由参与谈判的所有谈判者的情绪、态度和行为共同塑造的,任何谈判个体的情绪、态度和行为都可能影响甚至改变谈判气氛。反之,谈判气氛也会影响谈判者的情绪、态度和思维,从而对谈判产生不同的影响。因此,营造一种有利于己方的谈判气氛,从而控制谈判,控制谈判对手,就成了谈判者需要认真研究的重要课题。

2. 商务谈判气氛的类型

(1) 积极友好、和谐融洽的谈判气氛。其主要表现是:谈判双方态度诚恳、真挚、彼此主动适应对方的需要;见面时话题活跃,口气轻松;感情愉悦,常有幽默感。双方对谈判的成功充满信心。

(2) 平静、严肃、拘谨的谈判气氛。其主要表现是:谈判双方已不是生手,但处于一个特定的形势和受到一定条件的制约;谈判一方对谈判对手的情况了解甚少,对手的谈判态度不甚明朗。

(3) 冷淡、对立、紧张的谈判气氛。其主要表现是:谈判双方见面不热情、彼此互不关心;双方处于明显的戒备、不信任的心理状态和强烈的对立情绪之中。

(4) 松弛、缓慢、旷日持久的谈判气氛。其主要表现是:在连续性、分阶段的洽谈中,双方人员已经感到厌倦;对双方谈判的目标不表示信心,对对方的话题不认真倾听,甚至以轻视的口吻发问,双方谈判不断转换话题,处于一种打持久战的氛围中。

上述第一种谈判气氛可称为高调气氛,第二种可称为自然气氛,第三种和第四种气氛称为低调气氛。

二、良好商务谈判开局气氛的作用

商务谈判开局气氛的好坏直接关系到整场谈判的顺逆成败,对谈判的进程和结果将产生重要的影响。

商务谈判大多属于互利合作型谈判,成熟的谈判人员大多会努力实现互利互惠的谈判结果。在谈判一开始,也会努力营造热情友好、真诚合作、认真解决问题的谈判气氛,借此推动谈判的顺利进行,促成谈判的成功。

(1) 良好的开局气氛会为已经开始的谈判奠定一个相互信任的良好基础;
(2) 良好的开局气氛会向对方传达一种友好合作的信息;
(3) 良好的开局气氛能减少对方的防范心理;
(4) 良好的开局气氛会有利于协调双方的思想和行动;
(5) 良好的开局气氛能显示谈判者的文化修养和谈判诚意。

许多谈判案例表明在谈判开局阶段建立起一种良好的开局气氛是非常必要的,会有利于谈判双方之间的沟通和协商。

三、影响商务谈判开局气氛选择的因素

不同的商务谈判,会有不同的开局气氛。谈判开局气氛的选择要受到谈判双方实力对比、谈判形势等一系列因素的制约和影响。选择谈判开局气氛,必须全面考虑以下因素,并且在实施时还要依据谈判经验对其进行调整。

1. 谈判双方之间的关系

谈判双方之间的关系,可以概括为如下几种情况:

(1) 双方在过去有过业务往来,且关系很好。那么这种友好的关系应作为双方谈判的基础,在这种情况下,开局阶段的气氛应是热烈、真诚、友好和轻松愉快的。开局时,我方谈判人员在语言上应是热情洋溢的,交谈内容上可以畅谈双方过去的友好合作关系,亦可适当地称赞对方企业的进步与发展,态度上应该比较自由、放松、亲切。

(2) 双方有过业务往来,但关系一般。那么开局的目标是要争取创造一个比较友好、和谐的气氛。但此时我方的谈判人员在语言的热情程度上有所控制,在内容上,可以简单聊一聊双方过去的业务往来及人员交往,亦可说一说双方谈判人员在日常生活中的兴趣和爱好。在态度上,可以随和自然。

(3) 双方过去有过一定的业务往来,但我方对对方的印象不好。那么开局阶段的谈判气氛应是严肃、凝重的。我方谈判人员在开局时,语言上在注意礼貌的同时,应该比较严谨甚至可以带一点严肃。交谈内容上可以就过去双方的关系表示不满和遗憾,以及希望通过磋商来改变这种状况。在态度上应该充满正气,与对方保持一定距离。

(4) 双方是第一次的交往。应力争创造一个真诚、友好的气氛,以淡化和消除双方的陌生感,以及由此带来的戒备心理,为后面的实质性谈判奠定良好的基础。为此,己方谈判人员在语言上,应该表现得礼貌友好,但又不失身份,交谈内容上多以比较轻松的中性话题为主,也可以就个人在公司的任职时间、负责的范围、专业经历进行一般性的询问和交谈。态度上应是不卑不亢,沉稳中又不失热情,自信但不傲气。

2. 谈判双方的实力对比

就双方的实力而言，不外乎以下三种情况：

（1）双方谈判实力相当。为了防止一开始就强化对手的戒备心理和激起对方的对立情绪，以致影响实质性谈判，在开局阶段，仍然要力求创造一个友好、轻松、和谐的气氛。本方谈判人员在语言和姿态上要做到轻松而不失严谨，礼貌而不失自信，热情而不失沉稳。

（2）我方谈判实力明显强于对方。为了使对方能够清醒地意识到这一点，并且在谈判中不抱过高的期望值，从而产生威慑作用，同时，又不至于将对方吓跑，在开局阶段，在语言和姿态上，既要表现得礼貌友好，又要充分显示出本方的自信和气势。

（3）我方谈判实力弱于对方。为了不使对方在气势上占上风，从而影响后面的实质性谈判，开局阶段，在语言和姿态上，一方面要表示出友好，积极合作；另一方面也要充满自信，举止沉稳，谈吐大方，使对方不至于轻视己方。

四、商务谈判开局气氛的营造策略

在商务谈判中，谈判对象间所处的地位和谈判目标是不同的，谈判各方为取得最大限度的谈判利益，都希望营造一种对己方有利的谈判气氛。比如谈判中的强势一方，可以营造一种"我说了算，你得听我的"的强硬谈判气氛，使对方在恐惧中做出最大限度的让步；谈判中的弱势一方，往往会努力营造一种"先追求平等对话，防止谈判破裂，努力实现己方利益"的柔和的甚至是能招致对方同情的谈判气氛。

商务谈判大多为互利合作型谈判，一般来讲，谈判对象在谈判中的强弱不是特别明显，所以谈判对象间应以谋求一致为出发点，营造一种诚挚、合作、轻松愉快的谈判气氛。

商务谈判开局气氛的营造方法有多种，不同的方法适合于不同的谈判对象和谈判环境，在谈判实战中应根据具体情况做到灵活运用。

1. 创造高调气氛

高调气氛是指谈判情势比较热烈，谈判双方情绪积极、态度主动，愉快因素成为谈判情势主导因素的谈判开局气氛。通常在下述情况下，谈判一方应努力营造高调的谈判开局气氛：本方占有较大优势，价格等主要条款对自己极为有利，本方希望尽早达成协议，与对方签订合同。在高调气氛中，谈判对手往往只注意到他自己的有利方面，而且对谈判前景的看法也倾向于乐观，因此，高调气氛可以促进协议的达成。

（1）营造良好的心理氛围。如果与对方达到一见如故的效果，那就是谈判成功的理想情景。

攀亲认友，表达友情。一般来说，即使是对一个素不相识者，只要事前做一番认真的市场调查研究，都可以找到或明或暗、或远或近的亲友关系。而在见面时及时拉上这层关系，就能一下子缩短心理距离，使对方产生亲切感。用三言两语恰到好处地表达你对对方的友好情谊，或肯定其成就，或赞扬其品质，或欢迎光临，或同情其处境，就会顷刻间暖其心田、感其肺腑，使对方油然而生一见如故、欣逢知己之感。

【案例1】

美国前总统里根在访问上海复旦大学时，在一大教室内，面对100多名初次见面的复旦大学学生发表演讲,他的开场白就紧紧抓住彼此之间还算亲近的关系:"其实,我和你们学校有着密切的关系。你们的谢希德校长同我的夫人都是美国史密斯学院的校友呢,照此看来,我和各位自然也就是朋友了!"此话一出,全场鼓掌。短短两句话就使100多位黑头发、黄皮肤的中国大学生把这位碧眼高鼻的洋总统当做十分亲近的朋友。接下来的交谈自然十分热烈,气氛也极为融洽。

【案例2】

美国柯达公司创始人乔治·伊斯曼打算捐巨款建造一座音乐厅、一座纪念馆和一座戏院。为承揽这批建筑物内的座椅,许多制造商展开了激烈的竞争。

但是,找伊斯曼谈生意的商人无不乘兴而来,败兴而归。正是在这样的情况下,美国优美座位公司的经理亚当森前来会见伊斯曼,希望拿到这笔生意。

秘书把亚当森作了简单的介绍后,便退了出去。这时,亚当森没有谈生意,而是说:"伊斯曼先生,我仔细观察了您的这间办公室,我本人长期从事室内装修,但从来没见过装修得如此精致的办公室。"

伊斯曼回答说:"哎呀!您提醒了我,我都忘记这件事了,这间办公室是我亲自设计的,当初刚建好的时候,我喜欢极了,但后来一忙,一连几个星期都没有机会仔细欣赏一下这个房间。"

亚当森看到伊斯曼谈兴正浓,便好奇地询问起他的经历。伊斯曼便向他讲述了自己青少年时代的苦难生活;母子俩如何在贫困中挣扎的情景;自己发明柯达相机的经过;以及自己为社会所捐的巨额款项等。

亚当森由衷地赞扬了他的功德心。

最后,亚当森不但得到了大批订单,而且和伊斯曼结下了终生的友谊。

寻找彼此的共同点或相似点,创造良好的心理氛围。人们喜欢同自己有相似之处的人,不论这种相似是个人见解、性格特征、嗜好或生活习惯、穿着谈吐等。越是相似的人,彼此之间的信任度就高,所谓"物以类聚、人以群分"就是这个道理。

【案例3】

有一次,美国《黑檀》月刊的主编约翰逊想争取到森尼斯公司的广告,而该公司的首脑麦唐纳是个非常精明能干的人。开始,约翰逊致信给麦唐纳,要求和他当面谈谈森尼斯公司的广告在黑人社会的重要性问题。麦唐纳当即回信说:"来信已收到,不过我不能见您,因为我并不主管广告。"

约翰逊并不气馁。又致信给他,问:"我可不可以拜访您,谈谈关于在黑人社会进行广告宣传的政策?"

麦唐纳回信道:"我决定见您。不过,要是您想谈在您的刊物上登广告的事,我立刻就结束会见。"

在见面之前,约翰逊翻阅了美国名人录,发现麦唐纳是一个探险家,曾到过北极,时间是在汗森和比尔准将于1909年到达北极后的几年间。汗森是个黑人,他曾就本身的经历写过一本书。

这是个约翰逊可以利用的条件。于是他找到汗森,请汗森在书上签名,以便送给麦唐纳。此外，他又想起汪森是他们写文章的好题材，于是他从未出版的《黑檀》月刊中抽去一篇文章，而代之以介绍汪森的一篇文章。

麦唐纳在约翰逊走进他的办公室时，第一句话就是："看到那边那双雪鞋没有？那是汪森给我的。我把他当朋友，您看过他写的那本书吗？"

"看过"，约翰逊说，"凑巧我这里有一本。他还特地在这本书上签了名。"

麦唐纳翻着那本书，显然感到很高兴，接着他又说："您出版一份黑人杂志。在我看来，黑人杂志上该有一篇介绍像汪森这样的人的文章才对。"

约翰逊对他的意见表示认同，并将一本7月份的新杂志递给他，然后告诉他，创办这份杂志的目的，就是宣传像汪森这样克服一切障碍而到达最高理想的人。

麦唐纳合上杂志说："我看不出我们有什么理由不在您的杂志上登广告。"

利用人格魅力吸引对方。一个被人尊重、喜欢或依赖的人，通常具有较大的影响力和说服力，所以应该抓住合适的时机来展示己方的人格魅力，增强影响力，使对方更容易接受我方的条件。

（2）以诚取信是形成良好气氛的关键。一般而言，谈判者之间不可能做到完全的相互信任，总会存在着某些猜忌。谈判大家的高明之处，不在于企图消除这种猜忌，而是巧妙地利用这种人所共有的心理，使对方情愿从好的方面进行猜测，创造感情上的相互接近，从而达到使对方支持自己的观点、赞同自己的主张的目的。以诚取信正是获得对方理解、尊重的好方法。如能运用好这一方法可以把低调的谈判气氛转化为高调气氛，把关系一般的贸易对象转化为利益共享、彼此照应的战略性贸易伙伴。

【案例】

北方的一个城市曾与美籍华侨洽谈一个合资碳化硅的项目，开始时，这位华侨对这个项目兴趣不大，只是在国内亲友的一再劝说下，才勉强同意与有关方面进行接触。这个城市的洽谈小组由副市长领导，在会谈的过程中，他们对这位华侨的态度十分友好，而且十分坦率。他们把自己的实际情况，包括搞这个项目的目的，项目对当地冶金工业发展的重要性，独资兴办这个项目存在的困难，以及他们对国外华侨的期望等和盘托出。这位华侨觉得对方非常坦率，很受感动，就提出了许多有价值的建议，最后，双方经坦诚的会谈，很快签订了意向书，会谈取得了很好的效果。

（3）回避冲突，在沟通中达成理解。谈判初期通常称为破冰期，互不相识的人走到一起谈判，很容易出现停顿和冷场，所以应多花一些时间来调整相互之间的关系是必要的。当然，沟通内容的多寡、时间的长短并无统一的标准，应根据具体情况予以安排。

（4）巧妙安排，在场外培养感情。在正式谈判前，双方可能会有一些非正式的接触机会，如欢迎宴会、礼节性拜访等。积极地利用这些机会，可以充分影响对方人员对谈判的态度，有助于在真实谈判中建立良好的气氛。

2. 营造自然气氛的方法

【案例】

A公司是一家实力雄厚的房地产开发公司，在投资的选项上，相中了B公司所拥有的一块极具升值潜力的地皮，而 B 公司正想通过出卖这块地皮获得资金，以将其经营范围扩展到国外。于是双方精选了久经沙场的谈判干将，对土地转让问题展开磋商。

A 公司代表："我公司的情况你们可能也有所了解，我公司是某公司、某某公司（均为全国著名的大公司）合资创办的，经济实力雄厚，近年来在房地产开发领域业绩显著。在你们市去年开发的某某花园，收益很不错，听说你们的周总也是我们的买主啊。你们市的几家公司正在谋求与我们合作，想把他们手里的地皮转让给我们，但我们没有轻易表态。你们这块地皮对我们很有吸引力，我们准备把原有的住户拆迁，开发一片居民小区。前几天，我们公司的业务人员对该地区的住户、企业进行了广泛的调查，基本上没有什么阻力。时间就是金钱，我们希望能以最快的速度就这个问题达成协议，不知你们的想法如何？"

B 公司代表："很高兴能与你有合作的机会。我们之间以前虽然没有打过交道，但对你们的情况还是有所了解的。我们遍布全国的办事处也有多家住的是你们建的房子，这可能也是一种缘分吧。我们确实有出卖这块地皮的意愿，但我们并不是急于脱手，因为除了你们公司外，兴华、兴运等一些公司也对这块地皮表示出了浓厚的兴趣，正在积极地与我们接洽。当然了，如果你们的要求比较合理，价钱比较优惠，我们还是希望优先与你们合作的，我们可以帮助你们简化有关手续，使你们的工程能早日开工。"

自然气氛是指谈判双方情绪平稳，谈判气氛既不热烈，也不消沉。自然气氛无须刻意地去营造，许多谈判都是在这种气氛中开始的。这种谈判开局气氛便于向对手进行摸底，因为谈判双方在自然气氛中传达的信息往往比在高调气氛和低调气氛中传送的信息要准确、真实。当谈判一方对谈判对手的情况了解甚少、对手的谈判态度不甚明朗时，谋求在平缓的气氛中开始对话是比较有利的。

营造自然气氛要做到以下几点。

（1）注意自己的行为、礼仪。

（2）要多听，多记，不要与谈判对手就某一问题过早发生争议。

（3）要准备几个问题，询问方式要自然。

（4）对对方的提问，能做正面回答的一定要正面回答。不能回答的，要采用恰当方式进行回避。

谈判气氛并非是一成不变的。在谈判中，谈判人员可以根据需要来营造适于自己的谈判气氛。但是，谈判气氛的形成并非完全是人为因素的结果，客观条件也会对谈判气氛有重要的影响，如节假日、天气情况、突发事件等。因此，在营造谈判气氛时，一定要注意外界客观因素的影响。

3. 营造低调气氛的方法

低调气氛是指谈判气氛十分严肃、低落，谈判一方的情绪消极、态度冷淡、心情不快因素构成谈判情势的主导因素。通常在下面这种情况下谈判一方应该努力营造低调的谈判开局气氛：本方有讨价还价的砝码，但是并不占有绝对优势，合同中某些条款并未达到本方的要求，如果本方施加压力，对方会在某些问题上做出让步。低调气氛会给谈判双方都造成较大的心理压力，在这种情况下，哪一方心理承受力弱，哪一方往往会妥协让步。因此，在营造低调气氛时，本方一定要做好充分的心理准备并要有较强的心理承受力。

营造低调气氛通常有以下几种方法：

（1）感情攻击法。感情攻击法以情感诱发作为营造气氛的手段，要诱发对方产生消极情感，致使一种低沉、严肃的气氛笼罩在谈判开始阶段。

【案例】

美国克莱斯勒公司总经理艾柯卡1979年在克莱斯勒公司濒临倒闭时临危受命，他上任后做的第一件大事就是请求美国政府同意为公司15亿美金的紧急贷款提供担保，以维持公司最低限度的生产活动。但是，此建议一出，立即在美国社会引起了一场轩然大波。在崇尚自由竞争的美国，公众几乎是众口一词：让克莱斯勒赶紧倒闭吧！大部分国会议员也不同意政府涉入私营企业的经营。10月18日，艾柯卡第一次出席国会为此而举行的有相关政府机构、银行参加的听证会。在听证会上，艾柯卡一开始就明确地提出自己的开场白："我相信诸位都明白，我今天在这里绝不只是代表我一个人说话。我代表着成千上万依靠克莱斯勒公司为生的人们，事情就是那么简单。我们有14万职工和他们的家属，4 700家汽车商及所属的15万职工，1.9万家供应商和其他雇用的25万人，还有这些人的全部家属。"为了让这些议员们认清后果，他又提出："如果克莱斯勒公司倒闭了，全国的失业率会在一夜之间暴涨0.5%，美国政府在第一年里就得为这高达几十万的失业人口花费27亿美元的保险金和福利金。各位可以自由选择，你们是想现在就付出27亿美元呢？还是将它的一半用来提供贷款担保，并可在日后全部收回呢？"他随后又指出，日本汽车正乘虚而入，如果克莱斯勒倒闭了，它的几十万职员就得成为日本的佣工。艾柯卡让这些议员彻底认清了拒绝克莱斯勒请愿案的后果，成功地转变了他们的态度，达到了自己期望的目标。最后，艾柯卡拿到了他所需要的15亿美元的贷款担保。

同样是在克莱斯勒破产风波中，虽然公司获得了政府的支持和贷款担保，但银行界却一直持否定态度。要想争取贷款给公司的400家银行同意延期收回6.55亿美元的到期债款，十分困难。公司董事会委托杰里·格林沃尔德和史蒂夫·米勒与各银行协调处理这一问题。同银行的谈判十分复杂。起初，史蒂夫分别找一家家银行谈。后来，他发现这个办法行不通。于是，改成把大家召集在一起谈，效果好一些。最后，他宣布说："我给你们一个星期的时间考虑，4月1日，也就是下星期二，我们再开会。"

有些银行代表威胁说他们将不到会，结果都来了。

如果银行家们在这次会议上还达不成协议，那么，后果将不堪设想。因为，当时全国经济衰退形势已很严重，克莱斯勒宣布破产，很可能意味着一个更为可怕的经济灾难即将来临。

当4月1日全体成员都到会时，史蒂夫宣布会议开始。他的开场白实在让人震惊：

"先生们，昨天晚上，克莱斯勒董事会举行了紧急会议。鉴于目前的经济衰退，公司的严重亏损，利率的节节上升——更不要说银行家的不支持态度——公司决定今晨9点30分宣布破产。"

整个会议室里鸦雀无声，空气异常沉闷。这时，格林沃尔德目瞪口呆。他是董事会成员之一，他到现在才知道有这个会，这么重要的会议，怎么没有让他参加呢？接着，史蒂夫补充说："也许我应提醒诸位，今天是4月1日。"

人们大大松了口气。这是史蒂夫在开会前5分钟想出来的一条奇谋。它有很大的冒险性,但结果证明很灵验。它使会场中的每一个人把焦点集中在一幅更大的可怕图景中,想象不达成协议可能产生的后果。

而史蒂夫制订的让步计划也终于为全体与会者所接受:6.6亿美元到期贷款延期收回;4年内以5.5%的利率支付40亿美元贷款的利息。

(2)沉默法。沉默法是以沉默的方式来使谈判气氛降温,从而达到向对方施加心理压力的目的。注意这里所讲的沉默并非是一言不发,而是指本方尽量避免对谈判的实质问题发表议论。

【案例】

日本航空公司决定向美国麦道公司引进10架新型麦道客机,指定常务董事任领队,财务经理为主谈,技术部经理为助谈,组成谈判小组负责购买事宜。

日航代表飞抵美国稍作休息,麦道公司立即来电,约定明日在公司会议室开谈。第二天,三位日本绅士仿佛还未消除旅途的疲劳,行动迟缓地走进会议室,只见麦道公司的一群谈判代表已经端坐一边。谈判开始,日航代表慢吞吞地啜着咖啡,好像还在缓解时差的不适。精明狡猾而又讲求实效的麦道方主谈,即把客人的疲惫视为可乘之机,在开门见山地重申双方购销意向之后,迅捷地把谈判转入主题。从早上9点到11点半,三架放映机相继打开,字幕、图表、数据、电脑图案、辅助资料和航行画面应有尽有。孰料日航三位谈判代表却自始至终默默地坐着,一语不发。

麦道公司的谈判代表自负地拉开窗帘,充满期待地望着对方问道:"你们认为如何?"三个不为所动的日本人礼貌地笑笑,技术部经理(助谈)答道:"我们不明白。"

麦道的领队大惑不解地问:"你们不明白什么?"

日航领队笑了笑,回答:"这一切。"

麦道主谈急切地追问:"这一切是什么意思?请具体说明你们从什么时候开始'不明白'的?"

日航助谈歉意地说:"对不起,从拉上窗帘的那一刻开始。"

麦道领队泄气地倚在门边:"那么,你们希望我们再做些什么呢?"

日航领队歉意地笑笑说:"你们可以重放一次吗?"别无选择,只得照办。但麦道公司谈判代表重复那两个半小时的介绍时,已经失去了最初的热忱和信心。是日本人开了美国佬的玩笑吗?不是,他们只是不想在交涉之初就表明自己的理解力,谈判风格素来以具体、干脆、明确而著称的美国人,哪里会想到日本人有这一层心思呢?更不知道自己在谈判伊始已先输一盘了。

谈判进入交锋阶段,老谋深算的日航代表在"假痴不癫"上又使出了新的一手:装成听觉不敏,反应迟钝,显得很难甚至无法明了麦道方在说些什么;让麦道方觉得跟愚笨的人谈判,早已准备好的论点、论据和推理是没有用的,精心选择的说服策略也无用武之地。连日来,麦道方已被搅得烦躁不定,只想尽快结束这种与笨人打交道的灾难,于是直截了当地把球踢向对方:"我们飞机性能是最佳的,报价也是合情合理的,你们有什么异议吗?"

此时,日航主谈似乎由于紧张,忽然出现语言障碍。他结结巴巴地说:"第……第……第……""是第一点吗?"麦道主谈忍不住问。日航主谈点头称是。"好吧,第一点是什么呢?"麦道主谈急切地问。"价……价……价……""是价钱吗?"麦道主谈问。日航主谈又点了点头。"好,这点可以商量。第二点是什么?"麦道主谈焦急地问。"性……性……性……""你是说性能吗?只要日航方面提出书面改进要求,我们一定满足。"麦道主谈脱口而出。

至此,日航一方说了什么呢?什么也没有说。麦道一方做了什么呢?在帮助日方跟自己交锋。他们先是帮日方把想说而没有说出来的话解释清楚,接着为问出对方后面要说的话,就不假思索地匆忙作出许诺,结果把谈判的主动权拱手交给对方。经过三轮谈判,日航代表以最低的价钱买到了最先进的飞机,大获全胜。

采用沉默法要注意以下两点:
①要有恰当的沉默理由。通常人们采用的理由有:假装对某项技术问题不理解;假装不理解对方对某个问题的陈述;假装对对方的某个礼仪失误表示十分不满。
②要沉默有度,适时进行反击,迫使对方让步。

(3) 疲劳战术。疲劳战术是指使对方对某一个问题或某几个问题反复进行陈述,从生理和心理上疲劳对手,降低对手的热情,从而达到控制对手并迫使其让步的目的。

【案例】
中东的企业家们最常采用的交易战术,就是白天天气酷热时邀请欧洲的代表观光,晚上则招待他们观赏歌舞表演。经过充分的休整,到了深夜,白天不见踪影的中东代表团的领队出现了,神采奕奕地和欧洲代表展开谈判。欧洲代表经过一天的奔波,早已疲惫不堪,只想上床早点休息。那么谈判的结果可想而知,欧洲代表常常会做出让步。

一般来讲,人在疲劳的状态下,思维的敏捷程度下降,容易出现错误,热情降低,工作情绪不高,比较容易屈从于别人的看法。采用疲劳战术应注意以下两点:
①多准备一些问题,而且问题要合理,每个问题都能起到疲劳对手的作用。
②认真倾听对手的每一句话,抓住错误、记录下来,作为迫使对方让步的砝码。

(4) 指责法。指责法是指对对手的某项错误或礼仪失误严加指责,使其感到内疚,从而达到营造低调气氛,迫使谈判对手让步的目的。

【案例】
派莱克斯公司是美国最大的万向节公司,拥有广泛的国际市场销售渠道网络。1984年春,该公司亚洲经销处的总裁多伊尔先生来到杭州万向节厂考察,双方签订了向美国出口"钱潮"牌万向节总成的合同书。一年以后,杭州万向节厂厂长鲁冠球赴美考察,双方再次签订了在以后五年里由杭州万向节厂每年向美方出口20万套万向节的合同。此后几年间,由于杭州万向节厂生产技术精良、产品质量达到国际标准、企业经营守信誉,因而产品在国际市场销路不断成长。

1987年9月,多伊尔和国际部经理莱比赶到杭州万向节厂,向鲁冠球提出了一个"垄断性"要求,凡是杭州万向节厂的产品,都必须经过他们的公司才能出口。

响着空调器"丝丝"声的洽谈室内一片沉寂,紧张的气氛似乎使温度也陡然上升。扮"红脸"角色的莱比说话口气咄咄逼人:"鲁先生,你还是签这个协议为好,否则,我方将削减向贵方的订货量。"

扮"白脸"的多伊尔老成持重,"威胁之剑"不露声色地藏于他那不失身份的轻言慢语中:"尊敬的鲁先生,您会看到,这里有两种选择:一种是我们向贵厂提供技术、资金、先进设备、市场情报、代培工程师等优惠,而条件只是贵厂的产品由我们独家经销;还有一种是你们可以把产品卖给其他客户,但我们也可以转而购买其他地方,诸如印度、韩国的产品。鲁先生,您会选择哪一种呢?"

鲁冠球心想,美国人也太不讲信誉了,既然是"贸易伙伴",那就是平等相待的;由你独家经营,不是要把我系在你的套索上吗?

想到这里,鲁冠球义正词严地说"我厂与贵公司的关系,只是卖方和买方的关系,它的基点应该是相互合作、共同发展。至于产品,我们愿意卖给谁就卖给谁,贵公司是不应该干涉的。"

多伊尔"霍"地站起来,收拾起皮包:"很遗憾,我们将停止进口贵厂的产品!"

听完了翻译的话,鲁冠球把身体靠向沙发,尽力抑制着心中的怒火道:"那请便!多伊尔先生,倘若您能在世界各地找到比我的价格更便宜、质量又比我的更好的万向节,您可以随时终止合同。但我仍然感谢当初贵公司对我厂的支持,因此也随时欢迎贵公司来继续合作。"

不久,一份措辞严厉的函件出现在鲁冠球的办公桌上。美方在信中说,杭州万向节厂的产品存在问题,需要检验,检验费由万向节厂支付。随即,原订购1987年出口46.5万套的万向节的计划,被削减为21万套。"只要签订独家经营合同,检验费和削减合同等事可以一笔勾销。"多伊尔在捎来的信中"宽容"地说。

美方的这种背信行为,确实使杭州万向节厂一度陷入困境。数十万套万向节积压在仓库,资金流转出现困难,企业效益直线下降。但全厂职工并没有在美方的压力下屈服,在兄弟部门的大力支持下,齐心协力地开发出了60多个新品种,打开了日本、意大利、法国、澳大利亚、中国香港等18个国家和地区的市场,当年创汇140万美元。

这年圣诞节前,一辆豪华的轿车驶进了杭州万向节厂,走下车来的是多伊尔和莱比,他们捧出一只铜鹰,放在鲁冠球的办公桌上。

"鲁先生,我们敬佩您精明、强硬的性格,愿我们的事业像鹰一样腾飞全球!"同时,重新签订了1988年的代销合同。在这场中方供货和美方要求独家经营的谈判中,鲁冠球依靠本厂一流的产品质量和企业信誉,坚持不卑不亢、有理有节、平等互利的立场,迫使对方放弃了"独家经营"的要求,从而取得了谈判的胜利。

任务二 开场陈述

商务谈判开场陈述

开场陈述,是指在开始阶段双方就当次谈判的内容,陈述各自的观点、立场及其建议。它的任务是让双方能把当次谈判所要涉及的内容全部展示出来,同时,使双方彼此了解对方对当次谈判内容所持的立场与观点,并在此基础上,就一些分歧分别发表建设性意见或倡议。

由此可见,开场陈述并非是就一个具体的议题进行实质性谈判,它同时往往与预备会议密不可分。因此,有许多谈判者将开场陈述放在预备会议之上,或者免去预备会议,将预备会议的有关任务并入开场陈述之中。

一、开场陈述的内容

开场陈述的内容主要包括谈判双方在开始阶段理应表明的观点、立场、计划和建议。具体来说，它往往主要包括以下三点。

1. 己方的立场

这指己方希望通过谈判应取得的利益，其中哪些又是至关重要的；己方可以采取何种方式为双方共同获得利益作出贡献；今后双方合作中可能会出现的成效或障碍；己方希望当次谈判应遵循的方针等。

2. 己方对问题的理解

这指己方认为当次会谈应涉及的主要问题，以及对这些问题的看法或建议或想法等。

3. 对对方各项建议的反映

如果对方开始陈述或者对方对己方的陈述提出了某些建议，那么己方就必须对其建议或陈述作出应有的反映。

总之，在开场陈述中，必须把己方所持有的对当次谈判所涉及的内容、观点、立场和建议向对方作一个基本的陈述。因此，谈判者所采用的陈述方法往往应是"横向铺开"而不是"纵向深入"地就某个问题深谈下去。

二、开场陈述的原则

在开场陈述中要给对方充分搞清己方意图的机会，然后听取对方的全面陈述并搞清对方的意图。为此，在陈述中可遵循的原则如下。

（1）开场的陈述要双方分别进行，并且在此阶段各方只阐述自己的立场、观点而不必阐述双方的共同利益。

（2）双方的注意力应放在自己的利益上，不要试图猜测对方的立场。

（3）开场陈述是原则性的而不是具体的。一般来说，开始阶段的谈判任务是向着横向而不是纵向发展，也就是说，只洽谈当次谈判中的原则性问题和陈述己方的基本立场、观点和建议，而不是就某一个具体问题作深入谈判。

（4）开场陈述应简明扼要，通俗易懂。这样既可避免对方误会，又可使双方有机会立即交谈下去，还可避免被冗长烦琐的发言搅昏头脑而影响谈判气氛。

（5）对方陈述时不要插言，待其陈述完毕后，再进行提问，只有待到问清对方的意图后，方才陈述己方的建议和立场。

三、开场陈述的方式

开场陈述的方式具体如下。

（1）提出书面条件，不做口头补充。

该方式适用于两种情况：第一是本部门在谈判规则的束缚下不可选择别种方式；另一种情况是本部门准备把所提交的最初的书面交易条件也作为最后的交易条件。

（2）提出书面条件并做口头补充。

提出书面交易条件之后，努力做到下述要点：让对方多发言，不可多回答对方提出的问题；尽量试探出对方反对意见的坚定性，即如果不做任何相应的让步，对方能否顺从意见；不要只注意眼前利益，还要注意目前的合同与其他合同的内在联系；无论心里如何感觉，都要表现出冷静、泰然自若；随时注意纠正对方的某些概念性错误。

（3）面谈提出交易条件。

优点：可以见机行事，有很大的灵活性，先磋商后承担义务，可充分利用感情因素。建立个人关系，缓解谈判气氛等。

缺点：容易受到对方的反击，阐述复杂的统计数字与图表等相当困难；语言的不同，可能产生误会。

四、开场陈述的方法

所谓开场陈述的方法，是指在陈述中应根据不同的情况灵活机动地采取相应的措施。主要包括以下措施：

（1）若开场陈述是由对方提出一份书面方案，己方就需：

①对每个问题都要认真查问，并引导对方尽量详细地说明方案中的内容及其细节，切忌不懂装懂地含糊过去。

②务必要把问题的每个要点搞清楚，即使需要再三询问也在所不惜，并且切忌过早地表示同意或反对对方的陈述。

③注意倾听，牢记对方陈述的要点。原则上讲，在对方陈述时不要构思己方的对策，也不要打断对方的话题，应创造条件使对方尽可能详尽地将其所有的立场、观点和想法无保留地陈述出来。

④在听清和了解对方意图后，要及时明确地表达己方的看法，并找出彼此之间需求的差距。这里要注意的是，己方的开场陈述是独立进行的，不要受对方书面方案或口头陈述所影响。

⑤要以谦虚诚恳的态度说话，切忌使用傲慢、无理及挑战性的语气说话；要坚持有理、有利、有节的原则，使开始阶段的谈判能在良好的气氛中进行。

⑥若遇到对方有某些概念性错误或故意制造一些不良气氛时，应委婉地加以指出，并说明这样做对双方均无益，切忌不闻不问、过于迁就或激烈指责。同时当对方被己方说服之后，要注意顾全对方的面子。

⑦要有全局观念、不要固执于一点，整个谈判是一盘棋，要灵活运用"弃车保帅"的策略，以求全盘的优胜。

（2）若开场陈述是由己方提出一份书面方案，则需：

①书面方案以己方在开始阶段必须陈述的内容为限，切忌无保留地暴露己方所有的立场、观点和意向。

②在回答对方的提问前，尽量利用反问的方式，引导对方对己方所提出的反问发表意见，并且愈多愈好，然后综合对方的看法去回答对方的提问。

③在回答对方的提问时，首先应该弄清对方提问的目的，然后根据己方的策略慎重回

答。回答问题时应明白,在商谈中有些问题是不必要回答,有些问题只回答一半就已足够,在没有弄清对方的提问之前,针对问题的实质作正面回答,往往是愚蠢的回答。

(3) 若双方均未提出书面方案,仅采取口头陈述,就需:

①在陈述时,明确和牢记本阶段陈述的目的、任务和内容,按先确定的陈述方法和策略,使本阶段的陈述一直围绕着本阶段安排的任务和问题的中心进行,切忌顾此失彼,弃重就轻。

②尽量引诱对方发表意向,并给予足够的时间让对方陈述其观点、立场后,在弄清对方意图的基础上,有的放矢地发表己方的陈述。

③掌握好本阶段的进度,要使谈判内容横向铺开,而不是纠缠某一个具体问题做纵向深入地洽谈。

任务三　商务谈判开局的策略

1. 一致式开局策略

现代心理学研究表明,人们通常会对那些与其想法一致的人产生好感,并愿意将自己的想法按照那些人的观点进行调整。这一研究结论正是一致式开局策略的心理学基础。

所谓一致式开局策略,是指在谈判开始时,为使对方对自己产生好感,以"协商""肯定"的方式,创造或建立起对谈判"一致"的感觉,从而使谈判双方在愉快友好的气氛中不断将谈判引向深入的一种开局策略。

【案例】

1972年2月,美国总统尼克松访华,中美双方将要展开一场具有重大历史意义的国际谈判。为了创造一种融洽和谐的谈判环境和气氛,中国方面在周恩来总理的亲自领导下,对谈判过程中的各种环境都做了精心而又周密的准备和安排,甚至对宴会上要演奏的中美两国民间乐曲都进行了精心的挑选。在欢迎尼克松一行的国宴上,当军乐队熟练地演奏起由周总理亲自选定的"美丽的亚美利加"时,尼克松总统简直听呆了,他绝没有想到能在中国的北京听到他如此熟悉的乐曲,因为,这是他平生最喜爱的并且指定在他的就职典礼上演奏的家乡乐曲。敬酒时,他特地到乐队前表示感谢,此时,国宴达到了高潮,而一种融洽而热烈的气氛也同时感染了美国客人。一个小小的精心安排,赢得了和谐融洽的谈判气氛,这不能不说是一种高超的谈判艺术。美国总统杰弗逊曾经针对谈判环境说过这样一句意味深长的话:"在不舒适的环境下,人们可能会违背本意,言不由衷。"英国政界领袖欧内斯特·贝文则说,根据他平生参加的各种会谈的经验,他发现,在舒适明朗、色彩悦目的房间内举行的会谈,大多比较成功。

日本首相田中角荣20世纪70年代为恢复中日邦交正常化到达北京,他怀着等待中日间最高首脑会谈的紧张心情,在宾馆休息。宾馆内气温舒适,田中角荣的心情也十分舒畅,与随从的陪同人员谈笑风生。他的秘书仔细看了一下房间的温度计,是"17.8度"。这一田中角荣习惯的"17.8度"使得他心情舒畅,也为谈判的顺利进行创造了条件。

"美丽的亚美利加"乐曲、"17.8度"的房间温度,都是人们针对特定的谈判对手,为了更好地实现谈判的目标而进行的一致式谈判策略的运用。

一致式开局策略的目的在于创造取得谈判胜利的条件。运用一致式开局策略的具体方式还有很多，比如，在谈判开始时，以一种协商的口吻来征求谈判对手的意见，然后，对其意见表示赞同或认可，并按照其意见进行工作。运用这种方式应该注意的是，拿来征求对手意见的问题应是无关紧要的问题，即对手对该问题的意见不会影响到本方的具体利益。另外，在赞成对方意见时，态度不要过于献媚，要让对方感觉到自己是出于尊重，而不是奉承。

一致式开局策略的运用还有一种重要途径，就是在谈判开始时以问询方式或补充方式诱使谈判对手走入你的既定安排，从而在双方间达成一种一致和共识。所谓问询方式，是指将答案设计成问题来询问对方，例如，"你看我们把价格及付款方式问题放到后面讨论怎么样？"所谓补充方式，是指借以对对方意见的补充，使自己的意见变成对方的意见。采用问询方式或补充方式使谈判逐步进入开局。

一致式开局策略可以在高调气氛和自然气氛中运用，但尽量不要在低调气氛中使用。因为，在低调气氛中使用这种策略容易使自己陷入被动。一致式开局策略如果运用得好，可以将自然气氛转变为高调气氛。

2. 保留式开局策略

保留式开局策略是指在谈判开局时，对谈判对手提出的关键性问题不作彻底、确切的回答，而是有所保留，从而给对手造成神秘感，以吸引对手步入谈判。

【案例】

江西省某工艺雕刻厂原是一家濒临倒闭的小厂，经过几年的努力，发展为产值200多万元的规模，产品打入日本市场，战胜了其他国家在日本经营多年的厂家，被誉为"天下第一雕刻"。有一年，日本三家株式会社的老板同一天接踵而至，到该厂订货。其中一家资本雄厚的大商社，要求原价包销该厂的佛坛产品。这应该说是好消息。但该厂想到，这几家原来都是经销韩国、我国台湾地区产品的商社，为什么争先恐后、不约而同到本厂来定货？他们查阅了日本市场的资料，得出的结论是本厂的木材质量上乘，技艺高超是吸引外商订货的主要原因。于是该厂采用了"待价而沽""欲擒故纵"的谈判策略。先不理那家大商社，而是积极抓住两家小商社求货心切的心理，把佛坛的梁、榴、柱，分别与其他国家的产品做比较。在此基础上，该厂将产品当金条一样争价钱、论成色，使其价格达到理想的高度。首先与小商社拍板成交，造成那家大客商产生失落货源的危机感。那家大客商不但更急于订货，而且想垄断货源，于是大批订货，以致订货数量超过该厂现有生产能力的好几倍。

注意采用保留式开局策略时不要违反商务谈判的道德原则，即以诚信为本，向对方传递的信息可以是模糊信息，但不能是虚假信息。否则，会将自己陷入非常难堪的局面之中。

保留式开局策略适用于低调气氛和自然气氛，而不适用于高调气氛。保留式开局策略还可以将其他的谈判气氛转为低调气氛。

3. 坦诚式开局策略

坦诚式开局策略是指以开诚布公的方式向谈判对手陈述自己的观点或想法，从而为谈判打开局面。

坦诚式开局策略比较适合于有长期的业务合作关系的双方,以往的合作双方比较满意,双方彼此又互相比较了解,不用太多的客套,减少了很多外交辞令,节省了时间,直接坦率地提出自己一方的观点、要求,反而更能使对方对己方产生信任感。

【案例】

北京某区一位党委书记在同外商谈判时,发现对方对自己的身份持有强烈的戒备心理,这种状态妨碍了谈判的进行。于是,这位党委书记当机立断,站起来对对方说道:"我是党委书记,但也懂经济、搞经济,并且拥有决策权。我们摊子小,并且实力不大,但人实在,愿意真诚与贵方合作。咱们谈得成也好,谈不成也好,至少你这个外来的'洋'先生可以交一个我这样的'土'朋友。"寥寥几句肺腑之言,打消了对方的疑惑,使谈判顺利地向纵深发展。

采用这种开局策略时,要综合考虑多种因素,如自己的身份、与对方的关系、当时的谈判形势等。

坦诚式开局策略有时也可用于谈判实力弱的一方谈判者。当本方的谈判实力明显不如谈判对方,并为双方所共知时,坦率地表明自己一方的弱点,让对方加以考虑,更表明己方对谈判的真诚,同时也表明对谈判的信心和能力。

4. 进攻式开局策略

进攻式开局策略是指通过语言或行为来表达己方强硬的姿态,从而获得谈判对手必要的尊重,并借以制造心理优势,使得谈判顺利地进行下去。采用进攻式开局策略一定要谨慎,因为,在谈判开局阶段就设法显示自己的实力,使谈判开局就处于剑拔弩张的气氛中,对谈判进一步发展极为不利。

进攻式开局策略通常只在这种情况下使用,即发现谈判对手在刻意制造低调气氛,这种气氛对本方的讨价还价十分不利,如果不把这种气氛扭转过来,将损害本方的切实利益。

进攻式开局策略可以扭转不利于己方的低调气氛,使之走向自然气氛或高调气氛。但是,进攻式开局策略也可能使谈判陷入僵局。

5. 挑剔式开局策略

挑剔式开局策略是指开局时,对对手的某项错误或礼仪失误严加指责,使其感到内疚,从而达到营造低调气氛,迫使对手让步的目的。

【案例】

巴西一家公司到美国去采购成套设备。巴西谈判小组成员因为上街购物耽误了时间。当他们到达谈判地点时,比预定时间晚了45分钟。美方代表对此极为不满,花了很长时间来指责巴西代表不遵守时间,没有信用,如果老这样下去的话,以后很多工作很难合作,浪费时间就是浪费资源、浪费金钱。对此巴西代表感到理亏,只好不停地向美方代表道歉。谈判开始以后似乎还对巴西代表来迟一事耿耿于怀,一时间弄得巴西代表手足无措,说话处处被动。无心与美方代表讨价还价,对美方提出的许多要求也没有静下心来认真考虑,匆匆忙忙就签订了合同。

等到合同签订以后，巴西代表平静下来，头脑不再发热时，才发现自己吃了大亏，上了美方的当，但已经晚了。

项目总结

商务谈判的开局对整场谈判有着重要的影响，一个良好的开局会为接下来的谈判取得成功打下一个良好的基础。

谈判气氛是指谈判对象之间的相互态度，以及由它引起的谈判人员心理、情绪和感觉上的反映。不同的商务谈判由于谈判对象和谈判内容的不同，所形成的谈判气氛也不尽相同，不同的谈判气氛对谈判的影响也是不同的。商务谈判大多属于互利合作型谈判，成熟的谈判人员一般会在谈判的开局阶段努力营造一种合作的、诚挚的、轻松的、认真解决问题的谈判气氛，从而对谈判产生积极的推动作用。商务谈判的开局气氛有多种类型，谈判开局气氛类型的选择要受到谈判双方实力对比、谈判形势等一系列因素的制约和影响。商务谈判开局气氛的营造方法有多种，不同的方法适合于不同的谈判对象和谈判环境，在商务谈判实践中要根据具体情况选择恰当的策略和技巧建立起适合己方的开局气氛。

开场陈述，是指在开始阶段双方就当次谈判的内容，陈述各自的观点、立场及其建议。它的任务是，让双方能把当次谈判所要涉及的内容全部展示出来，同时，使双方彼此了解对方对当次谈判内容所持有的立场与观点，并在此基础上，就一些分歧分别发表建设性意见或倡议。

商务谈判的开局策略包括一致式开局策略、保留式开局策略、坦诚式开局策略、进攻式开局策略、挑剔式开局策略。

基本训练

1. 请你谈谈应从哪些方面着手来创造高调的谈判气氛？
2. 坦诚相待是近年来很多谈判专家日益重视的一种策略，通过学习，现在你能运用这种策略了吗？谈谈这个策略运用的技巧和注意事项。
3. 有时需要营造低调的商务谈判开局气氛，其方法很多，这些方法你都掌握了吗？
4. 开场陈述时怎样灵活运用各种技巧方法？
5. 你能根据不同的场合采取相应的开局策略吗？各种策略分别在什么情况下运用呢？

实训操作

实训内容：一次主题讲话。

实训目标：好口才是谈判的前提。对国内谈判来说，好口才很大程度上意味着较高的谈判能力。主题讲话可以锻炼提高学生的口头表达能力，以便从侧面锻炼学生的开局能力。

实训组织：选取主题要符合学生的实际，如说句心里话、我的室友等。教师主持，即时点评。提醒学生事前重视、认真准备、魔鬼训练，这样表现才好，同学和老师的赞誉程度高，自信心和能力才会大幅提高。

案例分析

案例一：

东南亚某个国家的华人企业想要为日本一著名电子公司在当地做代理商。双方几次磋商均未达成协议。在接下来的一次磋商中，华人企业的谈判代表发现日方代表喝茶及取放茶杯的姿势与众不同，于是他说道："从××君（日方的谈判代表）喝茶的姿势来看，您一定十分精通茶道，您能否为我们介绍一下日本的茶道？"这句话正好点中了日方代表的兴趣所在，于是他滔滔不绝地讲述起来。结果，后面的谈判进行得异常顺利，那个华人企业终于拿到了他所希望的地区代理权。

问题： 这家华人企业的谈判代表采用了何种方法改善了谈判气氛？谈谈这种方法运用时的注意事项。

案例二：

1984年9月底，正在德国考察的天津代表团偶然得知，慕尼黑市有一家工厂，生产名牌纯达普（ZUNDPP）摩托车，现已债台高筑，突然宣布破产，正急于出卖整个工厂。

这个消息，对于想引进德国摩托车生产技术的天津市太重要了。为了能买下这家工厂，天津市有关部门在不到半个月的时间内就完成了具体考察、论证等工作。

10月12日，中方将购买决定通知了德方。

10月17日，市政府领导决定以最快的速度组建一个15人的专家团，赴德国进行全面技术考察，商谈购买事宜；计划11月2日启程出国。

10月19日，联系人从德国发来告急电传：伊朗商人抢先一步签署了购买合同。

事情的发生令人猝不及防，但在这突然变化的情况中，是否还有回旋的余地？我方立即回电：请摸清情况详告，以作对策。

10月21日，联系人回电：伊朗商人所签的合同上规定的付款期限为24日下午3时前，伊朗方面若付款未到，所签合同即告失效。

10月22日上午10点中方作出决策：迅速通知已确定的15名出国人员，想尽一切办法立刻办好出国手续，赶往首都机场，乘当晚的国际航班飞赴联邦德国，以便见机行事。

10月23日当地时间上午11点半，中国专家代表团竟奇迹般地到达慕尼黑市。他们默不作声地住进一家设在市区边上的小旅馆。

10月24日下午3时，时机终于来了，伊朗方面未按时付款，合同失效，等待着的人们大为兴奋。按照预定计划，谈判组的人员立即出动，跳上汽车，向纯达普厂奔去。

10月25日下午2时，中国专家团进行全面的技术考察后，中德双方举行合同谈判。

10月25日深夜，中德双方签署了合同。

3天，创造了中国谈判史上的奇迹。

问题： 试分析在该场谈判中，中方对谈判时间的运用及产生的效应。

项目四

商务谈判的报价与磋商

项目目标

- ❖ 了解报价依据与原则,讨价还价、冲突和僵局产生的原因。
- ❖ 熟悉报价定价策略、让步的原则和方式。
- ❖ 掌握讨价还价的策略、让步策略与对策、僵局冲突调解策略。

项目导入

报价是整个谈判过程的核心和最实质性的环节,也是商务谈判的第一个重要回合,对讨价还价关系重大,而且对整个谈判结果产生重大影响。报价从广义上讲是指谈判双方各自向对方提出全部交易条件的过程。其内容不仅包括价格问题,还包括交货条件、品质规格、数量质量、支付方式、运输费用等条款。而真正进入实质性谈判即是磋商阶段。在这一阶段,商谈的主题——价格、价值都正式登场,成败与否就在于磋商阶段。

导入案例

一位工会职员为造酒厂的会员要求增加工资一事向厂方提出了一份书面要求,一周后,厂方约他谈判新的劳资合同。令他吃惊的是,一开始厂方就花很长时间向他详细介绍销售及成本情况,反常的开头叫他措手不及。为了争取时间考虑对策,他便拿起会议材料看了起来。最上面一份是他的书面要求。一看之下他才明白,原来是在打字时出了差错,将要求增加工资12%打成了21%。难怪厂方小题大做了。他心里有了底,谈判下来,最后以增资15%达成协议,比自己的期望值高了3%。看来,他原来的要求太低了。

引例分析

出价的高低是很多技巧和策略在背后起支持作用,从而影响着彼此的心理及认可的变化度。价格是谈判中不可回避的内容,而且是影响谈判成功或失败的重要内容。

【任务实施】

任务一　报　价

谈判报价

报价是指谈判一方主动或根据另一方要求向对方提出自己的交易条件的行为。提出的交易条件并非仅指交易价格，而是商务谈判中需要磋商的各项条款及要求。

报价标志着谈判进入到了实质性阶段，也标志着双方的物质性要求在谈判桌上"亮相"。

商务谈判的内容包括价格、数量、品质、交货、支付及保证条款等多个方面，而价格是商务谈判的核心。在商务谈判中，报价是必不可少的中心环节之一。

一、报价的基础和基本原则

1. 报价的基础

报价主要考虑的条件是市场行情，其次是产品本身。而从对企业发展是否有利的角度来看，要以市场行情为标准，所以，谈判者的报价基础是市场行情。要价过低或过高都会蒙受损失，或是失去成交的机会。

2. 报价的基本原则

【案例】

多年前，北京服装检测中心的同志曾经公开说过，北京市场上的服装，往往高出进价的三倍到十倍。如果一套衣服进价100元，标价900元。请问，购买者还价会还到多少呢？一般还到800元、700元，就不得了了；还到600元的，算是很有勇气了；买主很少敢还到500元、400元，他们怕被卖主骂，怕被人瞧不起，所以，宁可不还价而转身一走了事，免得招惹是非。而卖主往往在500元、400元的价位上就愿意成交了；何况买主愿意出600元、700元，甚至800元呢？所以说，卖主只要一天中有一个人愿意在900元的价格上与他讨价还价，他就大大成功了。

商务谈判一方向另一方报价时，不仅要考虑报价所能带来的利益，还要考虑该报价被对方接受的可能性。无论买方还是卖方，都应该掌握报价的基本原则。

第一，对卖方来讲，开盘价必须是"最高的"，相应地，对买方而言，开盘价必须是"最低的"。这是报价的首要原则。

第二，开盘价必须合乎情理。如果报价过高，会使对方感到你没有诚意，甚至于不理睬，扬长而去。对于卖方来说，也不能"漫天要价"，这会使对方感到你没有常识。

第三，报价应该果断、明确、清楚，不加解释和说明，开盘价要果断提出，这样才能给对方留下诚实的印象，如果欲言又止，吞吞吐吐，就会导致对方产生怀疑。报价时要非常清楚，并不加过多的解释、说明。因为对方听完你的报价，肯定会对他感兴趣的问题提出质疑，这样我方可以根据对方的兴趣所在，有针对性地进行解释和说明。否则，会被对方找出破绽，抓住把柄。

二、实施报价

价格谈判之前，先要周密地考虑一番，想好什么样的价格水平最为合适。当确定报价水平后，向对方提出报价的态度要坚定果断，毫不犹豫，也不应有任何动摇的表示。报价的表达应准确、明白，避免产出误解或曲解。所报价不能主动解释或评论，应该态度严肃且表达明白。

1. 根据报价的方式分，有书面报价和口头报价

（1）书面报价。

书面报价通常是指谈判一方事先提供了较详尽的文字材料、数据和图表等，将本企业愿意承担的义务，以书面形式表达清楚，使对方有时间针对报价作充分的准备，使谈判进程更为紧凑。书面形式在客观上易成为该企业承担责任的记录，限制了企业在谈判后期的让步和变化，况且文字形式缺少口头表达的"热情"，在翻译成另外一种文字时，精细的内容不易表达。因此，对实力强大的谈判者，书面报价是有利的；双方实力相当时，也可使用书面报价；对实力较弱的对手，则不宜采用书面报价。

（2）口头报价。

口头报价具有很大的灵活性，谈判者可以根据谈判的进程，调整变更自己的谈判战术，先磋商，后承担义务，没有义务约束感。

一些复杂的要求，如统计数字、计划图表等，难以用口头阐述清楚。另外，如果对方事先对情况一无所知，他可能一开始并不急于展开谈判，直到他了解了基本情况才进行谈判，从而影响谈判进度。

2. 根据报价的战术分，有西欧式报价与日本式报价

在国际商务谈判活动中，有两种比较典型的报价战术，即西欧式报价和日本式报价。

西欧式报价是首先提出留有较大余地的价格，然后根据买卖双方的实力对比和该笔交易的外部竞争状况，通过给予各种优惠，如数量折扣、价格折扣、佣金和支付条件上的优惠（如延长支付期限、提供优惠信贷等）来逐步软化和接近对方的条件，最终达成交易。实践证明，这种报价方法只要能够稳住买方，往往会有一个不错的结果。

日本式报价其一般的做法是，将最低价格列在价格表上，以求首先引起买主的兴趣。由于这种低价格一般是以对卖方最有利的结算条件为前提条件的，并且，在这种低价格交易条件下，各个方面都很难全部满足买方的需求，如果买主要求改变有关条件，则卖主就会相应提高价格。因此，买卖双方最后成交的价格，往往高于价格表中的价格。

日本式报价在面临众多外部对手时，是一种比较艺术和策略的报价方式。因为一方面可以排斥竞争对手而将买方吸引过来，取得与其他卖主竞争中的优势和胜利；另一方面，当其他卖主败下阵来纷纷走掉时，这时买主原有的买方市场的优势不复存在了，原来是一个买主对多个卖主，谈判中显然优势在买主手中，而当其他卖主不存在的情况下，变成了一个买主对一个卖主的情况，双方谁也不占优势，从而可以坐下来细细地谈，而买主这时要想达到一定的需求，只好任卖主一点一点地把价格抬高才能实现。

三、定价策略

谈判中不存在孤立的价格问题。产品价格不仅本身有弹性，而且由于与其他交易条件有着密不可分的联系，更使报价具有广泛的回旋余地。尤其是经过数轮的讨价还价，各方的意见都已表达清楚，或者价格本身谈判艰难，或者有可能趋于一致。这时的重新报价，可以充分运用带有附带条件的综合定价策略。以下是几种主要的方法。

1. 附带数量条件的定价策略

这指卖方为了鼓励买方大量或集中购买，而根据购买数量或金额来确定报价水平。如果购买量（或金额）小，价格可适当报高一点或者是一般价格。如果购买量或金额"大"，价格可适当报低一些。购买数量、金额愈大，价格折扣愈大。比如，一箱水果的价格是40元，10箱可能就是380元，20箱只要740元。再如，制造商为了鼓励客户大量地购买成套设备，在优惠报价的同时，也会以免费赠送一些零配件、易损件的方法促使交易达成。

2. 附带支付条件的定价策略

这指卖方视对方的支付方式与时间的情况来确定报价水平，因为不同的支付方式包含的经济含义、风险不同。例如，在国际贸易中，信用证的收汇风险极小，而托收相比之下风险就大。报价时，前者肯定会低于后者。再如，即期付款、分期付款和延期付款不仅涉及风险问题，还涉及利息损失。所以，在报价时，它们各有不同的价格也是自然的。

3. 附带供货时间的定价策略

这指买卖双方根据供货期间的产品供求状况及季节性来确定报价水平。显然供不应求、处于旺季的产品，价格要高一些。而供过于求、淡季或过季产品，价格就要低一些。

4. 附带成交时间的定价策略

这指卖方为了鼓励买方立即或在规定的时间内按既定的报价成交，而提出一定比例的货款回扣或附赠一些现货等优惠条件。该种技巧在商务谈判中是经常被采用的，而且对买方接受既定的报价或立即成交有较大的促进作用。

5. 心理定价策略

我们不敢夸大心理报价对一些经验丰富的谈判者有多么大的作用，但是，可以肯定，根据客户的心理因素采用不同的定价策略会有积极的效果。

（1）尾数定价策略。

这指利用人们接受价格的某种心理因素及特殊意义的尾数的报价。利用尾数报价迎合客户或消费者的心理的理由主要有四个。

①在产品质量以及其他条件一定的情况下，小于整数的带尾数的价格，总是使人感到便宜，如29元要比30元便宜得多。

②价格一般是按实际成本加上适当的利润计算出来的，计算后的价格是整数的情况通常属于巧合，往往会给人们一种不真实的感觉。

③带尾数的价格容易使人产生"去尾数，凑整数，便于计算"等心理，有利于讨价还价，尽快成交。如报价为21元，谈判人员往往会要求以20元成交，凑成整数，便于计算。

④利用某些民族、地区以及商人对某些数字的偏好心理,有时也会使价格的接受变得容易一些。如我国香港市民对6、8、9很喜欢,因为它是禄、发、久的谐音;日本人对4和5很忌讳,因为它是死与苦的谐音;有些商人还有自己的吉利数字。有时,在特殊情况下价格尾数对促成交易亦有一定的作用。

(2) 整数定价策略。

这指根据某些特殊商品和特殊消费的特点,利用人们求"高贵""豪华""讲排场"等心理进行整数报价的技巧。如对于名贵的西服、豪华的轿车、高档的电器、个性化的服务等,整数报价可能会更迎合有特殊需要和较高消费层次的客户的心理需要。便于他们选购,便于消费。

(3) 声望定价策略。

这指利用客户崇拜名牌、讲求优质、显示身价等心理,有意提高报价的技巧。因为知名企业、名牌产品、高科技产品会给客户带来更好的效益,给人以安全感。这一策略既可以增强报价者的信心,也可以使对方觉得产品质量可靠,刺激购买欲。

(4) 习惯定价策略。

这指根据某些产品的通行价格和客户习惯准备支付的价格报价的技巧。如一些进入成熟期的日用品价格一般是相对固定的,人们往往在心理上习惯于根据价格来判断卖者的诚意,衡量所卖产品的品质,如果价格高了,影响销售,如果价格低了,也会使客户以为产品质量存在问题。对于这些类型的产品,即使成本下降,也不能轻易降价,若成本增大,也不能轻易涨价,只能薄利多销。

(5) 招徕定价策略。

这指以各类特种促销方式,满足客户特种购买心理的定价策略。为了吸引客户,使客户接受所报价格,可以用特价、拍卖等报价形式,或者用为客户提供如免费送货、周到舒适的服务,或者有意降低主机价格,然后提高附件和零配件价格等形式达到招徕客户,接受既定价格的目的。

四、报价的策略

1. 报价时机策略

【案例】

有个跨国公司的高级工程师,他的某项发明获得了专利权。一天,公司总经理派人把他找来,表示愿意购买他的发明专利,并问他愿意以多少的价格转让,他对自己的发明到底值多少钱心中没数,心想只要能卖10万美元就不错了,可他的家人却事先告诉他至少要卖30万美元。到了公司总经理的办公室,因为一怕老婆,二怕经理不接受,所以胆怯,一直不愿正面说出自己的报价,而是说:"我的发明专利在社会上有多大作用,能给公司带来多少价值,我并不十分清楚,还是先请您说一说吧!"这样无形中把球踢给了对方,让总经理先报价。

总经理只好先报价,"50万美元,怎么样?"这位工程师简直不相信自己的耳朵,直到总经理又说了以后,这才意识到是真的,经过一番装模作样的讨价还价,最后以这一价格达成了协议。

一般来说，在下面两种情况不适合马上报价。

其一，对方还没有充分了解该商品为他带来的实际利益。

其二，在谈判开始的时候对方就询问价格。

先报价，有利有弊。先报价的有利之处在于：一方面，先报价对谈判的影响较大，它实际上等于为谈判划定了一个框架和基准线，最终协议将在这个范围内达成。比如，卖方报价某种计算机每台 1 000 美元，那么经过双方磋商之后，最终成交价格一定不会超过 1 000 美元这个界线的。另一方面，先报价如果出乎对方的预料和设想，往往会打乱对方的原有部署，甚至动摇对方原来的期望值，使其失去信心。比如，卖方首先报价某货物一吨 1 000 美元，而买方心里却只能承受一吨 400 美元，这与卖方报价相差甚远，即使经过进一步磋商也很难达成协议，因此，只好改变原来部署，要么提价，要么告吹。总之，先报价在整个谈判中都会持续地起作用，因此，先报价比后报价的影响要大得多。

先报价的弊端在于：一方面，对方听了我方的报价后，可以对他们原有的想法进行最后的调整。由于我方的先报价，对方对我方的交易条件的起点有所了解，他们就可以修改原先准备的报价，获得本来得不到的好处。正如上边所举例子，卖方报价每台计算机 1 000 美元，而买方原来准备的报价可能为一台 1 100 美元。这种情况下，很显然，在卖方报价以后，买方马上就会修改其原来准备的报价条件，于是其报价肯定会低于 1 000 美元。那么，对于买方来讲，后报价至少可以使他获得 100 美元的好处。另一方面，先报价后，对方还会试图在磋商过程中迫使我方按照他们的路子谈下去。其最常用的做法是：采取一切手段，集中力量攻击我方的报价，逼迫我方一步一步地降价，而并不透露他们究竟肯出多高的报价。

一般来讲，要通过分析双方谈判力的对比情况来决定何时先报价。如果己方的谈判力强于对方，或者与对方相比，在谈判中处于相对有利的地位，那么己方先报价就是有利的。尤其是当对方对交易的行情不太熟悉的情况下，先报价的利益更大。因为这样可为谈判先划定一个基准线，同时，由于本方了解行情，还会适当掌握成交的条件，对己方无疑是利大于弊。

如果通过调查研究，估计到双方的谈判力相当，谈判过程中一定会竞争得十分激烈，那么，同样应该先报价，以便争取更大的影响。如果己方谈判力明显弱于对方，特别是在缺乏谈判经验的情况下，应该让对方先报价，因为这样做可以通过对方的报价来观察对方，同时也可以扩大自己的思路和视野，然后再确定应对己方的报价做哪些相应的调整。

以上仅就一般情况而言，何时先报价利大于弊。有些国际及国内业务的谈判，谁先报价几乎已有惯例可以遵循。比如货物买卖业务的谈判，多半是由卖方首先报价，然后买方还价，经过几轮磋商后再告成交。相反地，由买方先出价的情况几乎不存在。

2. 报价表达策略

报价无论采取口头或书面方式，表达都必须十分肯定、干脆，似乎不能再做任何变动和没有任何可以商量的余地。而"大概""大约""估计"一类含糊其词的语言在报价时的使用，都是不适宜的，因为这会使对方感到报价不实。另外，如果买方以第三方的出价低为由胁迫时，你应明确告诉他："一分价钱，一分货"，并对第三方的低价毫不介意。只有在对方表现出真实的交易意图,为表明至诚相待,才可在价格上开始让步。

3. 报价差别策略

同一商品,因客户性质、购买数量、需求急缓、交易时间、交货地点、支付方式等的不同,会形成不同的购销价格。这种价格差别,体现了商品交易中的市场需求导向,在报价策略中应重视运用。例如,对老客户或大批量需求的客户,为巩固良好的客户关系或建立起稳定的交易联系,可适当实行价格折扣;对新客户,有时为开拓新市场,亦可给予适当让价;对某些需求弹性较小的商品,可适当实行高价策略;对方"等米下锅",价格则不宜下降;旺季较淡季,价格自然较高;交货地点远程较近程或区位优越者,应有适当加价;支付方式,一次付款较分期付款或延期付款,价格须给予优惠等。

4. 报价对比策略

价格谈判中,使用报价对比策略,往往可以增强报价的可信度和说服力,一般有很好的效果。报价对比可以从多方面进行,例如,将本企业商品的价格与另一可比商品的价格进行对比,以突出相同使用价值的不同价格;将本企业商品及其附加各种利益后的价格与可比商品不附加各种利益的价格进行对比,以突出不同使用价值的不同价格;将本企业商品的价格与竞争者同一商品的价格进行对比,以突出相同商品的不同价格等。

5. 报价分割策略

这种报价策略,主要是为了迎合买方的求廉心理,将商品的计量单位细分化,然后按照最小的计量单位报价。采用这种报价策略,能使买方对商品价格产生心理上的便宜感,容易为买方所接受。例如,茶叶每千克200元报成每两①10元;大米每吨1 000元报成每千克1元。巴黎地铁公司的广告是:"每天只需付30法郎,就有200万名旅客能看到您的广告。"

任务二 讨价还价

商务谈判技巧离不开讨价还价技巧。商务谈判的艺术性更多地体现在商务谈判中的讨价还价技巧中。讨价还价即议价,在一般情况下,当谈判一方报价之后,另一方不会无条件地接受这一报价,而是要求报价方提供更优惠的价格,报价方则会要求对方就报价提出自己一方的价格条件,谈判双方于是展开讨价还价。

一、讨价还价前的准备

1. 弄清对方为何如此报价

弄清对方为何如此报价,即弄清对方的真正期望。在弄清对方期望这问题上,要了解怎样才能使对方得到满足,以及如何在谋得我方利益的同时,不断给对方以满足;还要研究对方报价中哪些东西是必须得到的,而哪些是他希望得到但不是非得到不可的;对方报价哪些

---

① 1 两 = 50 克。

是比较次要的，而这些又恰恰是诱使我方让步的筹码。这样知彼知己，才能在讨价还价中取得主动。为此，在这一阶段要做到以下几点。

（1）检查对方报价的全部内容，询问如此报价的原因和根据，以及在各项主要交易条件上有多大的灵活性。

（2）注意倾听对方的解释和答复，千万不要主观臆测对方的动机和意图，不要代别人讲话。

（3）记下对方的答复，但不要加以评论，避免过早、过深地陷入具体的某一个问题中去，目的是把谈判面铺得广一些。相反地，当对方了解我方的意图时，应尽力使答复减少到最低限度，只告诉他们最基本的东西，掌握好哪些该说，哪些不该说。好的讨价还价者不会把手中的所有东西全部推开，不会完整透彻地把他们需要什么以及为什么需要这些东西都讲出来。有经验的讨价还价者只有在十分必要时才会把自己的想法一点一滴地透露出来。

2. 判断谈判形势

判断谈判形势，是为了对讨价还价的实力进行分析。这时，首先需要弄清双方的真正分歧，估计什么是对方的谈判重点，此时要区别以下几点。

（1）哪些是对方可以接受，哪些是不能接受的。

（2）哪些是对方急于要讨论的。

（3）在价格和其他主要条件上对方讨价还价的实力。

（4）可能成交的范围。假如双方分歧很大，我方可以拒绝对方的报价，如果决定继续下去，就要准备进入下一回合的谈判。此时要进行如下选择。

①由我方重新报价（口头或者书面均可）。

②建议对方撤回原价，重新考虑一个比较实际的报价。

③改变交易形式，比如对售价不进行变动，但对其他一些交易条件如数量、品质、交货时间、支付方式等进行一些改变。改变交易形式的目的是使之更适合成交的要求。接下来应采取下列具体做法来保证我方在还价过程中总的设想和意图得到贯彻。

a. 列出两张表：一张包含我方原则上不能做出让步的问题和交易条件，可写成合同条款的形式；一张则包含我方可以考虑让步或给予优惠的那些具体项目。最好附上数字，表明让步幅度和范围。例如，我方可把对某商品的递价20元作为起始的价格，由此逐渐往上，30元、35元、40元、45元直到50元，并把50元定为让步上限，这就形成了一个阶梯式的让步数量范围。

b. 列一张问题表，以便会谈中掌握提问的顺序，什么时候该谈什么问题，有时这是有一定规律的。例如，在进口谈判中，我方往往在其他各项主要合同条款已逐项地同对方拟定之后，最后才抛出价格条款，向对方还价。

c. 一场谈判往往旷日持久，需要许多回合的会谈。在还价阶段每一回合谈判开始时，要努力造成一种新的气氛，根据需要随时调整并提出新的会议日程。在每一回合谈判结尾时，对那些棘手的、双方相持不下的问题，重审我方的立场或再提一个新的解决方案，供对方回去仔细考虑。

二、讨价

1. 讨价的含义

讨价，也称再询盘，是指要求报价方改善报价的行为。在谈判中，一般卖方在首先报价并进行价格解释之后，买方如认为离自己的期望目标太远，或不符合自己的期望目标，必然在价格评论的基础上要求对方改善报价。讨价是启发、诱导卖方降价，为还价作准备。

2. 讨价的态度

因为讨价还价是伴随着价格评论进行的，故讨价还价应本着尊重对方和说理的方式进行；又因为不是买方的还价，而是启发、诱导卖方降价，为还价做准备，如果在此时强压对方降价，则可能使谈判过早地陷入僵局，对己方不利。故在初期、中期的讨价即对方还价前的讨价，应保持"平和信赖"的气氛，充分说理，以求最大的效益。即使碰到"漫天要价"者，也不应该为其所动。

3. 讨价的方式

（1）全面讨价，常用于价格评论后对于较复杂的交易的首次讨价。

（2）分项讨价，常用于较复杂交易对方第一次改善报价之后，按照价格中所含水分的大小不同分别讨价。

（3）针对性讨价，常用于在全面讨价和分项讨价的基础上，针对价格仍明显不合理和水分较大的个别部分作进一步讨论。

4. 讨价的次数

讨价，作为要求改善报价的行为，不能说只允许一次。从心理因素的角度来讲，一般可以进行两次讨价。常言道："事不过三。"当然，经两次改善后的报价，如果还存在明显的不合理，继续讨价仍完全有必要。水分多的可以多讨几次，水分少的可以少讨。

三、还价

1. 还价的含义

还价也称"还盘"，是指谈判一方根据对方的要价以及自己的谈判目标，主动或应对方的要求，提出自己的价格条件。还价以讨价为基础。卖方首先报价后，买方通常不会全盘接受，也不至完全推翻，而是伴随价格评论向卖方讨价。为了促成交易，会合理地要求对方对报价作出改善。这样经过几次讨价后，买方根据自己所掌握的情况做出反应性报价，即作出还价。

2. 还价的方式

还价的方式，从性质上分为两类：一类是按比价还；另一类是按分析的成本价还。两种还价方式的选取取决于手中掌握的比价材料，如果比价材料丰富且准确，选"按比价还价"，对买方来讲简便，对卖方来讲容易接受。反之，则用"分析的成本价还价"。如果比价材料准确，但不优惠，而卖方坚持比价，买方从总的价格水平出发，视卖方具体情况而定。

有的卖方总价条件很优惠，态度坚定，买方则应实事求是，谨慎抛出资料。有的卖方以认真的现象、假的条件说服你同意他的价格。例如，"我雇人装卸货，需要人工费"，这属事实；但人工的报酬实际是多少，可能会出现假条件，以埋伏利润。如果买方明确提出给卖方利润，请卖方公开人工费数目及利润数额，卖方若为了掩盖不合理之处，常拒绝公开。对此，买方也只能有选择地使用比价材料。从总体上看，双方在利益的交锋中得到了"平衡"。只是在做法上，应避免"公开的欺骗"之嫌。卖方要注意运用"存在的事实"夸大成本、费用的技巧。相应的是，买方要运用注重"比价真实感""贬低"卖方商品价值的策略。

无论是按比价还，还是按分析的成本价还，其具体做法均有分项还价和总体还价两种方法，根据谈判双方的情况具体选择。

3. 讨价还价策略

（1）投石问路策略。

一般地讲，任何一块"石头"都能使买方更进一步了解卖方的商业习惯和动机，而且对方难以拒绝。投石问路的关键，在于选择合适的"石"，提出的假设应该是己方所关心的问题，而且是对方无法拒绝回答的。很多时候，如果提出的问题正好是对方所关心的，那么也容易将己方的信息透露给对方，反而为对方创造了机会。所以，在使用投石问路策略的时候，也应该谨慎，并且注意不要过度。

比如，现在一位买主要购买3 000件产品，他就先问如果购买100件、1 000件、3 000件、5 000件和10 000件产品的单价分别是多少。一旦卖主给出了这些单价，敏锐的买主就可从中分析出卖主的生产成本、设备费用的分摊情况、生产的能力、价格政策、谈判经验丰富与否等情况。最后，买主能够得到比购买3 000件产品更好的价格，因为很少有卖主愿意失去这样数量多的买卖。

美国商业顾问机构首席代表在购买东西时，经常采用投石问路策略，通过许多假设性提问，获得了很多颇有价值的资料，引导新的选择途径。

（2）抬价压价策略。

这种策略技巧是商务谈判中应用最为普遍、效果最为显著的方法。谈判高手也是抬价压价的高手。

卖方先报价，买方压价，可以采取多种方式：

①揭穿对方的把戏，直接指出实质。

制定一个不能超过预算的金额，或是一个价格的上下限，然后围绕这些标准，进行讨价还价。

②用反抬价来回击。

③召开小组会议，集思广益思考对策。

④在合同没有签订好以前，要求对方做出某种保证，以防反悔。

⑤使对方在合同上签署的人越多越好，这样，对方就难以改口。

（3）佯装震惊策略。

谈判高手总要表现出被吓了一大跳的样子——对买家的出价表现震惊。当买主出价的时候，他们在观察你的反应。他们不会考虑再三你是不是同意他们的要求，他们只是试探一下你的反应。例如,你卖计算机,买主请你提供额外的保单;你卖货物给承包商,买主请你把货物发到场地,并不额外收费;你卖传真机,买主请你提供一年的纸张。上面的每一种情况下,买主不会考虑再三你是不是接受他们的要求,但是如果你不表示惊讶,他自然会想:"也许我们能让他接受。我认为他不会接受,但我得心狠点儿,看看他们能让多少。"当你知道双方心里想法的时候,观察一场谈判是很有趣的事情。对买家的出价要故作惊讶,他们也许没指望得到他们所要求的,如果你不表示惊讶,你就是在说那有可能。故作惊讶之后经常伴随着让步。如果你不故作惊讶,买主就会强硬起来。要假设买主是个视觉型的人,除非你有别的办法打动他们。即使你和买主不是面对面谈判,你也应该停顿一下,表示震惊,因为电话中的惊讶也是很起作用的。

(4) 有的放矢策略。

【案例】

你申请某公司的一个职位。你目前的月薪 2 750 美元,在新公司你想至少应达到 3 100 美元,你意识到要价更高才有可能。当讨论薪水问题时,接待你的人问道:

"你谋求的薪金是多少?"

"我认为至少是 3 300 美元。"

"你是说 3 300 美元?"

"是的。"

"那么欢迎你下周来上班。"

看上去一切似乎如愿以偿了,可是,至少九成的求职人员对这个结果不满意,感到他们能得到的薪金应比自己要求的更高。

当你准备谈判时,你应该考虑一下你能要求对方作出的不同的让步;当谈判进入正轨后,你不能不处理你可能面对的各种要求,你将很少有机会去分析对方的什么让步是合适的。此外要清楚地了解自己收入和支出的全部数目,努力判断你的让步对对方的价值。要注意,你并不花费什么的让步对对方可能意义重大。

(5) 老虎钳策略。

这个策略可用这样一句简单的话来表达:"你得再加点。"谈判高手是这样做的:买家已经听了你的报价和你的价格结构。他坚持说他跟以前的供应商合作很愉快。你充耳不闻,因为你知道你已成功地激起了他对你的产品的兴趣。最后,买家对你说:"我们同目前的卖方合作很愉快,但是我想多一家供应商的支持跟他们竞争也没有什么坏处。如果你们把价格降到每磅 1.22 元,我们就要 1 000 件。"你可以用老虎钳策略进行回应。如果你平静地回答:"对不起,你们还是出个更合适的价儿吧。"

老练的买主自然会进行反驳:"我到底得高多少呢?"这样他就迫使你说出具体的数字。然而让你搞不明白的是,不老练的买主有多大的可能会做出让步?

你说完"你们还是出个更合适的价儿吧"之后,下一步该干什么呢?就这么办,一言不发。买主可能会对你做出让步。所以在你弄清他会不会接受你的建议之前就表态是很愚蠢的。

对策:买方用老虎钳策略的时候,可以自然而然这样回答:"那多少更合适呢?"这是要把买主挤到一个具体的位置。除非就对方的一个具体的还价表态，否则永远不能对买主做出让步。

（6）装聋作哑只听不说。

倾听是谈判者所能做出的最省钱的让步方式。

如果认真倾听对方的谈话，对方会认为你很有礼貌，觉得你对他很尊重，因而，谈及交易条件的时候，也就会顺利得多。其实倾听在解决日常生活中的一些问题时是非常有效的。那么如何才能使倾听成为丝毫无损的让步妙招呢？

①制造说话的气氛。

自认为不会说话的人很多，自认为会听话的人也很多，这实在是很矛盾，因为说话和听话两者之间有相当密切的关系。

说话者的说话会受到听者态度的影响。如果感到"和他好难说话""很难向他表达"时，那表示听话的对方听的态度有问题。在倾听时，可以充分地提供足以刺激说话者思考的问题——询问会使对方心门闭锁，但揭示型的问题会使话题活泼。

选择适合说话的场合——场合若太严肃，对方会郑重其事，相反地，如果太嘈杂，又会分散注意力。如有第三者存在，就是想说话也说不出来了。

在倾听时应放松心情——听者若全身紧张，马上会传染给说话者。

②仔细地倾听。

当自己说话时，看到对方"嗯！嗯！"频频点头地倾听，心里想必很高兴，有一种被了解的满足感。谚语说，"善于听别人说话的人能言善道。"为了要让自己说话，首先必须学会仔细听人说话。相反地，不仔细聆听对方的谈话内容，就无法了解对方话里的含义，这样一来犯错的可能性就会增加。

"要想别人对你感兴趣，得先表现出你对别人的兴趣。"

不论跟你谈话的人是谁，他对自身问题关心的程度，绝对超出他对你的问题的关心百倍以上。只要能随时想到这一点，你在谈判桌上的收获是非常丰厚的。

（7）不要急于达成协议。

对于对方的要求或愿望并不需要立即表明立场，暂停一下可能会给你发现其他方案的机会，也可使对方感到自己是否走得太远。

假如你不知道该做什么，通过询问其意见，你便有权要求对方接受其报价的约束。这意味着你有权利但没有义务接受报价，而对方却受报价约束。你可以说："我不能立即就此事给你答复，关于你的报价，我可能有所选择。假如我有机会更详细地研究一下，在几天后我会给你一个答复。假如我们能接受你的报价，那么我们就成交。"

现在你或接受报价，或只接受其中一部分、另一部分要进行谈判，或全部拒绝选择。总之，在讨价还价阶段，应注意以下问题：

①避免错误的妥协。

②对条款中你同意的任何可能变化的影响进行调查，寻找附加值。

③在谈判中留有足够的余地。

④只和有决定权的人谈判。

⑤在报价前，了解对方的要求。

⑥避免单方面让步，自己让步时要求对方也让步。
⑦充分计算。
⑧学会明确拒绝。
⑨作出妥协并不意味着各自承担一半。
⑩在签订最后协议前花时间仔细考虑清楚。

（8）用题外话转移对方注意力。

在谈判进行当中，当对方向你做出让步的时候，你也不妨恭维他几句："您不愧是老朋友，很仗义。以后再有类似的业务，我们第一个想到的自然是您。"一般而言，在谈判中顺水推舟地赞美对手，通常会达到谈判目标。人往往有虚荣心，在交往中你会发现身边的同事特别爱表现自己，在竞争的环境里，更想让别人知道自己很有能力，处处想显示自己的优越感，以便获得他人的敬佩和认可。

如果你面对这样的同事，不妨点点头，用赞赏的目光鼓励他继续说，用谦虚友好的心态待之，你会感觉到其中有一些可学之处。即使没有多少价值，至少也满足了同事的炫耀心理，使你们的关系更亲近一些。

（9）谈判需要双方的沟通。

为了使谈判顺利进行下去，谈判者必须向对方说明许多问题。在做这种说明的过程中，谈判高手总是在他认为有必要的地方展开详细的说明。这样，他就让谈判对手感到自己是多么有诚意，连这么细节的问题也不忘交代，从而一下子缩短了双方的距离。

在谈判中，你可以反复使用以下字眼来向对方说明交易的好处："您只有充分利用这一机会，才能获得更多的利润""您已经了解了很多情况，现在可以下决心了吧""我相信您已经认识到……"说这些话并不费事，然而却能有效地促成对方下决心。因为这种话始终抓住了对方利益这一核心，反复向对方重申了交易对他利益所在。你的对手总是千方百计地想捞取更多的好处，这是正常的。其中，自然有不少要求是你不能做让步或不愿做让步的，但你不能直接拒绝，你可以说，"我会尽力考虑你的意见"，然后把问题搁置下来，作为谈判的交易条件。在谈判中，你还可以时不时地表明："我会尽力满足你"，以消除对手的对立情绪。而实际上，到底满不满足对方，关键还在于你自身的抉择。丝毫无损的让步并不需要你花费金钱，却能为你带来不小的好处。要想成为谈判高手，你应该掌握并应用这些技巧。

任务三　让步策略

俗话说："退一步海阔天空。"其实谈判就是一个让步妥协的过程，而让步又是商务谈判中的普遍现象，可以说有商务谈判的存在，就有让步行动，没有了让步行动也就没有了商务谈判，让步其实是双方为了达成有效的协议而不得不采取的行动。从某种意义上说，让步是谈判双方为达成协议而必须承担的义务。商务谈判各方要明确己方所追求的最终目标，以及为实现该目标可以或愿意做出哪些让步。让步本身就是一种谈判策略，它体现了谈判人员通过主动满足对方需要的方式来换取自己需要满足的精神实质。如何把让步作为谈判中的一种基本技巧、手段加以运用，这是让步策略的基本意义。

一、让步的原则

让步涉及买卖双方的切身利益，不可随意让步。

（1）有效适度的让步。在商务谈判中一般不要做无谓的让步。有时让步是为了表达一种诚意；有时让步是为了谋取主动权；有时让步是为了迫使对方做相应的让步。

（2）让步要谨慎有序。让步要选择适当的时机，力争做到恰到好处，同时要谨防对方摸出我方的虚实和策略组合。

（3）双方共同做出让步。在商务谈判中让步应该是双方共同的行为，一般应由双方共同努力，才会达到理想的效果。任何一方先行让步，在对方未做相应的让步之前，一般不应做继续让步。

（4）每做出一项让步，都必须使对方明白，本方的让步是不容易的，而对对方来说这种让步是可以接受的。

（5）对对方的让步，要期望得高些。只有保持较高的期望，在让步中才有耐心和勇气。

二、让步的方式

【案例】

我国某地机械进出口分公司准备购买一台先进的机械设备，在收到了众多的报价单后，看中了西方某国的公司，因为他们的设备和技术都比较先进，所以，决定邀请他们来我国进一步谈判。谈判的焦点集中在价格问题上，外商的报价单和谈判中的报价一样，都是20万美元；而中方的还价是10万美元。

双方都已估计有可能在14万到15万美元的价格范围内成交，但以往的经验告诉他们，还要有好几个回合的讨价还价，双方才能在价格问题上达成一致意见。面对让步的节奏和幅度问题，中方代表团内部意见分歧，主要分成三派：

第一种意见认为要速战速决，既然对方开价20万美元，我方还价10万美元，双方应该互谅互让，本着兼顾双方利益、消除差距、达成一致的原则，在第二回合中，还价14万美元为好。

第二种意见否定了第一种意见，认为这种让步节奏太快、幅度太大，别说还价14万美元，就是还价11万美元，也嫌幅度太大，在第二个回合中，我方让步不能超过5 000美元，即增加到105 000美元。

第三种意见又否定了第一、第二种意见，认为第一种意见让步的节奏太快、幅度太大，而第二种意见的让步节奏太慢、幅度太小，认为我方的让步应分为几步：第一步，增加到115 000美元（增加了15 000美元），第二步，增加到127 000美元（增加了12 000美元），第三步，增加到135 000美元（增加了8 000美元）。这样，几个回合讨价还价下来，最后再增加5 000美元，这样就有可能在14万美元的价格上成交。这些意见孰是孰非呢？

让步的具体方式多种多样，在实际运用时，要根据对方的反应灵活掌握，切忌一成不变地固守一种模式。

常见的让步方式见表4-1。

表 4-1 常见的让步方式　　　　　　　　　　（单位：元）

让步类型	预定减价	第一期让步	第二期让步	第三期让步	第四期让步
1	60	0	0	0	60
2	60	15	15	15	15
3	60	8	13	17	22
4	60	22	17	13	8
5	60	26	20	12	2
6	60	49	10	0	1
7	60	50	10	-1	1
8	60	60	0	0	0

不同的让步类型给对方传递不同的信息，选择、采取哪些让步类型，取决于以下几个因素：你准备采取什么样的谈判方针和策略；谈判对手的谈判经验；你期望让步后对方给予您什么样的反应。

三、让步的策略

1. 让出全部可让利益（0, 0, 0, 60）

这是一种在让步的最后阶段一步让出全部可让利益的让步方法。该策略给对方的感觉是一直没有什么妥协的希望，因此也有人称之为坚定的让步策略。如果买方是一个意志薄弱的人，当卖方采用此策略时，买主可能早就放弃讨价还价了，因而得不到利益；如果买主是一个意志坚强、坚持不懈、不达目的不罢休的人，那么买主只要不断地迫使对方让步，即可达到目的，获得利益。这种策略在运用时，买卖双方往往都要冒着可能形成僵局的危险。

此种让步策略的特点是：让步方态度比较果断，往往被人认为有大家风度。这种策略是，在开始阶段寸步不让，态度十分强硬；到了最后时刻，则一次让步到位，促成和局。

此种让步策略的优点是：首先，在起初阶段寸利不让，坚持几次"不"之后，足以向对方传递己方的坚定信念，如果谈判对手缺乏毅力和耐性，就有可能被征服，使己方在谈判中获得较大的利益；其次，在坚持了几次"不"之后，一次让出己方的全部可让利益，对方会有险胜感，故此会特别珍惜这种让步，不失时机地握手言和；再次，会给对方既强硬、又出手大方的强烈印象。

此种让步策略的缺点是：由于谈判让步的开始阶段一再坚持寸步不让的策略，则可能失去伙伴，具有较大风险性。同时，易给对方传递己方缺乏诚意的信息，进而影响谈判的和局。

此种策略一般适用于对谈判投资少，依赖性差，因而在谈判中占有优势的一方。实践证明，谁在谈判中投资少、依赖性差，谁就有承担谈判失败风险的力量，或在某种意义说，不怕谈判失败。总之，此种让步策略有其利也有其弊；有时在卖方一再坚持"不"的情况下，还有可能迫使恐惧谈判的买方作出较大的让步。

2. 一次性让步（60, 0, 0, 0）

这是一种一次性让步的策略，即一开始就拿出全部可让利益的策略。

此种让步策略的特点是态度诚恳、务实、坚定、坦率。在谈判进入让步阶段，一开始就亮出底牌，让出全部利益，以达到以诚制胜的目的。

此种让步策略的优点是：首先，由于谈判者一开始就向对方亮出底牌，让出自己全部可让利益，比较容易打动对方采取回报行为，以促成和局；其次，率先做出让步榜样，给对方以合作感、信任感；再次，此种率先的大幅度让步，富有强大的诱惑力，会在谈判桌前给对方留下美好的印象，有利于获得长远利益；最后，由于谈判者一步让利、坦诚相见、提高谈判效率，有利于速战速决，马到成功，降低谈判成本。

此种让步策略的缺点是：首先，由于这种让步操之过急，对于买主会有极强的影响和刺激，可能会给买方传递一种尚有利可图的信息，因而导致买方的期望值大大提高，从而继续讨价还价；其次，由于一次性的大步让利，可能失去本来能够力争到的利益；再次，在遇到强硬而又贪婪的买主的情况下，在卖方一次让步后，可能会再接再厉，以争取重大的让步。这时，卖主显然会拒绝买主的要求，因而可能导致买主的不理解，这样一来僵局就难以避免了。

此种让步策略一般适用于己方处于谈判劣势或谈判各方之间的关系较为友好的情况。处于谈判劣势的一方，往往是谈判的被动方，但却不一定是提议一方。为此，该方在谈判中的让步，应当表现得积极、坦诚，以诚动人，用一开始就做出最大让步的方法感召对方以同样的方式来回报。在双方关系比较友好的谈判中，更应该以诚相待。有时，卖方采用此种策略，还会得到对方大量的回报，也可谓是利弊并存，事在人为。

3. 等额地让出可让利益（15，15，15，15）

此种方法只要遇到耐心等待的买主，就会不断鼓励买主期待进一步的让步。

此种让步策略的特点是态度谨慎，步子稳健，极富有商人的气息。在商务谈判让步过程中，不断地讨价还价，像挤牙膏一样，挤一步让一步，让步的数量和速度都是均等的、稳定的。

此种让步策略的优点是：首先，由于这种让步平稳，持久，本着步步为营的原则，因此不易让买主轻易占了便宜；其次，对于双方进行充分讨价还价比较有利，容易在利益均沾的情况下达成协议；再次，遇到性情急躁或无时间长谈的买主时，往往会占上风，削弱买方的议价能力。

此种让步策略的缺点是：首先，每次让步的数量相等、速度平稳，类似马拉松似的谈判，给人的感觉是平淡无奇，容易使人产生疲劳厌倦之感；其次，此种让步效率极低，通常要浪费大量的精力和时间，因此，谈判成本较高；再次，买方每讨价还价一次，都有等额利益让出，这样会给对方传递一种信息，即只要耐心等待，总有希望获得更大利益。

这种谈判策略就像切香肠一样，把自己的让步总值切成小片，切得愈薄愈好。这样可以给对方虚假的印象，似乎我们很强硬。因为双方好像都无法确认哪是最后的一片香肠。因此，双方都拭目以待，这样就进一步拖长了谈判的时间。因为双方消磨了过多的时间、精力，都想志在必得，所以压力也就不可避免地越来越大，甚至很容易使谈判双方走火，超出慎重的界限，变得脱离了谈判现实。

等额让步策略目前在商务谈判中极为普遍。对于一些商务性质的谈判，讨价还价比较激烈，分利必争，在价格问题常常采用步步为营的原则，因此人们普遍愿意使用此策略。另外,对于没有谈判经验的人,以及进行较为陌生的谈判时,因为不熟情况,所以不宜轻举妄动,以防因急于求成而在谈判中失利。因此,人们往往运用这一策略比较慎重,而且在试探中前行,也是十分必要的。

4. 先高后低,然后又拔高(13,8,17,22)

这种让步策略的特点是比较机智、灵活、富有变化。在商务谈判让步过程中,能够正确处理竞争与合作的尺度,在较为恰当的起点上让步,然后缓速减量,给对方传递一种接近尾声的信息。这时,买方如果已经知足,即可收尾。如果买方仍要穷追不舍,卖方再大步让利,在一个较高的让步点上结束谈判。

此种让步策略的优点是:首先,让步的起点比较恰当、适中,能够给对方传递可以合作,并有利可图的信息;其次,谈判中富有活力,如果不能在缓速减量中结束谈判,则采取大举让利的手法,易于谈判的成功;再次,由于在二期让步中减缓一步,可以给对方造成一种接近尾声的感觉,容易促使对方尽快拍板,最终能够保住己方较大的利益。

此种让步策略的缺点是:首先,由于此种让步策略表现为由少到多,且不稳定的特点,因此容易鼓励对方得寸进尺,继续讨价还价;其次,由于二期让步就已经向买方传递了接近尾声的信息,而后来又做了大步让利,这样做往往给对方的感觉是我们不够诚实,因此,对于友好合作关系的谈判来说往往是不利的;再次,由于初期让步比较恰当、适中,因而给对方留下很好的印象,可二期让步却给对方传递了一个不真实的信息,因此反而影响了初期留下的美好印象。

此种让步策略一般适用于在竞争性较强的谈判中,由谈判高手来使用。该种策略在运用时要求技术较强,又富有变化性,同时,又要时时刻刻观察谈判对手对己方让步作何反应,以调整己方让步的速度和数量,实施起来难度较大。对于缺乏谈判经验的谈判者来讲,如果使用此策略,往往容易出现破绽。另外,在一些友好关系的合作性谈判中,更加注重的是诚实、可信,因此,不宜采用本策略。

5. 从高到低,然后又微高(26,20,2,12)

这种让步策略往往可以显示出卖主的立场越来越坚定,表示着卖主愿意妥协,但是防卫严密,不会轻易让步;也告诉买主,可挤的东西越来越少了,到最后,以一个适中的让步结束谈判。

此种让步策略的特点是合作为首,竞争为辅,诚中见虚,柔中带刚。这主要是在谈判初期就以高姿态出现,并作出较高的礼让,向前迈出两大步,然后再让微利,以向对方传递已无利再让的信息。这时如果买方一再坚持,并以较为适中的让步结束谈判,效果往往不错。

此种让步策略的优点是:首先,由于谈判的让步起点较高,富有较强的诱惑力,因此一般的买主都会比较满意,因此谈判的成功率较高;其次,由于经过大幅度的让步之后,到三期仅让微利,给对方传递了已基本无利可让的信息,因此比较容易使对方产生优胜感而达成协议;再次,如果三期所做微小让步仍不能达成协议,再让出最后稍大一点的利润,往往会使对方很满意而达成协议。

此种让步策略的缺点是:首先,因为此种让步策略一开始让步很大,这样就容易给强硬的买主造成我方软弱可欺的不良印象,因而容易加强对手的进攻性;其次,头两步让大利与后两步让小利形成了鲜明的对比,容易给对方造成一个印象,即我方的诚心可能不足。

此种让步策略一般适用于以合作为主的谈判。由于这种策略的双方是建立在互惠互利基础之上,因此开始时作出较大的让步,有利于创造出良好的合作气氛和建立友好的伙伴关系。尽管后两步让利较少,但终究是作出了让步,这时,如果买方能够正确看待我方所做出的让步,或许也会给予相应的回报。

6. 由大到小,逐次下降(22,17,13,8)

这种让步策略指先让出较大的利益,然后再逐期减让,到最后一期让出较小的利益。

此种让步策略的特点是比较自然、坦率,符合商务谈判活动中讨价还价的一般规律。在业务谈判过程中,以较大的让利作为起点,然后依次下降,直到可让的全部利益让完为止。因此,这种让步策略往往给人以和谐、均匀、顺理成章的感觉,是谈判中最为普遍采用的一种让步策略。

此种让步策略的优点是:首先,给人以顺乎自然、无须格外劳神之感,同时也易为人们所接受;其次,由于让利的过程中是采取了一次比一次更为审慎的让步策略,一般不会产生让步上的失误,同时也可以防止对方猎取超限度的利益;再次,有利于谈判各方在等价交换、利益均沾的条件下达成协议。

此种让步策略的缺点是:首先,这种让步由大到小,对于买主来讲,越争取利益越小,因而往往使买主感觉不良好,故终局情绪不会太高;其次,这是谈判让步中的惯用方法,缺乏新鲜感,也比较乏味。

此种让步策略一般适用于商务谈判的提议方。通常情况下,谈判的提议方对谈判的和局更为关切,理应以较大的让步作出姿态,以诱发对方从谈判中获利的期望。相反地,如果谈判的提议方在谈判让步过程中不肯率先让出足以吸引对方的利益,对方更不会作出相应的让步。这种让步策略的技巧之处就在于此。

7. 开始时大幅递减,但又出现反弹(49,10,0,1)

此种让步策略的特点是给人以软弱、憨厚、老实之感,因此成功率较高。此种策略在让步初期即让出了绝大部分利益,二期让步到己方可让利益的边际,到三期则原地不动,这就向对方传递了能让的利已基本让完了的信息。如果对方仍一再坚持,再让出己方保留的最后一步,以促成谈判的成功。

此种让步策略的优点是:首先,以求和的精神为先,开始就让出多半利益,因此有可能会换得对方回报的较大的可能性;其次,三期让步时作出了无利再让的反应,这有可能打消对方进一步要求我们再一次让利的期望;再次,最后又让出小利,既显示了我方的诚意,又会使通达的谈判对手难以拒绝签约,因此往往收效不错;最后,尽管其中也藏有留利的动机,但客观上仍表现了以和为贵的温善态度,是比较艺术的做法。

此种让步策略的缺点是:首先,由于开始时表现软弱,大步让利,在遇到贪婪的对手时,会刺激对手变本加厉,得寸进尺;其次,这种让步策略可能由于三期让步遭受拒绝后,导致谈判僵局或败局的出现。

此种让步策略一般适用于在谈判竞争中处于不利境地,但又急于获得成功的谈判。由于本方处于劣势,于是初期就让出较大的利益,可能会尽快促成谈判的成功。同时,由于此种让步的策略,这样会给对方传递"该收场了"的信息。最后让出小利,更坚定了自己的立场,同时又给对方以台阶,就会促成谈判尽快地结束。

8. 在起始两步全部让完可让利益,三期赔利相让,到四期再讨回赔利相让部分(50, 10, 1, -1)

此种策略在谈判中是最具有特殊性的一种让步策略,也是最富有戏剧性的一种策略。

此种让步策略的特点是风格果断诡诈,又具有冒险性。此种让步策略首先果断地让出绝大部分可让利益,二期让步时再让出一小部分利益,使己方可让利益全部让完。三期时并不消极地拒绝,而是诱惑地让出本不该让的一小部分利益,然后再从另外的角度进行讨价还价,以收回不该让的部分利益,以换取自己所需的部分。可见,这是一种具有很高技巧的让步策略,只有非常富有谈判经验的人才能灵活运用,为我服务。

此种让步策略的优点是:首先,由于开始两步即已让出了全部可让的利益,因此具有很大的吸引力,往往会使陷入僵局的谈判起死回生;其次,如果前两部分让利尚不能打动对方,再冒险让出不该让的利益,这样就会产生一种诱惑力,使对方沿着我方思路往前走;再次,对方一旦上路,并为谈判付出了代价,再借口某种原因,从另外一个角度调回自己所需要的利益,就容易促成和局了。

此种让步策略的缺点是:首先,由于起始两步就让出了己方全部可让利益,会导致对方期望过大,这在心理上强化了对手的议价能力;其次,在此种让步的三期让步时,让出了不该让的利益,如果在四期中不能讨回时,具有一定的风险性,因此处理不当,往往会导致谈判的破裂。

此种让步策略一般适用于陷入僵局或危难性的谈判。由于己方处境危险,又不愿使已付出的代价付之东流,因此不惜在初期就大步相让,并以牺牲自己的利益为代价来挽救谈判,以促成谈判的和局。

任务四 谈判僵局的处理

谈判僵局

一、僵局产生的原因

僵局伴随整个谈判过程,随时随地都有可能出现。商务谈判僵局可以分为协议期僵局和执行期僵局两大类。协议期僵局又可以分为初期、中期或后期等不同阶段的僵局。

谈判中期是谈判的实质性阶段,双方需就有关技术、价格、合同条款等进行详尽讨论、协商,谈判可能暂时朝着使双方难以统一的方向发展,产生谈判中期僵局。

谈判后期是双方达成协议阶段,在解决了技术、价格这些关键问题后,还要就诸如项目验收程度、付款条件等执行细节,进行商议,特别是合同条款的措辞、语气经常容易引起争议。

在谈判进行过程中,僵局无论何时都有可能发生,任何主题都有可能形成分歧与对立。表面上看,僵局表现的时机与形式、对峙程度的高低是令人眼花缭乱、不可名状的。具体的谈判僵局原因有以下几方面:

1. 谈判一方有意制造谈判僵局

这是一种带有高度冒险性和危险性的谈判战略,即谈判的一方为了试探出对方的决心和实力而有意给对方出难题,搅乱视听、甚至引起争吵,迫使对方放弃自己的谈判目标而向己方目标靠近,使谈判陷入僵局,其目的是使对方屈服,从而达成有利于己方的交易。

故意制造谈判僵局的原因可能是过去在商务谈判中上过当。

2. 双方立场、观点对立导致僵局

在讨价还价的谈判过程中,如果双方对某一问题各持自己的看法和主张,意见分歧,那么,越是坚持各自的立场,双方之间的分歧就会越大。

3. 沟通障碍导致僵局

【案例】

某跨国公司总裁访问一家中国著名的制造企业,商讨合作发展事宜。中方总经理很自豪地向客人介绍说:"我公司是中国二级企业……"此时,翻译人员在翻译这句话时很自然地用"Second-class Enterprise"来表述。不料,该跨国公司总裁闻此,原本很高的兴致突然冷淡下来,敷衍了几句立即起身告辞。在归途中,他抱怨道:"我怎么能同一个中国的二流企业合作?"在我国,企业档案工作目标管理考评分为"省(部)级""国家二级""国家一级"三个等级。"省(部)级"是国家对企业档案工作的基本要求。"国家一级"为最高等级。

可见,一个小小的沟通障碍,会直接影响到合作的可能与否。沟通障碍就是谈判双方在交流彼此情况、观点、洽商合作意向、交易的条件等过程中,所可能遇到的由于主观与客观的原因所造成的理解障碍。

以商务谈判而言,有时谈判进行了很长时间却无甚进展,甚至陷入僵局。往往双方冷静回顾争论的各个方面,却发现彼此争论的根本不是一回事,此种谈判僵局就是由沟通障碍引起的。

第一种沟通障碍:由于双方文化背景差异,一方语言中的某些特别表述难以用另一种语言表述而造成误解。第二种沟通障碍:一方虽已知悉却未能理解另一方所提供的信息内容。即使一方完全听清了另一方的讲话,作了正确的理解,而且也能接受这种理解,但仍并不意味着就能完全把握对方所要表达的思想。第三种沟通障碍:一方虽已理解却不愿接受这种理解。因为他是否能够接受现实,往往受其心理因素的影响,包括对对方的态度、与对方以往打交道的经历,以及个人的偏见或成见等。

沟通障碍还可能因表达者本身的表达能力有限造成。在不少国际商务谈判中,由于翻译人员介于其中,双方所有的信息在传递过程都要被转换一次,这种转换必然要受到翻译人员的语言才平、专业知识、理解能力以及表达能力等因素的影响。除此以外,对文字材料的不同理解也是双方沟通中产生误解的原因之一。谈判双方对确定以何种文本的合同为准,合同条款如何措辞都会非常谨慎,双方都想避免由于对合同的不同理解而造成对自身的不利影响。尽管人们重视合同的语言问题,但由此产生理解上的差距仍不免发生,因此合同的执行陷入僵局。

4. 谈判人员的偏见或成见导致僵局

【案例】

我国曾获得一笔世界银行某国际金融组织贷款，用以建筑一条二级公路。按理说，这对于我国现有的筑路工艺技术来说是一件简单的事情。然而负责这个项目的某国际金融组织官员，却坚持要求我方聘请外国专家参与管理，这就意味着我方要大大增加开支。我方在谈判中向该官员详细介绍了我们的筑路水平，并提供了有关资料。这位官员虽然提不出疑义，但受偏见支配却不放弃原来的要求。谈判陷入僵局。为此，我方特意请他去看了我国自行设计建造的几条高水准公路，并由有关专家作了详细说明和介绍。正所谓百闻不如一见，心存疑虑的国际金融组织官员这才彻底信服了。

偏见或成见是指由感情原因所产生的对对方及谈判议题的一些不正确的看法。由于产生偏见或成见的原因对问题认识的片面性，即用以偏概全的办法对待别人，因而很容易引起僵局。

5. 环境的改变导致僵局

当谈判的外部环境，如价格、通货膨胀等因素发生变化时，谈判的一方不愿按原有的承诺签约，也会导致僵局产生。

6. 谈判双方用语不当导致僵局

谈判双方因用语不当，造成感情上的强烈刺激，双方都感到自尊受到伤害，因而不作丝毫的让步，谈判便会陷入僵局。

7. 谈判人员素质低下导致僵局

俗话说："事在人为。"谈判人员素质始终是谈判能否成功的重要因素，尤其是当双方合作的客观条件良好、共同利益较一致时，谈判人员素质高低往往起决定性的作用。谈判人员的无知，好自我表现，怕担责任，语言表达不清，不守信用等都是造成谈判僵局的重要原因。

二、突破僵局的策略

谈判出现僵局，就会影响谈判协议的达成。无疑，这是谈判人员都不愿看到的。因此，在双方都有诚意的谈判中，尽量避免出现冲突和僵局。但是，谈判本身又是双方利益的分配，是双方的讨价还价，僵局的出现也就不可避免。因此，仅从主观愿望上不愿出现谈判冲突和僵局是不够的，也是不现实的，必须正确认识、慎重对待、认真处理这一问题，掌握调解冲突和僵局的策略与技巧，从而更好地争取主动，为谈判协议的签订铺平道路。

1. 用语言鼓励对方打破僵局

当谈判出现僵局时，您可以用话语鼓励对方："看，许多问题都已解决了，现在就剩这一点了。如果不一并解决的话，那不就太可惜了吗？"这种说法，看似很平常，实际上却能鼓动人，发挥很大的作用。

2. 采取横向式的谈判打破僵局、化解冲突

当谈判陷入僵局，经过协商而毫无进展，双方的情绪均处于低潮时，可以采用避开该话题的办法，换一个新的话题与对方谈判，以等待高潮的到来。横向谈判是回避低潮的常用方法。由于话题和利益间的关联性，当其他话题取得成功时，再回来谈陷入僵局的话题，便会比以前容易得多。

3. 寻找替代的方法打破僵局、化解冲突

谈判中一般存在多种可以满足双方利益的方案，而谈判人员经常简单地采用某一方案，而当这种方案不能为双方同时接受时，僵局就会形成。

可寻找潜在的共同利益点，形成多个符合双方利益的方案，僵局就可以突破。也可以对一个方案中的某一部分采用不同的替代方法，如：另选商议的时间；改变售后服务的方式；改变承担风险的方式、时限和程度；改变交易的形态；改变付款的方式和时限，在成交总金额不变的情况下，加大定金，缩短付款时限，或者采用其他不同的付款方式。

4. 运用休会策略打破僵局、化解冲突

【案例】

美朝顶牛"无核化"，中方宣布休会三周。

2005年8月7日第四轮六方会谈进入第13天，中方代表宣布，六方会谈决定暂时休会，会谈下一阶段于29日开始的一周内举行，具体日期另行商定。中方声明：分歧导致休会，休会的目的是为了各方代表可以在此期间回国向各自政府报告情况。

本轮会议自开始到现在存在着两大分歧。第一就是朝美双方对"半岛无核化"的定义。朝鲜认为"无核化"不应包括民用核，要求继续建设轻水反应堆。对此，美国持反对意见，韩美认为韩国的大规模电力援助能够满足朝鲜的电力需求，朝鲜无须保留核电设施。同时，朝鲜还要求驻韩美军不再拥有核武器。第二大分歧点是朝鲜先弃核还是美国先补偿的问题。朝美两国态度都非常明确，立场坚定。对于谁先做出让步的问题上，双方都表现得没有回旋余地。各方都陷入了僵局。但是会议进行到此，已经取得了一定的共识和进展，朝美两国都希望能在第四轮会议中朝核问题有突破性进展，而非草草收场。

中方作为东道主和协调者，就目前的局势来看所能做出的努力有限，不可能扭转乾坤使会议柳暗花明，所以目前唯一能做的是在取得的共识的基础上，让各国代表回国和其政府商讨，以求在后期的会议进程取得实质性进展。

休会策略是谈判人员为控制、调节谈判进程，缓和谈判气氛，打破谈判僵局而经常采用的一种基本策略。谈判中，如果各持己见、互不妥协，往往会出现僵持严重以至谈判无法继续的局面。这时，如果继续进行谈判，双方的思想还沉浸在刚才的紧张气氛中，结果往往是徒劳无益，有时甚至适得其反，导致以前的成果付诸东流。因此，比较好的做法就是休会，因为这时双方都需要时间进行思索，使双方有机会冷静下来，或者每一方的谈判成员之间需要停下来，客观地分析形势、统一认识、商量对策。

谈判的一方把休会作为一种积极的策略加以利用，可以达到以下目的：

（1）仔细考虑争议的问题，构思重要的问题。

(2) 可进一步对市场形势进行研究，以证实自己原来观点的正确性，思考新的论点。

(3) 召集各自谈判小组成员，集思广益，商量具体的解决办法，探索变通途径。

(4) 检查原定的策略及战术。

(5) 研究讨论可能的让步。

(6) 决定如何对付对手的要求。

(7) 分析价格、规格、时间与条件的变动。

(8) 阻止对手提出尴尬的问题。

(9) 排斥讨厌的谈判对手。

(10) 缓解体力不支或情绪紧张。

(11) 应付谈判出现的新情况。

(12) 缓和谈判一方的不满情绪。

休会一般先由一方提出，只有经过双方同意，这种策略才发挥作用。怎样取得对方同意呢？首先，提建议的一方应把握时机，看准对方态度的变化，讲清休会时间。如果对方也有休会要求，很显然会一拍即合。其次，要清楚并委婉地讲清需要，让对方明白无误地知道。一般来说，参加谈判的各种人员都是很有修养的，如东道主提出休会，客人出于礼貌，很少拒绝。再次是提出休会建议后，不要再提出其他新问题来谈，先把眼前的问题解决再说。

5. 利用调解人调停打破僵局、化解冲突

商务谈判可以由第三者作中间人来帮助双方有效地消除谈判中的分歧。当谈判双方进入立场严重对峙、谁也不愿让步的状态时，找位中间人来帮助调解，有时能很快使双方立场出现松动。

常用的方法有两种——调解和仲裁。调解是请调解人拿出一个新的方案让双方接受。由于该方案照顾了双方的利益，顾全了双方的面子，并且以旁观者的立场对方案进行分析，因而很容易被双方接受。但调解只是一种说服双方接受的方法，其结果没有必须认同的法律效力。当调解无效时可请求仲裁。仲裁的结果具有法律效力，谈判者必须执行。但当发现仲裁人有偏见时，应及时提出；必要时也可对他们的行为提起诉讼，以保护自己的利益不受损失。需要说明的是，由法院判决也是处理僵局的一种办法，但很少使用。因为一是法院判决拖延的时间太长，这对双方都是不利的；二是通过法院判决容易伤害双方的感情，不利于以后的交往。因此，除非不得已，谈判各方均不愿把处理僵局的问题提交法院审理。

当出现了比较严重的僵持局面时，彼此间的感情可能都受到了伤害。因此，即使一方提出缓和建议，另一方在感情上也难以接受。在这种情况下，最好寻找一个双方都能够接受的中间人作为调节人或仲裁人。

6. 更换谈判人员或者由领导出面打破僵局、化解冲突

由于在谈判中不能很好地区别对待人与问题，由对问题的分歧发展为双方个人之间的矛盾。

这种由于谈判人员的性格、年龄、知识水平、生活背景、民族习惯、随便许诺、随意践约、好表现自己、对专业问题缺乏认识等因素造成的僵局，虽经多方努力仍无效果时，可以征得对方同意，及时更换谈判人员，消除不和谐因素，缓和气氛，就可能轻而易举地打破僵

局，保持与对方的友好合作关系。

7. 适当馈赠打破僵局

谈判者在相互交往的过程中，适当地互赠礼品，会对增进对方的友谊、沟通双方的感情起到一定的作用，也是普通的社交礼仪。西方学者幽默地称之为"润滑策略"。每一个精明的谈判者都知道，给予对方热情的接待、良好的照顾和服务，对于谈判往往产生重大的影响。所谓适当馈赠，就是说馈赠讲究艺术：一是注意对方的习俗，二是防止贿赂之嫌。

项目总结

商务谈判的交易条件主要包括价格、数量、品质、交货、支付及保证条款等多个方面，而价格是商务谈判的核心。在商务谈判中，报价、讨价还价是必不可少的中心环节之一。一个优秀的谈判者不仅要掌握报价、讨价还价的基本内涵，影响报价因素、报价方式及报价原则、策略等，还要学会熟练地运用讨价还价的策略与技巧，这是促成谈判成功的保证。报价、讨价还价的策略主要有报价时机策略、投石问路策略、故布疑阵策略、吹毛求疵策略、润滑策略、软硬兼施策略、最后通牒策略等。

谈判是双方不断地让步，最终达到利益交换的一个过程，是谈判过程中必要的一环，谈判者要把握让步的时机与原则，掌握让步方式，熟悉每种方式的特点，并能根据实际情况，学会运用让步及其对策。让步主要方式有强硬型、均值型、刺激型、希望型、稳妥型、风险型、虚伪型、坦诚型八种。

冲突与僵局是谈判中经常遇到的，要认识其形成的原因，学会打破僵局、缓解冲突的策略与技巧，使谈判取得进展。打破僵局、缓解冲突的策略主要有语言鼓励、横向谈判、休会策略、调解人调停、更换谈判人员、有效退让、场外沟通等。

基本训练

1. 你作为谈判人员，对方要求报价，你认为什么因素决定你的价格？
2. 怎样才能使讨价还价朝着有利于自己的方向发展？
3. 你清楚定价、报价策略吗？如果要引起对方注意，让对方感觉你所销售的产品既便宜又实惠，你应该怎么报价？
4. 谈谈什么是讨价还价？你能准确地区分它们吗？
5. 谈判中谁先报价有利？
6. 你认为在谈判时让步有必要吗？如有必要，应该在什么时候作出让步？
7. 让步的方式有哪几类？作为初涉商场的你，一般应该选择什么样的让步方式？为什么？
8. 让步的对略有哪些，当对方的让步幅度没有你预期的大，你应该怎么应对？
9. 什么因素导致了冲突与僵局？
10. 如何应对对方给你制造的僵局？谈谈如何取得谈判进展？

实训操作

实训内容：模拟谈判。

实训目标：通过实训，加深对讨价还价知识的理解，掌握讨价还价的方式及策略，提高运用相关的理论知识解决实际问题的能力。

实训组织：小组抽签形成两两对局。进行模拟谈判。假设有两家公司：一个是海南金盘饮料公司，它是上市公司"金盘实业"（代码000572）的全资子公司，是一家生产"金盘"矿泉水和"天之南"纯净水的地方知名企业；另一个公司是一家生产PET材料的厂家（以下称为PET公司）。一方代表海南金盘饮料公司，一方代表PET公司，PET公司准备派代表开发海南市场，希望能成为该公司的供货商。

模拟谈判可用2课时。教师主持，即时点评。提醒学生事前重视、认真准备。

案例分析

案例一：

前几年，王老板曾在一家大公司做营销部主任。在一项采购洽谈业务中，有位卖主的产品喊价是50万元，王老板和成本分析人员都深信对方的产品只要44万元就可以买到了，一个月后，王老板和对方开始谈判，卖主使出了最厉害的一招。他一开始就先说明他原来的喊价有错，现在合理的开价应该是60万元。听他说完后，王老板不禁对自己原先的估价怀疑起来，心想，可能是估算错了。60万元的喊价到底是真的还是假的，王老板也不清楚。他最后以50万元的价格和卖方成交，感到非常满意。

问题：1. 卖主用了什么策略？
      2. 如何对付这种策略？

案例二：

北欧深海渔产公司的冻鱼产品质量优良，味道有自己的特色，深受各国消费者的喜爱，但从未进入我国市场。深海渔产公司希望能在中国开展冻鱼销售业务并在我国找到合作伙伴。该公司派代表来我国与北方某一罐头制品厂进行冻鱼产品的经销谈判。该罐头制品厂在国内有广泛的销售网络，非常愿意与北欧深海渔产公司合作，因此，在开始阶段，会谈气氛十分融洽。但谈到价格问题时双方出现了较大的分歧。罐头制品厂的谈判代表表示，深海渔产公司所提出的报价过高，按此价格进入我国市场销售，很难为中国消费者接受。深海渔产公司一方则表示，他们的报价已经比他们在国际市场上的报价降低了4%，无法继续降低价格，谈判进入僵局。

谈判休会期间，罐头厂公关部组织深海渔产公司代表参观了谈判所在城市的几个大型超市，使公司的代表对我国人们的消费习惯和消费水平有了初步的了解。罐头厂代表特别向深海渔产公司代表指出，中国人口众多，中国人民消费水平逐步提高，市场潜力很大。超市中拥挤的人流是世界各国中所少见的。这一点给公司代表很深的印象，他们看到了一个未来极有发展前途的新市场。深海渔产公司的代表在和总部的领导反复协商之后，为了在开始阶段打开中国市场，决定将冻鱼制品的报价降低30%，并向我国的经销商提供部分广告和促销费用。

问题：在这次商务谈判中，我方在处理僵局中采用了什么策略？

项目五

商务谈判的成交与签约

项目目标

- ❖ 了解成交应具备条件与主要影响因素、商务合同的含义及内容。
- ❖ 熟悉成交信号的接收、商务合同订立的程序。
- ❖ 掌握成交促成策略、商务合同权利义务的终止和违约责任。

项目导入

有经验的谈判者总是善于在关键的、恰当的时刻,抓住对方隐含的签约意向或巧妙地表明自己的签约意向,趁热打铁,促成交易的达成与实现。因此成功的签约者应该灵活把握签约意向、促成签约的策略,熟记签约的流程,懂得签约的礼仪、适时签约的技巧等。

商务谈判的最后环节是签约。谈判双方经过你来我往多个回合的讨价还价,就商务交往中的各项重要内容完全达成一致以后,为了双方权利与义务关系的固定,取得法律的确认和保护,而签订的具有法定效益的合同文书。它是商务谈判取得成果的标志,是全部谈判过程的重要组成部分,它是谈判活动的最终落脚点,签约意味着全部工作的结束。商务谈判工作做得再好,沟通得再好,没有合同的签订与规范也是无效的。

导入案例

王峰是国内一家电子元件生产企业的销售人员,新开发了一家全球知名跨国公司客户,经过一个多月的接触和多次谈判,双方签订了长期供货合作协议,王峰非常高兴签订了这个大客户。王峰决心以出色的服务维护好与这个大客户的关系。十天后,客户第一个订单传真了过来,对方交货期是自下订单当日算起两周后,王峰想这是大客户,一定要做好一切服务,于是提前一周送货上门。送货后第四天,此客户采购部给王峰发来一份传真要求王峰公司支付仓储费用及其他人工费用12 000元,理由是王峰他们公司提前送货,没有按照合同规定执行,给对方增加了额外的负担。

> 【引例分析】
>
> 商务谈判中的各项谈判工作固然重要，但是，即使谈成了业务，如果不签订合同，双方的权利义务关系不固定下来，以后执行就可能成为问题。所以说，合同的签订不可忽视，而且合同的签订也是商务谈判取得成果的标志。当然，合同签订后要按照合同约定来履行，否则可能造成违约责任。

【任务实施】

任务一　商务谈判的成交与促成

商务谈判的成交与签约

一、成交应具备的条件

所谓成交，指谈判者接受对方的建议及条件，愿意根据这些条件达成协议，实现交易的行动过程。谈判者应知晓成交具备的条件，并能够及时识别成交信号以促成成交。

1. 成交应具备的六个条件

（1）使对方必须完全了解企业的产品及产品的价值。

在实际谈判过程中，可以假设，如果对手比较熟悉你的商品，他们就会表现出购买的热情，容易接受谈判人员的建议。因此，作为谈判人员，应该主动地向谈判对手展示自己的商品，主动地介绍商品的各种优势、性能、用途等，尽可能消除对手的疑虑。一句话，根据对手的不同心理，多给他们一个了解的时间和机会。

（2）使对方信赖自己和自己所代表的公司。

如果对手对你以及所代表的公司没有足够的信心和信赖，那么即使你的商品质量再好，价格再优惠，对手成交的要求也会产生动摇、变化。因此，谈判人员在谈判时，必须取得对方的信任，这是成交的必要条件。

（3）使对方对你的商品有强烈的购买欲望。

根据市场营销学的原理，人类的需要有限，但其欲望却很多，当具有购买能力时，欲望便转化成需求，这就说明市场营销者连同社会上的其他因素，只是影响了人们的欲望，并试图向人们指出何种特定商品可以满足其指定需要，进而使商品更有吸引力，适应对手的支付能力且使之容易得到，影响需求。因此，作为谈判人员，工作重心应放在做好谈判说明中的工作，这样才能影响和带动顾客的购买欲望和购买能力的产生。

（4）准确把握时机。

事在人为，只要通过努力都有可能改变或影响某一事物的发展和变化。因此，作为谈判人员，要等待合适的时机，必要时要想办法制造合适的时机，促使对方做出成交决策。

（5）掌握促成交易的各种因素。

谈判者对商品的认识，谈判者有购买意图，谈判人员的性格、情绪、工作态度以及谈判人员业务能力都会影响成交。在谈判实践中，经常出现这样一些情形，如果谈判人员业务能力较强，则对商品的介绍、分析非常合理、科学，让人深信不疑，反之则会给人一个"听不明白"，或"越听越糊涂"，或"听了以后反增加疑虑"的感受，这必然会影响商品的成交机会。如果谈判人员善于创造一种氛围,有效地诱导对方,则肯定会给商品多一些成交机会,反之,即使有了成交机会,可能也会丧失。

另外,商品的因素也会影响交易的达成。谈判者多数都比较看重商品自身的质量,如果商品质量低劣,即便是其价格特别优惠,也不愿意购买。花钱买"垃圾",谁都不会做。这是影响成交的一个主要因素。许多时候商品的价格实际反映了商品的质量问题,然而,即使商品质量可靠、耐用,但其价格过高,对手也会感到可望而不可即,这也是影响成交的一个主要因素。一般来讲,商品品牌好,知名度高,成交的可能性就相对大些,在成交时商品品牌效应影响较大。

(6) 为圆满结束作出精心安排。

作为谈判人员,应对谈判工作有一个全面的安排方案,根据方案明确自己的工作目标和方向,同时也明确自己下一步的工作规划和要求。尤其是在洽谈的最后阶段,对对方提出来的意见要处理好,使他们自始至终对你的谈判工作及所谈判的商品保持浓厚的兴趣,引导他们积极参与你的工作。

2. 成交信号的识别

成交信号是指商务谈判的各方在谈判过程中所传达出来的各种希望成交的暗示。对大多数商务谈判人员而言,如何第一时间识别对方发出的成交信号,在对方发出此类信号时能往成交的方向引导,并最终促成成交,成为所有成功谈判的"必杀技"。而一些经验欠丰富的谈判人员,往往在对方"暗送秋波"——发出成交信号时,仍然"不解风情",南辕北辙,导致最终与成交擦肩而过,失之交臂。那如何成功识别对方的"秋波"呢?

【案例】

小王是某配件生产公司的销售员,他非常勤奋,沟通能力也相当不错。前不久,公司研发出了一种新型的配件,较之过去的配件有很多性能上的优势,价格也不算高。小王立刻联系了他的几个老客户,这些老客户们都对该配件产生了浓厚的兴趣。

此时,有一家企业正好需要购进一批这种配件,采购部主任对小王的销售表现得十分热情,反复向小王咨询有关情况。小王详细、耐心地向他解答,对方频频点头。双方聊了两个多小时,十分愉快,但是小王并没有向对方索要订单。他想,对方还没有对自己的产品了解透彻,应该多接触几次再下单。

几天之后,他再次和对方联系,同时向对方介绍了一些上次所遗漏的优点,对方很是高兴,就价格问题和他仔细商谈了一番,并表示一定会购进。这之后,对方多次与小王联络,显得非常有诚意。

为了进一步巩固客户的好感,小王一次又一次地与对方接触,并逐步和对方的主要负责人建立起了良好的关系。他想:"这笔单子已经是十拿九稳的了。"然而,一个星期后,对方的热情却慢慢地降低了,再后来,对方还发现了他们产品中的几个小问题。这样拖了近一个月后,这笔到手的单子就这样黄了。

小王的失败,显然不是因为缺乏毅力或沟通不当,也不是因为该产品缺乏竞争力,而是没能识别客户的成交信号而错过了成交时机。

过于追求完美,过于谨慎,让他错失了良机。其实,客户要购买的产品,并不是最完美的产品,而是他最喜欢、最需要、最感兴趣的产品。一旦这种产品出现,客户就会表现出极大的热情,我们要洞察到客户的这一反应,在客户最想购买的时候索要订单。

(1) 成交的语言信号。

在谈判过程当中,谈判对手最容易通过语言方面的表现流露出成交的意向,经验丰富的谈判人员往往能够通过对对手的密切观察,及时、准确地识别对手通过语言信息发出的成交信号,从而抓住成交的有利时机。

①某些细节性的询问表露出的成交信号。当对手产生了一定的成交意向之后,如果谈判人员细心观察、认真揣摩,往往可以从他(她)对一些具体信息的询问中发现成交信号。比如,他们向你询问一些比较细致的产品问题,向你打听交货时间,向你询问产品某些功能及使用方法,向你询问产品的附件与赠品,向你询问具体的产品维护和保养方法,或者向你询问其他老客户的反映、询问公司在客户服务方面的一些具体细则,等等。在具体的交流或谈判实践当中,对手具体采用的询问方式各不相同,但其询问的实质几乎都可以表明其已经具有一定的成交意向,这就要求谈判人员迅速对这些信号做出积极反应。

②某些反对意见表露出的成交信号。有时,对手会以反对意见的形式表达他们的成交意向,比如他们对产品的性能提出质疑、对产品的某些细微问题表达不满等。对手有时候提出的某些反对意见可能是他们真的在某些方面存在不满和疑虑,谈判人员需要准确识别成交信号和真实反对意见之间的区别,如果一时无法准确识别,那么不妨在及时应对反对意见的同时,对他们进行一些试探性的询问以确定对手的真实意图。

【案例】

客户:"这种材料真的经久耐用吗?你能保证产品的质量吗?"

谈判人员:"我们当然可以保证产品的质量了!我们公司的产品已经获得了多项国家专利和各种获奖证书,这一点您大可放心。购买这种高品质的产品是您最明智的选择,如果您打算现在要货的话,我们马上就可以到仓库中取货。"

客户:"不不,我还是有些不放心,我不能确定这种型号的产品是否真的如你所说的那么受欢迎……"

谈判人员:"这样吧,我这里有该型号产品的谈判记录,而且仓库也有具体的出货单,这些出货单就是产品谈判成交量的最好证明了……购买这种型号产品的对手确实很多,而且很多老客户还主动为我们带来了很多新客户,如……这下您该放心了吧,您对合同还有什么疑问吗?"

(2) 成交的行为信号。

有时,对手可能会在语言询问中采取声东击西的战术,如他们明明希望产品的价格能够再降一些,可是他们却会对产品的质量或服务品质等提出反对意见。这时,谈判人员很难从他们的语言信息中有效识别成交信号。在这种情形下,谈判人员可以通过对手的行为信息探寻成交的信号。

比如,当对方对样品不断抚摸表示欣赏之时,当他们拿出产品的说明书反复观看时,在谈判过程中忽然表现出很轻松的样子时,当对方在你进行说服活动时不断点头或很感兴趣地聆听时,当他们在谈判过程中身体不断向前倾时,等等。

当对手通过其一定的行为表现出某些购买动机时，谈判人员还需要通过相应的推荐方法进一步增加对手对产品的了解，比如当对手拿出产品的说明书反复观看时，谈判人员可以适时地针对说明书的内容对相关的产品信息进行充分说明，然后再通过语言上的询问进一步确定对手的购买意向，如果对手并不否认自己的购买意向，那么谈判人员就可以借机提出成交要求，促进成交的顺利实现。

【案例】

情景一：

客户："我还从来没有用过这种产品，那些使用过的客户感觉用起来方便吗？"

销售人员："当然了，操作简单、使用方便是这种新产品的一个重要特点。以前也有一些客户在购买之前怕使用起来不方便，可是在购买之后他们觉得这种产品既方便又实用，所以已经有很多客户长期到我们这里来购买产品了。您现在就可以试一试，如果您也觉得用起来方便的话，就可以买回去好好享用它的妙处了……"

情景二：

客户："你们在服务公约上说可以做到三年之内免费上门服务和维修，那么我想知道，如果三年以后产品出现问题该怎么办？"

销售人员："您提的这个问题确实很重要，我们公司也一直关注这个问题。为了给客户提供更满意的服务，我们公司已经在各大城区都建立了便民维修点。如果在保修期之外出现问题的话，您只要给公司总部的服务台打电话说明您的具体地址，那么我们公司就会派离您最近的便民维修点上门服务，服务过程中只收取基本的材料费用而不收取任何额外的服务费……"

（3）成交的表情信号。

对手的面部表情同样可以透露其内心的成交欲望。比如，当对手的眼神比较集中于你的说明或产品本身时，当对手的嘴角微翘、眼睛发亮显出十分兴奋的表情时，或者当对手渐渐舒展眉头时，等等，这些表情上的反应都可能是对手发出的成交信号，谈判人员需要随时关注这些信号，一旦对手通过自己的表情语言透露出成交信号之后，谈判人员就要及时做出恰当的回应。

【案例】

在一次与客户进行谈判的过程中，刚开始我发现那位顾客一直紧锁着眉头，而且还时不时地针对产品的质量和服务提出一些反对意见。对他提出的问题我都一一给予了耐心、细致的回答，同时我还针对市场上同类产品的一些不足强调了本公司产品的竞争优势，尤其是针对顾客比较关心的服务品质方面着重强调了本公司相对完善的顾客服务系统。在我向对手一一说明这些情况的时候，我发现他对我的推荐不再是一副漠不关心的模样，他的眼睛似乎在闪闪发亮，我知道我的介绍说到了他的心坎儿上，于是我便趁机询问他需要订购多少产品，对手告诉了我他们打算订购的产品数量，我知道这场谈判很快就要成功了……

（4）成交的进程信号。

转变洽谈环境，主动要求进入洽谈室或在谈判人员要求进入时，非常痛快地答应，或谈判人员在合同书写内容做成交付款动作时，对方没有明显的拒绝和异议。

向谈判人员介绍自己同行的有关人员，特别是谈判的决策人员。如主动向谈判人员介绍"这是我的太太""这是我的领导×××"等。

(5) 获取客户购买信号的注意事项。

要成功获取客户的购买信号，需要注意以下五点：

①随时做好准备接受客户发出的成交信号，千万不要在客户已经做好成交准备的时候，你却对客户发出的信号无动于衷。

②要准确识别客户发出的成交信号，无论是识别错误还是忽视这些信号，对我们来说都是一种损失，对客户来说也是一种时间和精力上的浪费。

③客户很可能会通过某些语言上的交流流露出一定的成交兴趣，我们要随时注意客户的这些语言信号。

④有经验的销售人员可以从客户的某些行为和举动方面的变化有效地识别成交信号，如果我们能够做到多观察、多努力、多询问，那我们也会获得这种宝贵的经验。

⑤在把握客户发出的成交信号时，你要坚持"宁可信其有，不可信其无"的基本原则。

根据终端环境的不同、谈判对象的不同、产品的不同、谈判人员介绍能力的不同、成交阶段的不同，对手表现出来的成交信号也千差万别，不一而足。优秀的谈判人员可以在终端实战中不断总结，不断揣摩，不断提升。总之，如何读懂商务谈判中对方的"秋波"，对大多数商务谈判人员来说，是"运用之妙，存乎一心"！

二、成交促成的策略

成交促成策略是在成交过程中，谈判人员在适当的时机，用以启发对方做出决策、达成协议的谈判技巧和手段。对于任何一个谈判人员来讲，熟悉和掌握各种成交的方法和技巧是非常重要的。常见的促成成交的策略与技巧有数十种。当然，因谈判人员性格、个性、教育背景以及公司等不同而受到不同程度的喜爱。谈判人员在具体的使用中，若能结合自身个性及公司的实际情况融会贯通，灵活应用，则必将产生较好的收益。

1. 主动请求法——单刀直入，要求成交

谈判人员用简单明确的语言，向谈判对手直截了当地提出成交建议，也叫直接请求成交法。这是一种最常用也是最简单有效的方法。例如：

顾客："师傅，您刚才提出的问题都得到解决了，是否现在可以谈购买数量的问题了……"

又例如：

"某某主任，您是我们的老客户了，您知道我们公司的信用条件，这次看是否在半个月后交货……"

主动请求法的优点是可以有效地促成购买；可以借要求成交向对方直接提示并略施压力；可以节省洽谈时间，提高谈判效率。但它也存在一些局限性，如过早直接提出成交可能会破坏不错的谈判气氛；可能会给对手增加心理压力；可能使对手认为谈判人员有求于他，从而使谈判人员处于被动；等等。

运用主动请求法，应把握成交时机，一般来说在以下情况下可以更多地运用此方法。

（1）向关系比较好的老顾客谈判时。
（2）在对手不提出异议，想购买又不便开口时。
（3）在对手已有成交意图，但犹豫不决时。

2. 自然期待法——循序诱导，水到渠成

谈判人员用积极的态度，自然而然地引导对手提出成交的一种方法。自然期待法并非完全被动等待对手提出成交，而是在成交时机尚未成熟时，以耐心的态度和积极的语言把洽谈引向成交。例如：

谈判人员："这是我们刚上市的新产品，价格适中，质量绝对没有问题，您看看怎么样？"

谈判人员："我知道您对产品的款式、颜色等较满意，就是好像价格高了些，怎么样，给您优惠一点，行吗？"

自然期待法优点是较为尊重对手的意向，避免对手产生抗拒心理；有利于保持良好的谈判气氛，循序诱导对手自然过渡到成交上；防止出现新的僵局和提出新的异议。但缺陷也明显存在，主要是可能贻误成交时机，同时，花费的时间较多，不利于提高谈判效率。

谈判人员运用自然期待法时，既要保持耐心温和的态度，又要积极主动地引导。谈判人员在期待对手提出成交时，不能被动等待，要表现出期待的诚意，表达成交的有利条件，或用身体语言进行暗示。

【案例】

轰动世界的美国促销奇才哈利，在他15岁作马戏团的童工时，就非常懂得做生意的要诀，善于吸引顾客前来光顾。有一次他在马戏团售票口处，使出浑身的力气大叫："来！来！来看马戏的人，我们赠送一包顶好吃的花生米"。观众就像被磁场吸引了一样，涌向马戏场。这些观众边吃边看，一会就觉得口干，这时哈利又适时叫卖柠檬水和各种饮料。其实，哈利在加工这些五香花生米时，就多加了许多盐。因为观众越吃越干，这样他的饮料生意才兴隆。以饮料的收入去补济花生米的损失，收益甚丰。这种颇有心计而又合法的促销绝招，不动脑筋是想不出来的。

3. 配角赞同法——做好配角，倾听启发

谈判人员把对方作为主角，自己以配角的身份促成交易的实现。从性格学理论来讲，人的性格可以分为多种多样，如外向型与内向型、独立型与支配型等。一般的人都不喜欢别人左右自己，对于内向型与独立型的人，更是如此，他们都处处希望自己的事情由自己做出主张。在可能的情况下，谈判人员应营造一种促进成交的氛围，让对手自己做出成交的决策，而不要去强迫他或明显地左右他，以免引起对手的不愉快。例如：

谈判人员："我认为您非常有眼光，就按您刚才的意思给您拿一件样品好吗？"

谈判人员："您先看看合同，看完以后再商量。"

配角赞同法的优点既尊重了对手的自尊心，又富有积极主动的精神，促使对手做出明确的购买决策，有利于谈判成交。但这种方法的缺陷也是明显的，它必须以对手的某种话题作为前提条件，不能充分发挥谈判人员的主动性。

运用这种方法时，关键应牢记一个法则，即始终当好配角，不能主次颠倒。按一些有经验的谈判人员的办法，可以借鉴四六原则，即谈判人员引导性的发言和赞同的附和，一般占洽谈内容的十分之四；启发对手多讲，一般可占洽谈内容的十分之六。当然，不能忘记，在当配角的过程中，应认真听对方的意见，及时发现和捕捉有利时机，并积极创造良好的氛围，促成交易。

【案例】

在日本的长岛，一位商人带着一个苏格兰人看过了很多二手汽车，但是苏格兰人总是觉得不合适、不好用或者价格太高，迟迟不做购买的决定。为此商人感到非常苦恼，于是他向他的同学求助。同学建议他暂时停止向这位客户推销汽车，让客户告诉他应该怎么做。

几天后，一位客户想要把自己的旧车换成新车，汽车商人看到这辆旧车，知道那位苏格兰人一定会喜欢，于是他想到了一个很好的推销办法。他打电话邀请这位苏格兰人，说有事情要请教。苏格兰人听到商人要向他请教，心里很高兴，于是来到了商人的汽车商店。汽车商人礼貌地问道："我觉得您是一个非常精明的买主，能够准确地把握汽车的价值，您能帮我试试这辆车的性能吗？然后告诉我，花多少钱买这辆车才划算。"

苏格兰人感到非常得意，觉得自己很有实力，居然连汽车商人都会请教他关于汽车的问题。他把车子开了出去，等他开回来时，他语气坚定地告诉汽车商人："这辆车值5 000美元，如果是这样那你就买对了"。

"那如果是以5 000美元的价格把这辆车卖给您，您愿意吗？"

果然，那苏格兰人最终爽快地买下了这辆汽车。

其实把客户当作请教的对象，这样通常会让对方感到很愉快，并对销售人员表现出好感，对于地位高的客户更是如此，而且非常有效。而销售人员需要注意的是，请教要真心，并且要注意聆听，不要轻易地去打断客户的谈话，如果客户谈下去得越多，说明他们也越有兴趣，成交的概率也就越大。

4. 假定成交法——假定已买，商讨细节

谈判人员以成交的有关事宜进行暗示，让其感觉自己已经决定购买。假定成交法也就是谈判人员在假设对方接受谈判建议的基础上，再通过讨论一些细微问题而推进交易的方法。例如：

"您希望我们的工程师什么时候给您上门安装？"

"您觉得什么样的价格合理呢？您出个价。"

"请问您买几件？"

"女士，我们把这次公开课安排在下个星期五和星期六两天，您那里可以派几个人过来呢？"

假定成交法的优点是节约时间，提高谈判效率；可以减轻对手的成交压力。因为它只是通过暗示，对手也只是根据建议来做决策。这是一种最基本的成交技巧，应用性很广泛。但它的局限性也是存在的，主要为可能产生过高的成交压力，破坏成交的气氛；不利于进一步处理异议；如果没有把握好成交时机，就会引起对手反感，产生更大的成交障碍。

谈判人员在运用此种方法时，必须对对方成交的可能性进行分析，在确认对方已有明显成交意向时，才能以谈判人员的假定代替对方的决策，但不能盲目地假定；在提出成交假定时，应轻松自然，绝不能强加于人。最适用的条件为较为熟悉的老顾客和性格随和的人员。

5. 肯定成交法——先入为主，获得认同

谈判人员以肯定的赞语坚定对方成交的信心，从而促成交易的实现。从心理学的角度来看，人们总是喜欢听好话，多用赞美的语言认同对方的决定，可以有力地促进顾客无条件地选择并认同你的提示。例如：

一位服装销售人员看到一位顾客进来时，就热情地招呼：师傅，您看看这件衣服挺漂亮的，您试穿一下吧，反正不收您的试穿费用；当您试穿衣服时，他又开始赞美：您看，这件衣服穿在您身上有多合适，好像特意为您做的。

许多人听了类似的赞美词后，就会痛快地将自己腰包内的钱掏给老板了。

肯定成交法先声夺人，先入为主，免去了许多不必要的重复性的说明与解释。谈判人员的热情可以感染对方，并坚定对方的成交信心与决心。但它有时有强加于人之感，运用不好可能遭到拒绝，难以再进行深入的洽谈。

运用此方法，注意必须事先进行实事求是的分析，看清对象，并确认产品可以引起对方的兴趣，且肯定的态度要适当，不能夸夸其谈，更不能愚弄对方。一般可在成交时机成熟后，针对对方的犹豫不决而用此方法来解决。

6. 选择成交法——二者择一，增加概率

这是谈判人员直接向对方提供一些成交决策选择方案，并且要求他们立即作出决策的一种成交方法。它是假定成交法的应用和发展。在吃饭礼仪中，一般不要问别人喝什么？如果别人要喝人头马或者其他的饮料，而饭店没有，是最大的失礼。因此经常可以问：先生，您是想喝百事可乐还是七喜？这样能将主动权控制在自己手上，而且也不会失礼。谈判人员可以在假定成交的基础上，向对方提供成交决策比较方案，先假定成交，后选择成交。例如：

谈判人员："您要红颜色的还是灰颜色的商品。"

谈判人员："您用现钱支付还是用转账支票。"

选择成交法的理论依据是成交假定理论，它可以减轻对方决策的心理负担，在良好的气氛中成交；同时也可以使谈判人员发挥顾问的作用，帮助对方顺利地完成购买任务，因而具有广泛的用途。但是如果运用不当，可能会分散对方注意力，妨碍他们选择。

运用选择成交法必须注意以下问题：一是给客户的选择项不要太多，太多的方案会让客户思路发散，无从选择，因此最佳的选择项应该是两个，要客户择优而选；二是不要给客户拒绝的机会，向客户提出的方案中，应该包括所有可选方案中大部分内容，最好是让客户在提供的方案中作一个选择；三是如果遇到客户的拒绝，谈判人员只应该适当暗示一下他所提供的选择方案是最优的，而不要和客户争执什么是最优方案。同时如果确实无法提供客户指明需要的产品，谈判人员应该尽可能向客户提供他所知道的产品信息，这样往往能够赢得客户的信任。

7. 小点成交法——循序渐进，以小带大

谈判人员通过次要问题的解决，逐步地过渡到成交的实现。从心理学的角度看，谈判者一般都比较重视一些重大的成交问题，轻易不作明确的表态；而对于一些细微问题，往往容易忽略，决策时比较果断、明确。小点成交法正是利用了这种心理，避免了直接提示重大的和对方比较敏感的成交问题。先小点成交，再大点成交；先就成交活动的具体条件和具体内容达成协议，再就成交活动本身与对方达成协议，最后达成交易。例如，对方提出资金较紧，谈判人员对于不那么畅销的商品，这时可以说："这个问题不大，可以分期付款，怎么样？"

小点成交法可以避免直接提出成交的敏感问题，减轻对方成交的心理压力，有利于谈判人员推进，但又留有余地，较为灵活。它的缺点是可能分散对方的注意力，不利于针对主要问题进行劝说，影响对方果断地做出抉择。

运用此种方法时，要根据对方的成交意向，选择适当的小点，同时将小点与大点有机地结合起来，先小点后大点，循序渐进，达到以小点促成大点的成交目的。

【案例】

某办公用品推销人员到某办公室去推销碎纸机。办公室主任在听完产品介绍后摆弄起样机，自言自语道："东西倒挺合适，只是办公室的这些小年轻毛手毛脚，只怕没用两天就坏了。"推销人员一听，马上接着说："这样好了，明天我把货运来的时候，顺便把碎纸机的使用方法和注意事项给大家讲讲，这是我的名片，如果使用中出现故障，请随时与我联系，我们负责维修。主任，如果没有其他问题，我们就这么定了？"

8. 从众成交法——营造人气，争相购买

谈判人员利用人的从众心理和行为促成交易的实现。心理学研究表明，从众心理和行为是一种普遍的社会现象。人的行为既是一种个体行为，又是一种社会行为，受社会环境因素的影响和制约。从众成交法也正是利用了人们的这种社会心理，创造一定的众人争相购买的氛围，促成对方迅速做出决策。

例如，大街上我们经常可以看到这样一种景象：一帮人正围着一摊主抢购某种商品，其实，这一帮人并不是真正的顾客，而是摊主同伙人。他们的目的就是营造一种"抢购"的氛围，让大家都来购买。有时我们将这种现象也称为"造人气"。

从众成交法可以省去许多谈判环节，简化谈判劝说内容，促成大量的购买，有利于相互影响，有效地说服对方。

但是，它也不利于谈判人员准确地传递谈判信息，缺乏劝说成交的针对性。只适用于大众心理较强的对手。

运用此种方法，要掌握对手的心态，进行合理的诱导，不能采用欺骗手段诱使对方上当。

9. 最后机会法——机不可失，过期不候

这是谈判人员向对手提示最后成交机会，促使他们立即决策的一种成交方法。这种方法的实质是谈判人员通过提示成交机会，限制成交内容和成交条件，利用机会心理效应，增强成交。

"这种商品今天是最后一天降价……"

"现在房源紧张，如果您还不作出决定，这房子就不给您保留了……"

"机不可失，失不再来"，往往在最后机会面前，人们由犹豫变得果断。

最后机会法利用人们怕失去某种利益的心理，能够引起对手的注意力，可以减少许多谈判劝说工作，避免对手在成交时再提出各种异议；可以在对手心理上产生一种"机会效应"，把他们成交时的心理压力变成成交动力，促使他们主动提出成交。但是，也有谈判人员通过向对手提供一定的优惠条件而促成成交的一种方法。这种方法实际上是一种让步，主要满足对方的求利心理动机。例如，答应在某一阶段内销售数量达到某一额度时，可追补一些广告费用；顾客购买某种商品，可以获得赠送品；顾客购买量达到一定数量时，可以给予特别折扣等。

最后机会法一般是通过向对方提供优惠成交条件，有利于巩固和加深买卖双方的关系。对于较难谈判的商品，能够起到有效的促销作用；但它增加谈判费用，减少收益，有时可能会加深对方的心理负担。

运用此种方法，要注意针对对方求利的心理动机，合理地使用优惠条件；要注意不能盲目提供优惠；要注意在给予回扣时，遵守有关的政策和法律法规，不能变相行贿。

【案例】

在美国的一个边远小镇上，由于法官和法律人员有限，因此组成了一个由12名农夫组成的陪审团。按照当地的法律规定，只有当这12名陪审团成员都同意时，某项判决才能成立，具有法律效力。有一次，陪审团在审理一起案件时，其中11名陪审团成员已达成一致看法，认定被告有罪，但另一名认为应该宣告被告无罪。由于陪审团内意见不一致，审判陷入了僵局。其中11名企图说服另一名，但是这位代表是个年纪很大、头脑很顽固的人，就是不肯改变自己的看法。从早上到下午审判不能结束，11个农夫有些心神疲倦，但另一个还没有丝毫让步的意见。

就在11个农夫一筹莫展时，突然天空阴云密布，一场大雨即将来临。此时正值秋收过后，各家各户的粮食都晒在场院里。眼看一场大雨即将来临，11名代表都在为自家的粮食着急，他们都希望赶快结束这次判决，尽快回去收粮食。于是都对那个农夫说："老兄，你就别再坚持了，眼看就要下雨了，我们的粮食在外面晒着，赶快结束判决回家收粮食吧。"可那个农夫丝毫不为之所动，坚持说："不成，我们是陪审团的成员，我们要坚持公正，这是国家赋予我们的责任，岂能轻易作出决定，在我们没有达成一致意见之前，谁也不能擅自作出判决！"这令那几个农夫更加着急，哪有心思讨论判决的事情。为了尽快结束这令人难受的讨论，11个农夫开始动摇了，考虑开始改变自己的立场。这时一声惊雷震破了11个农夫的心，他们再也忍受不住了，纷纷表示愿意改变自己的态度，转而投票赞成那一位农夫的意见，宣告被告无罪。

按理说，11个人的力量要比一个人的力量大。可是由于那1个坚持己见，更由于大雨的即将来临，使那11个人在不轻易中为自己定了一个最后期限：下雨之前，最终被迫改变了看法，转而投向另一方。在这个故事中，并不是那1个农夫主动运用了最后的期限法，而是那11个农夫为自己设计了一个最后的期限，并掉进了自设的陷阱里。

在众多谈判中，有意识地使用最后机会法以加快谈判的进程，并最终达到自己的目的的高明的谈判者往往利用最后期限的谈判技巧，巧妙地设定一个最后期限，使谈判过程中纠缠不清、难以达成的协议在期限的压力下，得以尽快解决。

10. 保证成交法——允诺保证，客户放心

保证成交法是指销售人员直接向客户提出成交保证，使客户立即成交的一种方法。所谓成交保证就是指销售人员对客户所允诺担负交易后的某种行为。例如，"您放心，这个机器我们 3 月 4 号给您送到，全程的安装由我亲自来监督。等没有问题以后，我再向总经理报告。""您放心，您这个服务完全由我负责，我在公司已经有 5 年的时间了。我们有很多客户，他们都接受我的服务。"让顾客感觉你是直接参与的，这是保证成交法。

产品的单价过高，缴纳的金额比较大，风险比较大，客户对此种产品并不是十分了解，对其特性质量也没有把握，产生心理障碍成交犹豫不决时，销售人员应该向顾客提出保证，消除客户成交的心理障碍，增强成交信心；同时可以增强说服力以及感染力，有利于销售人员妥善处理有关的成交的异议。销售人员应该看准客户的成交心理障碍，针对客户所担心的几个主要问题直接提出有效的成交保证的条件，以解除客户的后顾之忧，促使进一步成交。

销售人员根据事实、需要和可能，向客户提供可以实现的成交保证，切实地体恤对方。既要维护企业的信誉，还要不断地去观察客户有没有心理障碍。

除以上几种主要方法以外，谈判人员在谈判实际中还总结出了一些好方法、好手段。如：

（1）异议成交法：谈判人员在转化异议以后，及时提出成交要求。

（2）欲擒故纵法：谈判人员佯装消极销售的样子，诱使对方积极配合而实现成交。这是一种以被动的谈判换取对方主动购买的方法。

（3）相关群体法：谈判人员利用对对方决策有重要影响的群体促成交易。这是一种利用对方趋同于某一些社会群体的购买心理动机促成成交的方法。

（4）试用成交法：谈判人员想办法把少量包装的商品留给对方，使他们对产品拥有一段时间的使用权而促成成交的方法。这种方法主要是请求对方试用少量的商品，先行使用；如果满意，可购买某一特定的数量的商品。

【案例】

中国某公司与日本某公司在上海著名的国际大厦，围绕进口农业加工机械设备，进行了一场别开生面的竞争与合作、竞争与让步的谈判。

中方认为日方报价中所含水分较大。基于此，中方确定"还盘"价格为 750 万日元。日方立即回绝，认为这个价格很难成交。中方坚持与日方探讨了几次，但没有结果。鉴于讨价还价的高潮已经过去，因此，中方认为谈判的"时钟已经到了"，该是展示自己实力、运用谈判技巧的时候了。于是，中方主谈人使用了具有决定意义的一招，郑重向对方指出："这次引进，我们从几家公司中选中了贵公司，这说明我们有成交的诚意。此价虽比贵公司销往 C 国的价格低一点，但由于运往上海口岸比运往 C 国的费用低，所以利润并没有减少。另一点，诸位也知道我有关部门的外汇政策规定，这笔生意允许我们使用的外汇只有这些。要增加，需再审批。如果这样，那就只好等下去，改日再谈。"

这是一种欲擒故纵的谈判方法，旨在向对方表示己方对该谈判已失去兴趣，以迫使其做出让步。但中方仍觉得这一招的分量还不够，又使用了类似"竞卖会"的高招，把对方推向了一个与"第三者竞争"的境地。中方主谈人接着说："A 国、C 国还等着我们的邀请。"说到这里，中方主谈人把一直捏在手里的王牌摊了出来，恰到好处地向对方泄露，把中国外汇使用批文和 A 国、C 国的电传递给了日方主谈人。日方见后大为惊讶，他们坚持继续讨价还价的决心被摧毁了，陷入必须"竞卖"的困境；要么压价握手成交，要么谈判就此告吹。

日方一时举棋不定,握手成交吧,利润不大,有失所望;告吹回国吧,跋山涉水,兴师动众,花费了不少的人力、物力和财力,最后空手而归,不好向公司交代。这时,中方主谈人便运用心理学知识,根据"自我防卫机制"的心理,称赞日方此次谈判的确精明强干,中方就只能选择A国或C国的产品了。

日方掂量再三,还是认为成交可以获利,告吹只能赔本。

任务二 商务谈判的签约

一、签订合同的程序

1. 合同的概念

合同又称为契约,具有广义和狭义两种。广义的合同泛指双方或多方当事人之间订立的发生一定权利、义务关系的协议;狭义的合同专指"当事人之间设立、变更、终止民事关系的协议"。

(1) 合同的法律特征。

合同具有以下法律特征:合同是一种民事法律行为;合同是合同当事人之间设立、变更、终止民事法律关系的协议;合同是在当事人平等基础上达成的协议。

(2) 合同的法律约束力。

合同一旦依法成立,在当事人之间便产生如下法律约束力:当事人必须全面地、适当地履行合同中约定的各项义务;合同依法成立以后,除非通过双方当事人协商同意,或者出现了法律规定的原因,可以将合同变更或解除外,任何一方当事人都不得擅自更改或删除合同;当事人一方不履行或未能全部履行合同义务时,便构成违约行为,要依法承担民事责任。另一方当事人有权请求法院强制其履行义务,并支付违约金或赔偿损失。

2. 合同订立程序

合同的订立程序是当事人就商务合同内容进行协商并达成一致意见的过程。

(1) 要约与要约邀请。

要约是缔约人一方向另一方发出订立合同的提议并提出合同条件的意思表示,是订立合同的必经阶段。一般来说,要约是一种订约行为。合同法规定,要约是希望和他人订立合同的意思表示。可见,要约是一方当事人以缔结合同为目的,向对方当事人所作的意思表示。要约在国际商贸实践中称为发盘或出盘,在商业活动中有时也叫发价、出价或者报价。发出要约的一方叫要约人,接受要约的一方或要约所指向的人称为受要约人或相对人(如受要约人作出承诺,则称其为承诺人),简称受约人。

【案例】

某市建筑公司C急需水泥,遂向A和B发出电报,电报称:"我公司急需建筑用水泥500吨,如贵厂有货,请于见电报之日起两日内通知我公司,我公司将派技术员前往验货并购买。"A和B在收到电报后均向C回电并报了价。其中A在回电同时将200吨水泥运往C的所在地。在该批水泥到达前,C得知B的质量较好,且报价合理,于是便又向B发电报一份:"我公司愿购买贵厂 500 吨水泥,盼速发货,运费由我方出。"当天下午,A 的水泥运到,而 C 告诉 A 他们已决定购买 B 的水泥。A 认为 C 既发出了要约,自己又在规定时间内做出了承诺,C 就应受要约约束,不应不守信用。

要约是希望和他人订立合同的意思表示。这说明:首先,要约是一种意思表示。要约既不是事实行为,也不是法律行为,只是一种意思表示。其次,要约是希望和他人订立合同的意思表示。要约的目的,是希望与相对人订立合同;若无此目的,即不构成要约。

要约邀请是当事人订立合同的预备行为,在发出要约邀请时,当事人仍处于订约的准备阶段,其目的在于引诱他人向自己发出要约。其内容往往是不明确、不具体的,其相对人是不特定的。所以,要约邀请不具有要约的约束力,发出要约邀请的人不受其约束。

《合同法》规定,下列行为属于要约邀请:

a. 寄送的价目表;

b. 拍卖公告;

c. 招标公告;

d. 招股说明书;

e. 商业广告。

需要注意要约和要约邀请的区别:首先,要约的目的是与他人订立合同,而要约邀请的目的是要对方想跟自己订立合同;其次,要约一发出,要约人即受法律约束;而要约邀请发出后,对于要约邀请人来说是没有法律上的意义的。

(2) 承诺。

承诺,是指受要约人同意接受要约的条件以缔结合同的意思表示。承诺的法律效力在于一经承诺并送达于要约人,合同便告成立。承诺的效力在于使合同成立,订立合同的阶段结束。

承诺生效的条件:由于承诺一旦生效,将导致合同的成立,因此承诺必须符合一定的条件。在法律上,承诺必须具备以下条件,才能产生法律效力:

①承诺必须由受要约人向要约人作出。

②承诺必须在规定的期限内达到要约人。

③承诺的内容必须与要约的内容一致。

④承诺的方式符合要约的要求。

承诺原则上应采取通知方式,但根据交易习惯或者要约表明可以通过行为(如意思实现)作出承诺的除外。这里的行为通常是履行行为,如预付价款、装运货物,或者在工地上开始工作等;也可体现为受领行为,即表示合同成立的取得权利的行为,如拆阅现物要约所寄来的书。

【案例】

大名农场向多家果品加工企业寄送了水果品种简介及价目表。甲企业收到后,立即回电表示希望按照价目表所列价格购买苹果 100 吨,并要求一周内运至指定地点。农场收到电报后立即装车发货。第五天,大名农场将苹果运至指定地点。此时,当地水果已经大幅度降价,甲企业遂要求农场按市场价销售。遭到拒绝后,甲企业拒不收货,并表示自己不收货因双方合同不成立。大名农场则认为合同已经成立，便诉至法院，要求甲企业履行合同。

本案中，甲企业向大名农场发出的回电，内容清楚、具体，属于要约，具有法律上的约束力；而大名农场接电后立即装车发货。并在约定时间运至指定地点，是以实际履行合同的行为进行了承诺。因此，双方的合同已经成立，合同自承诺生效时成立。甲企业应承担违约责任。

3. 合同订立的原则

（1）平等互利原则。

平等原则是指合同当事人的民事法律地位平等。要求当事人之间在订立合同时应平等协商，任何一方不得将自己的意志强加给另一方。当事人之间要互利，不得损害对方利益。

（2）自愿原则。

自愿原则是指当事人依法享有自愿订立合同的权利，任何单位和个人不得干预。当事人在法律规定的范围内，可以按照自己的意愿订立合同，自主地选择订立合同的对象、决定合同内容及订立合同的方式。

（3）公平原则。

公平原则要求合同双方当事人之间的权利义务要公平合理，要大体上平衡，强调一方给付与对方给付之间的等值性，合同上义务的负担和风险的合理分配。在订立合同时，要根据公平原则确定双方的权利和义务。不得滥用权力，不得欺诈，不得假借订立合同进行恶意磋商。

（4）诚实信用原则。

诚实信用原则是指当事人在订立合同时诚实守信。不得隐瞒事实的真相，诱使对方签订意思表示不真实的合同。

二、商务合同的含义及内容

1. 商务合同的含义

商务合同是指当事人在商务活动中为了实现一定目的而设立、变更、终止民事权利义务关系的协议，也称契约。

（1）合同是当事人意思表示一致的结果。

当事人意思表示不一致，合同就不能成立，这是订立合同的首要条件，因为合同是属于双方或多方的法律行为。

当事人意思表示一致，就是指当事人各方想要达到的目的一致。但并不代表意思表示的一致，在有的合同中当事人的意思表示是对应的。比如，在货物买卖合同中，一方要卖，一方要买，意思表示对应，但买卖双方想转移标的物所有权以取得利益，则是一致的。

（2）合同是合法的民事行为。

合同之所以能够发生法律效力，就是由于当事人在订立、履行合同时遵守法律、行政法规，尊重社会公德，不扰乱社会秩序、损害社会公共利益，因而被国家法律所承认和保护。否则，不但得不到国家法律的认可和保护，并且还要承担由此而产生的法律责任。

（3）合同依法成立，就具有法律约束力。

依法成立的合同对当事人具有法律约束力，即当事人在合同中约定的权利义务关系发生法律效力。当事人应当履行自己的义务，任何一方不得擅自变更合同的内容。

2. 商务合同的形式

商务合同的形式是指商务合同当事人达成协议的表现形式。依据《合同法》规定，当事人订立合同可以采取以下几种形式。

（1）书面形式。

书面形式指商务合同是以合同书、信件和数据电文（包括电报、电传、传真、电子数据交换和电子邮件）等可以有形地表现所载内容的形式进行的。书面合同最大的优点是合同有据可查，发生纠纷时容易取证，便于分清责任。因此，对于关系复杂的合同、重要的合同，最好采用书面形式。

（2）口头形式。

口头形式是指商务活动当事人以谈话方式订立商务合同，如当面交谈、电话交谈等。口头形式的缺点是发生合同纠纷时难以取证，不易分清责任。一般来讲，对于不能即时结清的较重要的商务合同不宜采用口头形式。

（3）推定形式。

推定形式指当事人未用语言、文字表达其意思表示，仅用行为向对方发出要约，对方接受该要约，以作出一定或指定的行为作承诺，合同成立。如租期届满后，承租人继续交纳房租，出租人接受，由此可推知当事人双方作出了延长租期的法律行为。

3. 商务合同的主要内容

商务合同的内容是指商务合同当事人依照约定所享有的权利和承担的义务。商务合同的内容通过商务合同的条款来体现，由商务合同的当事人约定。因商务合同的种类不同，其内容也有所不同，但一般来说，商务合同的内容主要有以下方面：

（1）当事人的名称（或姓名）和住所。

名称是指法人或者其他组织在登记机关登记的正式称谓；姓名是指公民在身份证或者户籍登记表上的正式称谓。住所对公民个人而言，是指其长久居住的场所；对法人和其他组织而言，是指主要办事机构所在地。当事人是合同法律关系的主体，因此，在合同中应当写明当事人的有关情况，否则，就无法确定权利的享有者和义务的承担者。

（2）标的。

标的是商务合同当事人的权利义务所共同指向的对象，在法律上，就是合同法律关系的客体。在商务合同中，标的必须明确、具体、肯定，以便于商务合同的履行。合同的标的可以是物、劳务、智力成果等。

（3）数量和质量。

数量是以数字和计量单位对商务合同标的进行具体的确定，标的的数量也是衡量合同身价的尺度之一。数量也是确定商务合同当事人权利义务范围、大小的依据，如果当事人在商务合同中没有约定标的数量，也就无法确定双方的权利和义务。质量是以成分、含量、纯度、尺寸、精密度、性能等来表示合同标的内在素质和外观形象的优劣状态的，如产品的品种、型号、规格、等级和工程项目的标准等。合同中必须对数量和质量明确加以规定。

(4) 价款或者报酬。

价款或者报酬,又称价金,是当事人一方取得标的物或接受对方的劳务而向对方支付的对价。在商务合同标的为物或智力成果时,取得标的物所应支付的对价为价款;在合同标的物为劳务时,接受劳务所应支付的对价为报酬。

价金一般由当事人在订立商务合同时约定,如果是属于政府定价的,必须执行政府定价。如果属于政府指导价的,当事人确定的价格不得超出政府指导价规定的幅度范围。

(5) 履行期限、地点和方式。

履行期限是当事人履行合同义务的时间规定。履行期限是衡量商务合同是否按时履行的标准,当事人在订立商务合同时,应将商务合同的履行期限约定得明确、具体。

履行地点是当事人履行义务的空间规定。即规定什么地方交付或提取标的。当事人订立商务合同时要明确规定履行合同的地点。

履行方式是当事人履行义务的具体方式。商务合同履行的方式依据商务合同的内容不同而不同。

(6) 违约责任。

违约是当事人没有按照商务合同的约定全面履行自己义务的行为。违约责任,是指商务合同当事人因违约应当承担的法律责任。当事人为了确保商务合同的履行,可以在商务合同中明确规定违约责任条款。承担违约责任的方式一般是违约方向对方支付违约金或赔偿金。

(7) 争议的解决方法。

争议的解决方法是当事人在履行合同过程中发生争议后,通过什么样的方法来解决当事人之间的争议。争议的解决方法有协商、调解、仲裁和诉讼。

三、商务合同的履行

商务合同的履行,是指商务合同生效后,当事人按照商务合同的规定,全面完成各自承担的义务。商务合同的履行是商务合同法律约束力的具体表现,当事人应当按照约定全面履行自己的义务。

1. 商务合同履行的原则

(1) 实际履行的原则。

实际履行的原则指当事人按照合同约定的标的完成合同各自义务的原则。具体含义是:在履行合同过程中,要按照约定的标的来履行,不能用其他标的代替原合同标的履行。也就是说,对有效成立的合同,其约定的标的是什么,当事人就应该履行什么样的标的;实际履行标的,不能以其他方式代替原标的履行。义务人如果不能按合同约定的标的履行,就要承担违约责任。如果合同的标的在合同履行之前不存在,或者是履行原合同约定的标的没有实际意义、或者履行原合同的标的已经没有必要,可以以其他方式来代替原合同标的的履行。

(2) 全面履行原则。

全面履行原则是指当事人按照合同约定的全部条款来履行自己的义务。就是按照约定的数量、质量、价金、履行期限、履行地点全面完成合同约定义务的履行原则。

(3) 协作履行原则。

协作履行原则是指合同当事人不仅要履行自己的合同义务，同时应协助对方当事人履行合同义务的履行原则。

在合同的履行中，如果只有一方当事人的给付行为，没有对方当事人的接受，合同订立的目的仍不能实现。在技术开发合同、技术转让合同等合同中，债务人实施给付行为也需要债权人的积极配合，否则，合同的内容也不能实现。因此合同的履行不仅需要债务人的履行，同时也需要债权人配合，因此协助履行是债权人的义务。只有双方当事人在合同履行过程中相互协作，合同才会得到适当履行。

协作履行原则含有以下内容：
①债务人履行合同债务，债权人应适当接受。
②债务人履行债务时，债权人应给予必要的协作，提供方便。
③当债务人因故不能履行或不能完全履行义务时，债权人应积极采取措施避免或减少损失。

(4) 经济履行原则。

经济履行原则要求在履行合同时，讲求经济效益。

在履行合同过程中要贯彻经济合理原则，债务人在履行债务时可以选择合理的运输方式、合理的履行期限履行合同义务。当履行原合同的费用超过原合同的价值时，可以适当考虑用其他方法来代替原合同的履行。

2. 商务合同内容约定不明确的履行规定

商务合同的条款应当明确具体，以方便合同的履行。由于主观或客观的原因，有时商务合同的条款欠缺或约定不明确，在履行这些条款时，当事人可以达成补充协议；不能达成补充协议的，按照《合同法》的规定采取一系列补救措施。

(1) 质量要求不明确的履行，按照国家标准、行业标准履行；没有国家标准、行业标准的，按照通常标准或者符合合同目的的特定标准履行。

(2) 价款或者报酬不明确的履行，按照订立合同时履行地的市场价格履行；依法应当执行政府定价或者政府指导价的，按照规定履行。

(3) 履行地点不明确的履行，给付货币的，在接受货币一方所在地履行；交付不动产的，在不动产所在地履行；其他标的，在履行义务一方所在地履行。

(4) 履行期限不明确的履行，债务人可以随时履行，债权人也可以随时要求履行，但都应当给对方必要的准备时间。

(5) 履行方式不明确的履行，按照有利于实现合同目的的方式履行。

(6) 履行费用不明确的履行，由履行义务一方负担。

四、合同权利义务的终止与违约责任

1. 合同权利义务终止

合同权利义务终止，是指合同当事人之间合同关系的消灭，即原合同中约定的当事人之间的权利义务关系消灭。依据《合同法》规定，合同中权利义务关系有下列情形之一的即行终止：

(1) 债务已经按照约定履行完毕。

(2) 当事人之间的合同解除。

(3) 债务相互抵消。

(4) 债务人依法将标的物提存。

(5) 债权人免除债务人的债务。

(6) 债务的混同，即债权债务同归于一人。

(7) 法律规定或者当事人约定合同终止的其他情形的出现。

合同的权利义务终止后，当事人应当依照《合同法》的规定，遵循诚实信用原则，根据交易习惯履行通知、协助、保密等义务。

2. 合同的解除

合同解除，是指合同有效成立后，还没有完全履行之前，因当事人一方或者双方的原因而使合同权利义务终止的一种法律行为。

(1) 约定解除。

这是指合同当事人依法可以通过协商解除合同。《合同法》规定，经当事人协商一致，可以解除合同。当事人可以约定解除合同的条件。当解除合同的条件成就时，权利人可以解除合同。

(2) 法定解除。

这是指当事人之间的合同，因法定事由的出现，当事人依法行使合同解除权而解除合同。依据《合同法》规定，有下列情形之一的，当事人可以解除合同：

①因不可抗力致使合同订立的目的不能实现。

②在履行期限届满之前，当事人一方明确表示或者以自己的行为表明不履行主要债务。

③当事人一方迟延履行主要债务，经催告后在合理期限内仍未履行。

④当事人一方迟延履行债务或者有其他违约行为致使合同订立的目的不能实现。

⑤法律规定的其他情形。

法律规定或者当事人约定有解除权行使期限的，当事人在期限届满前不行使的，期限届满后，该权利消灭。法律没有规定或者当事人之间没有约定合同解除权行使期限的，如果经对方催告后在合理期限内不行使的，合同解除权消灭。

当事人一方依照约定，一方解除合同的条件成就或有前述解除合同的情形之一而当事人主张解除合同的，应当通知对方。合同自通知到达对方时解除。对方有异议的，可以请求人民法院或者仲裁机构确认解除合同的效力。

法律、行政法规规定解除合同应当办理批准、登记等手续的，依照其规定。

合同解除后，原合同尚未履行的，终止履行；原合同已经履行的，根据实际情况和合同的性质，采取其他补救措施。合同权利义务关系的终止，原合同中结算和清理条款仍然有效。

3. 违约责任的承担

(1) 违约责任。

违约责任，是指合同当事人违反合同的约定所应当承担的法律责任。依法订立的合同，具有法律约束力，当事人应当按照合同的约定全面履行自己的义务，否则，就要承担违约责任。违约责任制度是保证当事人履行合同义务的重要措施，使合同具有法律约束力，有利于促进合同的履行和弥补违约造成的损失，对合同当事人和整个社会都是有益的。

（2）承担违约责任的主要形式。

根据《合同法》的规定，承担违约责任的形式主要有继续履行、赔偿损失、支付违约金、定金等。

①继续履行。

继续履行是指一方当事人在拒不履行合同或者不适当履行合同的情况下，另一方不愿解除合同，也不愿接受违约方以金钱赔偿方式代替履行合同，而坚持要求违约方履行合同约定的给付的一种违约责任的承担方式。

继续履行在以下3种违约情况下适用。

a. 债务人无正当理由拒不履行合同，债权人可以要求其履行。《合同法》规定，当事人一方未支付价款或者报酬的，对方可以请求其支付价款或者报酬。

b. 债务人不适当履行合同，债权人可以请求继续实际履行。《合同法》规定，当事人一方不履行非金钱债务，或者履行非金钱债务不符合约定的，对方可以请求履行。

c. 债权人迟延受领的，债务人则可请求债权人履行受领债务人给付的义务。

依据合同法规定，有下列情形之一的，可以免除债务人继续履行的义务。

a. 法律上或者事实上不能履行。

b. 债务的标的不适于强制履行或者履行费过高。

c. 债权人在合理期限内未要求履行的。

②赔偿损失。

当事人一方不履行合同义务或者履行合同义务不符合约定的，在履行义务或者采取补救措施后，对方还有其他损失的，应当赔偿损失。

赔偿损失的金额应当以因违约所造成的损失为限，包括权利人的直接损失和间接损失，但不得超过违反合同一方订立合同时预见到或者应当预见到的因违反合同可能造成的损失。

当事人一方违约后，非违约方应当采取适当措施防止损失的扩大；如若没有采取适当措施，而放任损失扩大的，不得就扩大的损失要求赔偿。当事人因防止损失扩大而支出的合理费用，由违约方承担。

③支付违约金。

违约金是指由当事人通过协商预先确定或者法律直接规定的，当一方违约时，违约方向对方支付的一定数额的货币。《合同法》规定，当事人可以约定一方违约时应向对方支付一定数额的违约金，也可以约定违约责任发生后违约金的计算方法。

如果约定的违约金过分低于造成的损失的，债权人可以请求人民法院或者仲裁机构予以增加；如果约定的违约金过分高于造成的实际损失的，债务人可以请求人民法院或者仲裁机构予以适当减少。

当事人就迟延履行支付违约金的，违约方支付违约金后，非违约方要求继续履行合同的违约方应当继续履行。

④定金。

定金是指合同当事人约定一方事先向对方所支付的一定数额的货币，以担保合同的履行。《合同法》规定，当事人可以依照《中华人民共和国担保法》规定，约定一方向对方给付定金作为债权的担保。债务人履行债务后，定金应当抵作价款或者收回。如果给付定金的一方违约，无权要求返还定金；接受定金的一方违约，应当双倍返还定金。

因此，当事人为了避免失去定金或者加倍返还定金，就必须严格履行已经生效的合同，从而起到合同担保的作用。

《合同法》规定，如果当事人既约定有违约金，又约定有定金的，一方违约时，非违约方可以选择适用违约金或者定金条款，即定金和违约金条款不能同时适用。

（3）免责事由。

免责，是指在合同履行的过程中，因出现了法定的免责条件或合同约定的免责事由，违约人将因此而免于承担违约责任。这些法定的免责条件和约定的免责事由统称为免责事由。我国《合同法》仅承认不可抗力为法定的免责事由。

《合同法》规定，"不可抗力是指不能预见、不能避免并不能克服的客观情况"。不可抗力包括以下几种情况：

①自然灾害。自然灾害如地震、台风、洪水、海啸等。尽管随着科学技术的进步，人类已经不断提高了对自然灾害的预见能力，但自然灾害仍频繁发生并影响人们的生产和生活，阻碍合同的履行。因此，自然灾害属于典型的不可抗力。

②政府行为。这主要是指当事人在订立合同以后，政府当局颁布新政策、法律或行政措施而导致合同不能履行。如合同订立后，由于政府颁布禁运的法律，使合同不能履行。

③社会异常现象。这主要是指一些偶发的事件阻碍合同的履行，如罢工、骚乱等。这些行为既不是自然事件，也不是政府行为，而是社会中人为的行为，但对于合同当事人来说，在订约时是不可预见的，因此也可以称为不可抗力事件。

项目总结

成交和签订协议是谈判的最后一个重要阶段，也是衡量谈判成功与否的关键标志。了解和熟悉成交具备的基本条件和影响成交的因素。影响成交的因素主要有谈判者的因素、商品的因素。学会表达和捕捉成交的信号，成交时机的把握、从语言信息中有效识别成交信号、从行为信息中有效识别成交信号、从表情信息中有效识别成交信号。

在成交前筹划的基础上，掌握促成交易的策略和方法，学会应用成交策略和技巧，提高谈判能力。成交前要做好成交的心理准备、防止意外介入等筹划工作。成交促成的策略主要包括主动请求法、自然期待法、配角赞同法、假定成交法、肯定成交法、选择成交法、小点成交法、从众成交法、最后机会法、保证成交法等。

通过商务谈判过程，双方达成一致意见，对达成的一致意见签署协议，签订合同。要求熟悉商务合同含义与内容、签约的方式，掌握合同的订立、合同的履行、合同的终止等有关的原则与要求；同时对合同违约责任的承担有所了解。

基本训练

1. 你认为谈判成交应该具备什么条件？什么因素影响交易的达成？

2. 你如何表达你的成交意图？应该遵循什么样的态度？
3. 在谈判的后期要注意观察对手所发出的成交信号，你认为应该从哪些方面获得这些信号？
4. 对手的哪些语言可以认为他决定要成交？请举例。
5. 有时对手会故意掩饰他们的成交意图，你能否从行为上或表情上看出？请举例。
6. 促成交易的策略有哪些？如果你去谈判，你会运用哪些策略？
7. 举例说明你生活中见到的从众成交法。
8. 商务合同具备的主要内容有哪些？
9. 商务合同中的违约责任有哪些？

实训操作

实训内容：拟定一份西装贸易的交易合同。

实训目标：通过实训要求学生掌握商务合同的基本形式，熟悉商务合同的签订方法，掌握商务合同签订过程的注意事项。

实训组织：1. 将学生分成若干谈判小组，每组成员3~5人，选出组长。
2. 由指导教师讲解基本格式，并出示式样。
3. 小组互换点评拟定的贸易合同。

案例分析

案例一：

中国X公司到迪拜与阿拉伯Y公司谈判纺织品的交易。阿方Y公司接价后认为需要研究，约定改日上午9：30到E饭店咖啡厅会面再具体谈。9：20，中方X公司人员如约到E饭店，在咖啡厅一直等到10：00仍未见Y公司人员影子。这时，有人建议："走吧。"有人开始抱怨，认为"阿方太过分"。X公司组长说："既已按约到此，就等下去吧。"一直到10：30，咖啡已喝了好几杯，阿方人员才晃晃悠悠地走过来。一见中方人员，高兴地握手致敬，但未讲一句道歉的话。

在咖啡厅，阿方要求中方降价。中方组长没有正面回复，而说，"按约定，我们9：30来此，已等了一个钟点，桌上的咖啡杯数量可以作证。说明我方诚心与贵方做生意，价格不会虚（尽管还有余地）。如贵方有意见，请讲出具体方案来。"阿方代表笑了笑说："我昨天睡得太晚了，我们认为贵方报价难以接受。"尽管中方做了多方面解释，阿方仍坚持中方降价。中方组长建议双方认真考虑对方意见后再谈。阿方代表沉思了一下，提出下午3：30到他家来谈。

下午3：30，中方人员准时到了阿方代表家，并带了几件高档丝绸衣料作礼品，在对方西式客厅坐下后，他招来了他的夫人与客人见面，其妻子脸上没有平日阿拉伯妇女佩戴的面罩，中方趁势将礼品给了她，引来了大家的赞叹声。阿方代表也很高兴，说："我让她来见你们，是把你们当朋友。"中方随后转入正题。阿方代表让其妻退下，听完了条件后即表示："不管新条件如何，贵方说研究，就拿出了新条件，我佩服贵方信誉好！"于是，他也顺口讲出了他准备的条件。

该回合后，双方已基本靠近，中方组长也觉得可以成交，但他很自然地说："贵方也很讲信誉，不过还有些差距。既然来到您的家，我们也不好意思只让您让步，我建议双方一齐让如何？"阿方代表看了中方组长一眼说："可以考虑，但价格外的其他条件呢？""我们可以先清理，然后再谈价"，中方应到。清理完后，阿方说："好吧，我们折中让步吧！将贵方刚才讲的价与我方折中成交。"中方说："这是好建议。不过结果还不大合我方要求，但我很看重它。我建议贵方同意的折中数与我方刚才的折中成交。"阿方笑了："贵方真能讨价还价，看在你们等我一个小时的诚意上，我同意。"于是，他的阿拉伯手握住了中国手。

问题： 如何看中方对阿方迟到的处理？如何评价双方的最后成交过程？

案例二：

甲、乙双方于2016年7月12日签订了一份简单的购销合同，约定乙方向甲方购买50万米涤纶，由于当时货物的价格变化大，不便将价格在合同中定死，双方一致同意合同价格只写明以市场价而定，同时双方约定交货时间为2016年年底，除上述简单约定，合同中便无其他条款。

合同签署后，甲方开始组织生产，到2016年11月月底甲方已生产40万米货物，为防止仓库仓储货物过多，同时为便于及时收取部分货款，甲方遂电告乙方，要求向乙方先交付已生产的40万米货物。乙方复函表示同意。货物送达乙方后，乙方根据相关验收标准组织相关工作人员进行了初步检验，认为货物布中跳丝、接头太多，遂提出产品质量问题，但乙方同时考虑到该产品在市场上仍有销路，且与甲方有多年的良好合作关系，遂同意接受该批货物，并对剩下的10万米货物提出了明确的质量要求。在收取货物的15天后，乙方向甲方按5元/米的价格汇去了200万元人民币货款。甲方收到货款后认为价格过低，提出市场价格为6.8元/米，按照双方合同约定的价格确定方式，乙方应按照市场价格，乙方按照1.8元/米补足全部货款，但是乙方一直未予回复。

2016年12月20日，甲方向乙方发函提出剩下货物已经生产完毕，要求发货并要求乙方补足第一批货物货款。乙方提出该批货物质量太差，没有销路，要求退回全部货物，双方因此发出纠纷并诉之法院。

问题： 案例中的甲乙双方所签订的合同有哪些问题？

学习情境三

商/务/谈/判/实/务

项目六

商务谈判心理

项目目标

- ❖ 了解商务谈判心理的含义、特点和意义；了解对商务谈判影响的一般规律；了解人的知觉习惯和个性心理特征。
- ❖ 熟悉商务谈判中的期望心理、群体心理和成功心理；正确分析商务谈判中的个性心理。
- ❖ 掌握商务谈判心理的运用技巧。

项目导入

商务谈判心理对商务谈判活动有着重要的影响，恰当分析和正确掌握各种商务谈判心理，巧妙运用谈判心理技巧及正确运用谈判思维方式方法，有助于提高谈判者的心理素质，有助于客观地揣摩谈判对方心理，适度地表达或掩饰自身心理，还可以有效地向对方实施心理诱导。

导入案例

刘某要在出国定居前将私房出售，经过几次磋商，他终于同从外地到本城经商的张某达成意向：200万元，一次付清。后来，张某看到了刘某不小心从皮包中落出来的护照等文件，他突然改变了态度，一会儿说房子的结构不理想，一会儿说他的计划还没有最后确定，总之，他不太想买房了，除非刘愿意在价格上做大的让步。刘某看穿了对方的心思，不肯就范。双方相持不下。当时，刘的行期日益逼近，另寻买主已不太可能，刘不动声色。当对方再一次上门试探时，刘说："我们的距离实在太大，一时难以成交，我过几天就要出国了，现在没有心思跟你讨价还价。过半年再说吧，如果那时你还想要我的房子，你再来找我。"说着还拿出了自己的飞机票给对方看。张某沉不住气了，当场拿出了他准备好的200万元现金。其实，刘某也是最后一搏了，他做了最坏的准备，准备最低以180万元成交。

引例分析

张某一而再地改变态度，是因为他从刘某不小心掉出来的护照上了解到刘某近期要出国的情况，他想利用刘某行期紧迫、急于出国和需要金钱的心理迫使刘某在价格上做出大的让步。刘某不急于成交是看穿了对方的心思，让对方了解到自己近期要出国的消息，显然对自己是不利的，而刘某用将计就计的做法为自己争取了主动。刘某拿出飞机票让张某看，并说如仍想要房过半年再说，是在了解张某不能久等的实情和心理的情况下发出的最后通牒，这种欲擒故纵的做法，既很好地掩饰了自己，又不得不迫使对方立即作出成交的决定，从而让刘某取得了谈判的胜利。

以上事例告诉我们，商务谈判与人的心理密切相关。因此，学习与研究商务谈判心理，既有助于培养自身的心理素质，又有助于揣摩对手的心理，实施心理策略，促成交易。

【任务实施】

任务一　商务谈判心理概述

商务谈判心理

人的心理影响人的行为。商务谈判心理对商务谈判行为有着重要的影响。认识掌握商务谈判心理在商务谈判中的作用，对于培养良好的商务谈判心理意识、正确地运用商务谈判技巧有着十分重要的意义。

一、商务谈判心理的含义

准确地把握商务谈判心理的内涵，是认识商务谈判心理的基础。

1. 商务谈判心理的概念

人是具有心理活动的。一般地说，当一个正常的人，面对壮丽的河山、秀美的景色、善良热情的人们，会产生喜爱、愉悦的情感，进而形成美好的记忆；看到被污染的环境、恶劣的天气、战争的血腥暴行，会出现厌恶、逃避的心情，并留下不好的印象。这些就是人的心理活动、心理现象，也即人的心理。心理是人脑对客观现实的主观能动的反映。人的心理活动一般有感觉、知觉、记忆、想象、思维、情绪、情感、意志、个性等。人的心理是复杂多样的，人们在不同的活动中，会产生各种与之相联系的心理。

商务谈判心理是指在商务谈判活动中谈判者的各种心理活动。它是商务谈判者在谈判活动中对各种情况、条件等客观现实的主观能动的反映。譬如，当谈判人员在商务谈判中第一次与谈判对手会晤时，对方彬彬有礼，态度诚恳，易于沟通，就会对对方有好的印象，对谈判取得成功抱有希望和信心。反之，如果谈判对手态度狂妄、盛气凌人，难以友好相处，谈判人员就会对其留下坏的印象，从而对谈判的顺利开展存在忧虑。

2. 商务谈判心理的特点

与其他的心理活动一样，商务谈判心理有其心理活动的特点和规律性。一般来说，商务谈判心理具有内隐性、相对稳定性、个体差异性等特点。

(1) 商务谈判心理的内隐性。

商务谈判心理的内隐性是指商务谈判心理藏之于脑、存之于心，别人是无法直接观察到的。

尽管如此，由于人的心理会影响人的行为，行为与心理有密切的联系，因此，人的心理可以反过来从其外显行为加以推测。例如，在商务谈判中，对方作为购买方对所购买的商品在价格、质量、售后服务等方面的谈判协议条件都感到满意，那么在双方接触中，谈判对方会表现出温和、友好、礼貌、赞赏的态度反应和行为举止；如果很不满意，则会表现出冷漠、粗暴、不友好、怀疑甚至挑衅的态度反应和行为举止。掌握这其中的一定规律，就能较为充分地了解对方的心理状态。

(2) 商务谈判心理的相对稳定性。

商务谈判心理的相对稳定性是指人的某种商务谈判心理现象，产生后往往具有一定的稳定性。例如，商务谈判人员的谈判能力会随着谈判经历的增长而有所提高，但在一段时间内却是相对稳定的。正是由于商务谈判心理具有相对稳定性，我们才可以通过观察分析去认识它，使其利于商务谈判的开展。

(3) 商务谈判心理的个体差异性。

商务谈判心理的个体差异性，就是指因谈判者个体的主客观情况的不同，谈判者个体之间的心理状态存在着一定的差异。商务谈判心理的个体差异性，要求人们在研究商务谈判心理时，既要注重探索商务谈判心理的共同特点和规律，又要注意把握不同个体心理的独特之处，以有效地为商务谈判服务。

3. 研究和掌握商务谈判心理的意义

商务谈判，既是商务问题的谈判，又是心理的较量。它不仅被商务实际条件所左右，也受到商务谈判心理的影响。

在商务谈判中，运用谈判心理知识对谈判进行研究，分析"对手的言谈举止反映什么""其有何期望""如何恰当地诱导谈判对手"等，对成功地促进谈判很有必要。掌握商务谈判心理现象的特点，认识商务谈判心理发生、发展、变化的规律，对于商务谈判人员在商务谈判活动中养成优良的心理素质，保持良好的心态，正确判断谈判对手的心理状态、行为动机，预测和引导谈判对手的谈判行为，有着十分重要的意义。

此外，商务谈判虚虚实实、真真假假的心理策略对谈判的成果影响很大。对商务谈判心理的熟悉，有助于提高谈判人员谈判的艺术性，从而灵活有效地处理好各种复杂的谈判问题。

研究和掌握商务谈判心理，对于商务谈判有以下几方面的作用：

(1) 有助于培养谈判人员自身良好的心理素质。

谈判人员良好的心理素质是谈判取得成功的重要基础条件。谈判人员相信谈判成功的坚定信心、对谈判的诚意、在谈判中的耐心等都是保证谈判成功不可或缺的心理素质。良好的心理素质，是谈判者抗御谈判心理挫折的条件和铺设谈判成功之路的基石。谈判人员加强自身心理素质的培养，可以提高谈判中的心理适应能力。

谈判人员对商务谈判心理有正确的认识，就可以有意识地培养自身优良的心理素质，摒弃不良的心理、行为习惯，从而把自己造就成商务谈判方面的人才。

（2）有助于揣摩谈判对手心理，实施心理诱导。

谈判人员对商务谈判心理有所认识，经过实践锻炼，可以通过观察和分析谈判对手的言谈举止，揣摸弄清谈判对手的心理活动，如个性、心理追求、心理动机、情绪状态等。谈判人员在谈判过程中，要仔细倾听对方的发言，观察其神态表情，留心其举止，以了解谈判对手心理，了解其深藏于背后的实质意图、想法，识别其计谋或攻心术，防止掉入对手设置的谈判陷阱，并正确做出自己的谈判决策。

人的心理与行为是相联系的，心理引导行为。而心理是可诱导的，通过对人的心理诱导，可引导人的行为。

了解谈判对手心理，可以针对对手不同的心理状况采用不同的策略。了解对手的谈判思维特点、对谈判问题的态度等，可以开展有针对性的谈判准备和采取相应的对策，把握谈判的主动权，使谈判向有利于我方的方向转化。比如，需要是人的兴趣产生和发展的基础，谈判人员可以观察对方在谈判中的兴趣表现，分析了解其需要所在；相反地，也可以根据对手的需要进行心理的诱导，激发其对某一事物的兴趣，促进商务谈判的成功。

（3）有助于恰当地表达和掩饰我方心理。

商务谈判必须进行沟通。了解谈判心理，有助于表达我方心理，可以有效地促进沟通。如果对方不清楚我方的心理要求或态度，必要时，我方可以通过合适的途径和方式向对方表达，以有效地促进对方了解并重视我方的心理要求或态度。

作为谈判另一方，谈判对手也会分析研究我方的心理状态。我方的心理状态，往往蕴涵着商务活动的重要信息，有的是不能轻易暴露给对方的。掩饰我方心理，就是要掩饰我方有必要掩饰的态度、情绪、需要、动机、期望目标、行为倾向等。在很多时候，这些是我方在商务谈判中的核心机密，失去了这些秘密也就失去了主动。这些秘密如果为对方所知，就成了助长对方滋生谈判诡计的温床。商务谈判的研究表明，不管是红白脸的运用，撤出谈判的胁迫，最后期限的通牒，拖延战术的采用，这些策略之所以成功，都是以一方了解了另一方的某种重要信息为前提，与一方对另一方的心理态度有准确把握是有关的，因而对此不能掉以轻心。

为了不让谈判对手了解我方某些真实的心理状态、意图和想法，谈判人员可以根据自己对谈判心理的认识，在言谈举止、信息传播、谈判策略等方面施以调控，对自己的心理动机（或意图）、情绪状态等作适当的掩饰。例如，在谈判过程中被迫做出让步，不得不在某个已经决定的问题上撤回，为了掩饰在这个问题上让步的真实原因和心理意图，可以用类似"既然你在交货期方面有所宽限，我们可以在价格方面做出适当的调整"等言辞加以掩饰。再如，我方商务需求面临着时间压力，为了掩饰我方重视交货时间的这一心理状态，可先借助多个谈判人员提出不同的要求，以扰乱对方的视线，或在议程安排上有意加以掩饰，而在谈判过程中加以暗度陈仓，徐而图之。

（4）有助于营造谈判氛围。

掌握商务谈判心理知识还有助于帮助谈判人员处理与对方的交际与谈判，形成一种良好的交际和谈判氛围。

为了使商务谈判能顺利地达到预期的目的，需要适当谈判氛围的配合。适当的谈判氛围可以有效地影响谈判人员的情绪、态度，使谈判顺利推进。一个商务谈判的高手，也是营造谈判氛围的高手，会对不利的谈判气氛加以控制。对谈判气氛的调控往往根据双方的谈判态度和采取的策略、方法而变。一般地，谈判者都应尽可能地营造出友好和谐的谈判气氛以促成双方的谈判，但是，适当的谈判氛围，并不都是温馨和谐的气氛。出于谈判利益和谈判情景的需要，也需要根据实际情况有意识地制造不和谐、甚至紧张的气氛，以对抗对方的胁迫，给对方施加压力，迫使对方做出让步。

【案例】

我国从日本S汽车公司进口大批FP-148货车，使用时普遍发生严重质量问题，致使我国蒙受巨大经济损失。为此，我国向日方提出索赔。

谈判一开始，中方简明扼要地介绍了FP-148货车在中国各地的损坏情况以及用户对此的反应。中方在此虽然只字未提索赔问题，但已为索赔说明了理由和事实根据，展示了中方谈判威势，恰到好处地拉开了谈判的序幕，日方对中方的这一招早有预料，因为货车的质量问题是一个无法回避的事实，日方无心在这一不利的问题上纠缠。日方为避免劣势，便不动声色地说："是的，有的车子轮胎炸裂，挡风玻璃炸碎，电路有故障，铆钉震断，有的车架偶有裂纹。"中方觉察到对方的用意，便反驳道："贵公司代表都到现场看过，经商检和专家小组鉴定，铆钉非属震断，而是剪断，车架出现的不仅仅是裂纹，而是裂缝、断裂！而车架断裂不能用'有的'或'偶有'，最好还是用比例数据表达，更科学、更准确……"日方淡然一笑说："请原谅，比例数据尚未准确统计。""那么，对货车质量问题贵公司能否取得一致意见？"中方对这一关键问题紧追不舍。"中国的道路是有问题的。"日方转了话题，答非所问。中方立即反驳："诸位已去过现场，这种说法是缺乏事实根据的。""当然，我们对贵国实际情况考虑不够……""不，在设计时就应该考虑到中国的实际情况，因为这批车是专门为中国生产的。"中方步步紧逼，日方步步为营，谈判气氛渐趋紧张。中日双方在谈判开始不久，就在如何认定货车质量问题上陷入僵局。日方坚持说中方有意夸大货车的质量问题："货车质量的问题不至于到如此严重的程度吧？这对我们公司来说，是从未发生过的，也是不可理解的。"此时，中方觉得该是举证的时候，便将有关材料向对方一推说："这里有商检、公证机关的公证结论，还有商检拍摄的录像。如果……""不！不！对商检公证机关的结论，我们是相信的，我们是说贵国是否能够作出适当让步。否则，我们无法向公司交代。"日方在中方所提质量问题攻势下，及时调整了谈判方案，采用以柔克刚的手法，向对方踢皮球，但不管怎么说，日方在质量问题上设下的防线已被攻克了。这就为中方进一步提出索赔价格要求打开了缺口。随后，双方在FP-148货车损坏归属问题上取得了一致的意见。日方一位部长不得不承认，这属于设计和制作上的质量问题所致。初战告捷，但是我方代表意识到更艰巨的较量还在后头。索赔金额的谈判才是根本性的。

随即，双方谈判的问题升级到索赔的具体金额上——报价、还价、提价、压价、比价，一场毅力和技巧较量的谈判竞争展开了。中方主谈代表擅长经济管理和统计，精通测算。他翻阅了许多国内外的有关资料，甚至在技术业务谈判中，他也不凭大概和想当然，认为只有事实和科学的数据才能服人。此刻，在他的纸笺上，在大大小小的索赔项目旁，写满了密密麻麻的阿拉伯数字。这就是技术业务谈判，不能凭大概，只能依靠科学准确的计算。根据多年的经验，他不紧不慢地提出："贵公司对每辆车支付加工费是多少？这项总额又是多少？""每辆车10万日元，计5.84亿日元。"日方接着反问道："贵国报价是多少？"中方立即回答："每辆16万日元，此项共计9.5亿日元。"精明强干的日方主谈人淡然一笑，与其副手耳语了一阵，问："贵国报价的依据是什么？"中方主谈人将车辆损坏后各部件需如何修理、加固、花费多少工时等逐一报价。"我们提出的这笔加工费并不高。"接着中方代表又用了欲擒故纵的一招："如果贵公司感到不合算，派员维修也可以。但这样一来，贵公司的耗费恐怕是这个数的好几倍。"这一招很奏效，顿时把对方将住了。日方被中方如此精确的计算所折服，自知理亏，转而以恳切的态度征询："贵国能否再压低一点。"此刻，中方意识到，就具体数目的实质性讨价还价开始了。中方答道："为了表示我们的诚意，可以考虑贵方的要求，那么，贵公司每辆出价多少呢？""12万日元"，日方回答。"13.4万日元怎么样？"中方问。"可以接受"，日方答道，因为他们深知，中方在这一问题上已作出了让步。于是双方很快就此项索赔达成了协议。日方在此项费用上共支付7.76亿日元。

然而，中日双方争论索赔的最大数额的项目却不在此，而在于高达几十亿日元的间接经济损失赔偿金。在这一巨大数目的索赔谈判中，日方率先发言。他们也采用了逐项报价的做法，报完一项就停一下，看看中方代表的反应，但他们的口气却好似报出的每一个数据都是不容打折扣的。最后，日方统计可以给中方支付赔偿金30亿日元。中方对日方的报价一直沉默不语，用心揣摩日方所报数据中的漏洞，把所有的"大概""大约""预计"等含混不清的字眼都挑了出来，有力地抵制了对方所采用的浑水摸鱼的谈判手段。

在此之前，中方谈判班子昼夜奋战。在谈判桌上，我方报完每个项目的金额后，讲明这个数字测算的依据，在那些有理有据的数字上，打的都是惊叹号。最后我方提出间接经济损失费70亿日元！日方代表听了这个数字后，惊得目瞪口呆，老半天说不出话来，连连说："差额太大，差额太大！"于是，进行无休止的报价、压价。

"贵国提的索赔额过高，若不压半，我们会被解雇的。我们是有妻儿老小的……"日方代表哀求着。老谋深算的日方主谈人使用了哀兵制胜的谈判策略。

"贵公司生产如此低劣的产品，给我国造成多么大的经济损失啊！"中方主谈接过日方的话头，顺水推舟地使用了欲擒故纵的一招："我们不愿为难诸位代表，如果你们做不了主，请贵方决策人来与我们谈判。"双方各不相让，只好暂时休会。这种拉锯式的讨价还价，对双方来说是一种毅力和耐心的较量。因为谈判桌上，率先让步的一方就可能被动。

随后，日方代表急用电话与日本S公司的决策人密谈了数小时。接着谈判重新开始了，此轮谈判一接火就进入了高潮，双方舌战了几个回合，又沉默下来。此时，中方意识到，已方毕竟是实际经济损失的承受者，如果谈判破裂，就会使己方获得的谈判成果付诸东流；而要诉诸法律，麻烦就更大。为了使谈判已获得的成果得到巩固，并争取有新的突破，适当的让步是打开成功大门的钥匙。中方主谈人与助手们交换了一下眼色，率先打破沉默说："如果贵公司真有诚意的话，彼此均可适当让步。"中方主谈为了防止由于己方率先让步所带来的不利局面，建议双方采用"计分法"，即双方等量让步。"我公司愿意付40亿日元。"日方退了一步，并声称："这是最高突破数了。""我们希望贵公司最低限度必须支付60亿日元。"中方坚持说。

这样一来，中日双方各自从己方的立场上退让了10亿日元。双方比分相等。谈判又出现了转机。双方界守点之间仍有20亿日元的逆差（但一个界守点对双方来说，都是虚设的。更准确地说，这不过是双方的最后一道争取线。该如何解决这"百米赛路"最后冲刺阶段的难题呢？双方的谈判专家都是精明的，谁也不愿看到一个前功尽弃的局面）。几经周折，双方共同接受了由双方最后报价金额相加除以2，即50亿日元的最终谈判方案。

除此之外，日方愿意承担下列三项责任：

（1）确认出售给中国的全部FP-148型货车为不合格品，同意全部退货，更换新车；

（2）新车必须重新设计试验，精工细作，制作优良，并请中方专家检查验收；

（3）在新车未到之前，对旧车进行应急加固后继续使用，日方提供加固件和加固工具等。

一场罕见的特大索赔案终于公正地交涉成功了！

二、商务谈判的需要心理

人的活动过程是从需要开始的，需要产生需要心理，引发动机，动机支配行动，行动满足需要，也就是说人的活动过程就是满足需要的过程，谈判过程也不例外。谈判者在谈判过程中所做的各种行为都是有需要心理引发、动机支配的。需要心理是因缺乏某种自然或社会事物时产生的一种主观心理状态，商务谈判的需要心理是指商务谈判人员的客观需要在其头脑中的反映。在整个商务谈判过程中，谈判人员会有多种需要产生。依据美国心理学家马斯洛的需要层次理论，可以将商务谈判的需要分为五个层次。这五个层次由低级到高级，由简单到复杂，由物质到精神，需要层次越低，对谈判者越重要。只有满足低层次的需要后，才会设法满足高一层次的需要。

1. 商务谈判中的生理需要

生理需要是指谈判者为维持和发展生命所必需的最原始的基本需要，主要体现在对衣、食、住、行等方面的需要。由于谈判是一项十分消耗体力和脑力的活动，谈判者必须满足基本的生理需要，否则就会影响其发挥谈判智慧和运用谈判技巧，使谈判陷入被动。这就要求在谈判过程中，必须保证谈判者的穿戴符合谈判礼仪要求，吃到口味合适的饭菜，住在与自己身份地位相符合的住所，有较为便利的交通和通信条件，等等。

相反，被剥夺吃饭、睡觉机会的谈判者，工作效率很差，易犯低级错误。长途旅行和紧张的日程安排会消耗谈判人员大量的体力，所以许多谈判者愿意运用疲劳战术使对手失去理性，迫使其频频出错，例如安排长时间的会议，晚上通宵达旦地谈判，特别半夜1点左右，人的疲惫正达到极限，任何谈判条件都可能接受。

【案例】

大部分人相信在《独立宣言》上面签字的美国开国元勋们都是凭借着满腔的爱国热情，主动自愿地签下自己的大名的。而事实如何呢？托马斯·杰斐逊在暮年写给朋友的信中说：那时签字的独立厅就在马厩的隔壁，七月的天气非常闷热，到处都是苍蝇。代表们穿着马裤和丝袜参加会议，一边发言一边不停地用手驱赶走腿上的苍蝇。代表们心烦意乱。最后，大家决定立即在《独立宣言》签字，以便尽快地离开那个鬼地方。杰斐逊几年之后曾经说道：在不舒服的环境下，人们可能会违背本意，言不由衷。

2. 商务谈判中的安全需要

安全需要是指谈判者希望保护自身和精神不受威胁，保证安全的欲望，主要体现在人身安全、地位安全及信用安全上。在人身安全方面，客场谈判的谈判者由于对当地的风俗习惯、社会状况缺乏了解，会感到孤独和不安全，此时如果受到主场谈判者热情陪伴，则会将对方视为可依赖的人，使谈判更为顺利和融洽；在地位安全方面，谈判者每次谈判可能都影响其在公司和同事心目中的地位，能否实现谈判目标，会直接关系到已有职位的保持和晋升；在信用安全上，谈判者通常愿意与老客户打交道，如果必须面对新客户，会在谈判期间对对方的资信情况做全面的了解，达到知己知彼，确保信用安全。

【案例】

1977年，英国首相詹姆斯为了提高自己在工党的声望，在未与波兰政府就价值1亿英镑的造船合同达成最终协议之前就向全国公布了。波兰人知道后，立即抓住这个机会，在准备签约时的关键时刻，突然提出几个折扣要求，要求英国在财务和付款上做出进一步的让步，约值100万英镑。此时詹姆斯如果不签约，就会颜面尽失，甚至首相地位不保，所以为地位安全和信用安全的考虑，必须不计代价地保住这份合约，无奈之下只好签署。

3. 商务谈判中的社交需要

社交需要是指追求社会交往当中人际关系的需要，主要体现在爱和归属的需要两个方面。爱的需要即指希望得到和给予友谊、关怀、忠诚和爱护，以及对加强团体内部的团结与凝聚力的希望。

商务谈判虽然是利益在双方之间进行划分，但谈判者为追求爱的需要，不愿意在紧张和对立气氛中谈判，希望在友好合作的气氛中共事，达到双赢的结果。通常，为了增进双方的友谊，谈判双方会互赠礼品、举行宴会等。拥有友谊的谈判双方会使谈判进行得更为顺利。

在每一次谈判中，谈判者都不是孤立的，而是归属于谈判小组，小组成员的团结协作对谈判方针和策略的制定起着至关重要的作用。为了满足谈判归属需要，在内部应该在允许小组成员充分发表意见、畅所欲言的基础上进行有效的集中，尽量吸取各种意见的合理部分。对谈判对手则要考虑如何利用其归属感需要，实现自己的利益目标。

【案例】

20世纪初，中国华侨的吃苦耐劳精神使他们在亚非拉国家的许多东道国里大都处于控制经济命脉的行业，但他们又不愿意与东道国同化，这就逐渐激起了东道国的不满。新中国成立后，为了维护华侨的利益，周恩来总理在万隆会议开始的第二天便发表即兴演说，演说中说道：我们亚非拉国家都曾经或正在受殖民者的统治，虽然各有利益分歧，但是目标是一样的，应该合作。他的演说很好地洞察了与会人员的心理：既想利用华侨建设国家，又怕入侵。针对他们这样的心理状态，周总理提出了和平共处五项原则，为各东道国所接受，于是很好地解决了这个问题，周总理也被人们称为世界上最杰出的谈判家。

4. 商务谈判中的尊重需要

尊重需要是指谈判者要求在人格、地位、身份、学识与能力等方面得到尊重和欣赏，主要体现在受人尊重和自尊两个方面。受人尊重是指希望得到别人的尊敬。自尊是指有自信心，在各种不同的情境中，拥有良好的扮演自身角色的能力。

为了满足谈判者尊重的需要，应该做到以下3点：

（1）言辞礼貌，看待问题对事不对人，不能向对方进行人身及精神攻击。

（2）在接待及谈判的过程中，要按照惯例，依据对等原则，符合礼仪，力求接待规格与对方的身份、地位相符。

（3）对于对方的学识与能力不能进行讥讽，要及时给予肯定和赞扬。

只有尊重对方才能获得对方的尊重，达到既受人尊重又自尊的效果。

【案例】

美国著名谈判专家荷伯·科恩在他所著的《人生与谈判》一书中，讲述了他亲身经历的事例。某一次，科恩代表一家大公司去东俄亥俄购买一座煤矿，矿主开价2 600万美元，而他则还价1 500万美元，显然，两方的报价差别较大。必须给予调和，才能达成协议。但矿主态度十分强硬，拒不让价。最后当科恩开价上升到2 150万美元时，矿主仍不妥协。这使科恩感到奇怪，按理说，这个开价比较客观合理，那么，为什么卖主不接受这个显然是公平合理的还价呢？为了找出原因，他邀请矿主共进晚餐，矿主的几句话道出了他不让价的原委。原来他兄弟的煤矿卖了2 550万美元，还有一些附加利益。这一下，科恩明白了，矿主除了想卖矿山外，还有其他的需要，这就是最根本的问题。而他们却完全忽略了，这就是自尊的需要。随后，科恩开始调查矿主的兄弟从卖矿上得到了多少附加利益。协商的结果，是达成了一个双方都满意的协议，买方所付出的价格没超过公司的预算，而卖方则觉得他的出卖条件要比他兄弟好得多。这是一笔因满足自尊需要而达成的协议。这是一个很好的例子，公司聘请的谈判代表想当然推断谈判的焦点就是煤矿的价格。因此，把谈判的重点放在双方的讨价还价上。但几经协商，卖方丝毫不通融，这才考虑在要价的背后还可能有其他的原因。症结找到后，问题才圆满解决，这就是先入为主妨碍了买主了解卖主的真实意图。这都会直接和间接影响谈判。

5. 商务谈判中的自我实现需要

这是指谈判者充分发挥其潜能，实现个人理想抱负的需要，体现在追求谈判目标的实现，以谈判中取得行动的成功来体现谈判者自身的价值。

自我实现需要的满足是十分困难的，原因是必须通过谈判获取利益的多少来判定自我实现需要的满足程度，而谈判利益在双方之间的划分是此消彼长的，任何一方都不愿意放弃自己的利益去满足对方的自我实现需要；要想满足对方的这一需要就必须在确保己方利益充分获取的条件下，尽量强调对方所获利益，赞扬对方的工作能力与工作精神，并及时在对方的上司和同伴面前对对方予以表扬，使对方得以心理慰藉，满足自我实现需要。

三、商务谈判的个性心理

在商务谈判中，谈判者的个性对谈判结果有很大的影响，这包括气质特征、性格特征、能力特征等。商务谈判的人员是商务谈判的主要参与者，他们的个性对商务谈判的方式、风格、成效都有较大的影响。因此，研究和掌握商务谈判的个性心理，可以提高对商务谈判的适应性，有利于开创性地开展谈判和争取谈判的最大成效。

1. 气质特征

气质是人的稳定的心理特征，是指人心理活动进行的速度、强度、指向性等方面的心理特点。气质随个体的不同呈现出一定的差异。根据研究，心理学家划分了四种比较经典的气质类型：多血质、胆汁质、黏液质和抑郁质，应该注意的是，大多数人是混合型的。

（1）多血质。

多血质的人外向、活跃、思维跳跃，直接向对方表露真实情绪。

谈判特点：自信，随时能与对方长谈，不断发表见解和要求；谈判兴致高，态度积极，以诚谋求利益，能迅速将谈判引向实质性洽商，关键时会玩弄外交手法；富有讨价还价能力，该出手时就出手，态度热忱，外向奔放，对业务兢兢业业；时间观念强，谈判注重效率，舍不得花时间作毫无意义的谈话，喜欢"速决战"，不喜欢长期谈判；有团体意识和成功愿望，重视人际关系，重视对谈判对手的信任，不重视条文，偏爱年长者，信任权力。

（2）胆汁质。

胆汁质的人是赚钱能手，世界上大批财富集中在胆汁质人的手中。

谈判特点：谈判现实，注重利益；谈判的要领在于清楚是和不是；谈判严肃，直至要害，无误不认，有误愿负责；谈判时客气而不妥协，对谈判文本认真、不马虎；喜欢坦诚、亲密、和谐的气氛。

（3）黏液质。

黏液质的人安静稳重，沉默寡言，显得庄重、踏实，情感蕴涵在内。兴趣持久专注，但往往有些惰性，遇事不够灵活，也不善于转移注意力。

谈判特点：不刻意追求，沉默少语，慢条斯理；能忍耐，但不死板，当止即止，掉头较快；易与人相处，但保持距离，注重面子，谈判准备往往不充分，但能提出建设性意见。

（4）抑郁质。

抑郁质的人情感细腻，自尊心强，做事小心谨慎。善于观察别人的细节，不容易把关系搞僵。

谈判特点：希望谈判成功，谈判中陈述和报价清楚、明确、果断；重质量、办事认真、成交后守信；考虑问题周到、准备充分、但不喜欢让步；善用拖延战术。

出于谈判的需要，要根据谈判人员的气质类型选择相应的谈判策略。比如，胆汁质的人为人急躁、外向、对外界富于挑战性，但却缺乏耐力，一旦扼制住其突如其来的气势，就会争取到主动权。针对这种类型谈判对手的做法是：马拉松式战术，攻其弱点，以柔克刚。

2. 性格特征

性格是指人对客观现实的态度和行为方式中经常表现出来的稳定倾向。它是个性中最重要和显著的心理特征。

人的习惯化的行为方式，取决于人的认识、情绪和意志这些心理过程的不同特点。谈判人员往往各有各的性格特点：有的人反应灵敏，有的人固执呆板；有的人沉稳冷静，有的人易兴奋冲动；有的人喜欢直言，有的人则善于旁敲侧击。此外，谈判人员按其性格类型可分为进取型、关系型和权力型等类型。在谈判过程中，善于发挥每个人性格的优势作用，掩盖其弱点，是争取谈判成功的一个关键。

针对进取型的谈判对手，可以针对他们对成功的期望高、急于求成、对关系期望低的特点，制订较为详尽的计划来积极应对，有策略地控制谈判的进程，以求谈判能取得效果。适当尊重其意见，适当保证其谈判目标的实现，使其获得心理的满足感，但注意不能随意让步。

对于关系型的谈判对手，要着重注意他们对关系期望高的特点，对对方不过于苛刻、主动进取，控制谈判的程序和局势，当然，对其"热情"不能盲目，防止跌入人际关系的"陷阱"之中。

对于权力型的谈判对手，可利用他们对成功和关系的期望值一般，而对权力期望较高的特点，让其参与谈判程序的准备和筹划工作，让其陈述，表面上给予其无关紧要的特权，满足其权力期望。不要渴望控制、支配这样的对手，也不要提过于苛刻的条件，但不能屈服于压力，需找机会和条件争取他让步。

3. 能力特征

能力是人顺利完成各种活动必须具备的个性心理特征。商务谈判人员为了顺利开展谈判活动，就必须具备一定的谈判能力。

（1）什么叫谈判能力。

能力是指直接影响活动的效率，使活动顺利完成的心理特征。人们需要顺利地完成各种活动，就必须具备一定的能力。商务谈判的能力是谈判人员具有的可以促使谈判活动顺利完成的个性心理特征。

（2）商务谈判人员应具备的能力。

商务谈判是一种"讨价还价"的活动，这种活动包含心理的较量，特别是智力和体力的较量。一般地，谈判人员应具备以下能力：

①观察能力。

观察是人的有目的、有计划的、系统的、比较持久的知觉。观察力是能够随时而又敏锐地注意到有关事物的各种不显著但却很重要的细节或者特征的能力。敏锐的观察力有助于很好地洞察事物的本来面目，及时捕捉与事物本质相联系的细节，洞察人们的心理状态和意图。

作为一个谈判人员，在商务谈判中，必须具备良好的洞察力，才能在商务谈判的独立作战和群体作战中，审时度势，规避风险，从而寻求突破。

②决断能力。

谈判是独立的现场工作。很多事物的决断需要在谈判现场作出，这就需要谈判人员具备较高的对事物的判断和决策的能力。

决策能力表现在谈判人员可以通过对事物现象的观察、分析，从而把握事物的本质，进而作出正确的决策；表现在及时地洞察问题的关键所在，预见事物的发展方向和结果；表现在综合运用各种方法、手段，针对客观环境的变化和特点，及时作出正确的行为反应和行动选择。这种能力一方面与知识有关，另一方面也有经验的积累，因此，决策能力的提高要从这两个方面进行把握。

③语言表达能力。

谈判主要借助语言进行。作为谈判和交际的重要手段，谈判人员必须具备较强的语言表达能力，无论是口头语言还是书面语言。

语言表达能力的提高：一是注意语言表达的规范，要增强语言的逻辑性；二是要注意语言的准确性，语音纯正，措辞准确，言简意赅；三是要讲求语言的艺术。

语言是重要的沟通工具，要提高沟通能力，就必须克服语言沟通的障碍，提高表达技巧，要注意无声语言、暗示语言、模糊语言、幽默语言、情感语言的运用。作为谈判人员，不仅要熟练地掌握本国语言，还要掌握一定的外语知识。当然，也要注意肢体语言的运用和理解。

【案例】
美国一位著名谈判专家有一次替他邻居与保险公司交涉赔偿事宜。谈判是在专家的客厅里进行的，理赔员首先发表了意见："先生，我知道你是交涉专家，一向都是针对巨额款项谈判，恐怕我无法承受你的要价，我们公司若是只出100元的赔偿金，你觉得如何？"

专家表情严肃地沉默着。根据以往经验，不论对方提出的条件如何，都应表示出不满意，因为当对方提出第一个条件后，总是暗示着可以提出第二个，甚至第三个。

理赔员果然沉不住气了："抱歉，请勿介意我刚才的提议，我再加一点，200元如何？"

"加一点，抱歉，无法接受。"

理赔员继续说："好吧，那么300元如何？"

专家等了一会儿道："300？嗯……我不知道。"

理赔员显得有点惊慌，他说："好吧，400元。"

"400元？嗯……我不知道。"

"就赔500元吧！"

"500元？嗯……我不知道。"

"这样吧，600元。"

专家无疑又用了"嗯……我不知道"，最后这件理赔案终于在950元的条件下达成协议，而邻居原本只希望要300元！

这位专家事后认为，"嗯……我不知道"这样的回答真是效力无穷。

谈判是一项双向的交涉活动，各方都在认真地捕捉对方的反应，以随时调整自己原先的方案，一方干脆不表明自己的态度，只用"不知道"这个可以从多种角度去理解的词，竟然使得理赔员心中没了底，价钱一个劲儿自动往上涨。

既然来参加谈判，就不可能对谈判目标不知道，"不知道"的真正含义恐怕是不想告诉你那些你想知道的事情。这是一种不传达的信息传达。

④应变能力。

商务活动具有较大的不确定性，这就要求从事商务活动的人要具有应对不确定性的预案和方法，要有现场的应变能力，也就是对异常情况的适应、应对和处理能力。

商务谈判经常会出现意想不到的异常情况，面对复杂多变的环境，谈判者要善于根据不同的变化调整自己的目标和策略，冷静有效地处理各种出现的问题。

四、商务谈判的知觉心理

人对客观现实的反映，是从感知觉开始的。正确运用感知觉，对商务谈判具有一定的意义。

1. **商务谈判的感知觉**

感知觉是具有密切关联的心理现象。感觉和知觉都是外界事物作用于人的感觉器官所产生的反映。

感觉是人的大脑凭借感官对事物个别属性的反映，是人对客观事物认识的最简单形式。人们通过感觉获得对客观事物的相关信息。人们运用这些信息，经过复杂的心理活动，从而形成对客观事物更深刻的认识。因此，商务谈判人员必须要注重运用自己的感觉器官去获取信息。

知觉是人们对事物的各种属性所构成的整体的反映。

2. **知觉习惯**

人的知觉包含社会知觉，其中又包含对别人的知觉、对人际的知觉和对自我的知觉。人们的一些社会知觉，如第一印象也是一种知觉习惯，这些习惯有利于提高人们的知觉效率，但也会引发各种偏见。

（1）第一印象。

在对人的知觉过程中，会存在对某人的第一印象。第一印象往往相对鲜明、深刻，会影响到人们对某个人的评价和对其行为的解释。在许多情况下，人们对某人的看法、见解、情感、态度，往往产生于第一印象。如果对某人第一印象好，就可能对其形成肯定的态度；若第一印象不好，就可能对其形成否定的态度。第一印象是人们认识别人的过程中出现的一种常见的现象，它有助于对人的知觉，但又可能由于对人的知觉不全面、不深入而形成一些影响对人正确知觉的偏见。第一印象的形成主要取决于人的外表、着装、言谈和举止。在正常情况下，仪表端庄、言谈得体、举止大方的人较易获得良好的第一印象，得到人们的好感。

由于第一印象存在着先入为主的心理知觉状况，在谈判中对人们有较大的影响作用，商务谈判者必须重视谈判双方的初次接触，要努力在初次接触中给对方留下好的印象，赢得对方的好感和信任；同时，也要注意在初次接触后对对方多做些了解。

（2）晕轮知觉。

人们在观察某个人时，由于对这个人的某个突出的品质、特征十分注意，却忽略了对这个人其他品质、特征的观察，那么这一突出的品质、特征在知觉过程中就起到了一种类似于日月晕轮的作用，这种知觉就叫做晕轮知觉。晕轮知觉往往使观察者只看到一个人突出的品质、特征，看不到其他的品质、特征，从而从一点作出对这个人整体面貌的判断，形成以点代面的偏颇。晕轮知觉对谈判的影响要切实加以留意。

晕轮知觉在谈判中的作用有正面的，也有负面的。例如，谈判一方给另一方留下某个方面的良好而深刻的印象，那么他提出的要求、建议往往容易引起对方积极的响应，要求的条件也常能得到满足；如果能引起对方的尊敬或崇拜，那就容易掌握谈判的主动权。如果留给对方某方面的印象特别不好，他提出的即使是于双方有利的建议也会受到怀疑而不被赞同。

（3）刻板。

人的知觉有对人进行归类定型的习惯，在人们的头脑中会存在着对某类人进行概括的固定形象。人的这一知觉叫做刻板或定型。如认为英国人是绅士派头，美国人爽朗直率。刻板知觉所产生的知觉效应最常见的是在看到某个人时把它归类到某一类人群中去，并用这一类人的心理行为特征对这个人进行解释。由于这些解释是在过去有限经验的基础上对他人作结论的结果，因而常常会成为偏见。刻板知觉对谈判的影响是显而易见的。通过改变知觉者的兴趣、注意力，给知觉者增加更多的感知信息，就有可能改变刻板留下的印记。

（4）先入为主。

先入为主是指人们最先得到的关于事物的看法、观点等信息对人存在着强烈的影响，影响人的知觉和判断。由于存在着先入为主的心理知觉状况，在谈判中对人们的先入为主的知觉规律要予以注意。在商务谈判的前几分钟，谈判双方的交流对谈判气氛会产生重要的影响，会产生"先入为主"的效应。这时，在言谈举止方面要谨慎，一般来说，在寒暄之后选择有共同兴趣的中性话题为宜，对于令人不愉快的话题尽可能不谈，也不要一见面就开门见山直奔正题。

认识感知觉的规律性，有助于谈判中的观察和判断。在商务谈判中，谈判对手是不会轻易让你了解商业秘密或某些事情的真实情况的，而且还会故意制造一些假象来迷惑你。这样，就需要"眼观六路，耳听八方"，注意观察，从他的言行举止中偶尔流露出来的真实自我和真正信息，运用敏锐的洞察力，透过现象看本质，弄清对方的真实状况和意图。

任务二 商务谈判的心理分析

一、商务谈判的期望心理

谈判活动与谈判方的谈判期望密切相关。谈判期望对谈判方谈判的积极性和谈判的策略选择均具有一定的指导意义，因此谈判人员应掌握谈判期望心理的分析技巧。

1. 谈判期望的定义

谈判期望是指商务谈判者根据以往的经验在一定时间内希望达到一定的谈判目标或满足谈判需要的心理活动。

人的需要多种多样，由于主客观条件的限制，人的某些需要并不能一下子获得满足。但就是这样，人的需要也不会因此消失。一旦发现可以满足自己需要的目标时就会受需要驱使在心中产生一种期望。

2. 期望理论

期望理论是美国心理学费鲁姆在1964年出版的《工作与激励》一书中提出来的。这种理论认为，当人们有需要、有达到目标的可能时，其积极性才会高。激励水平取决于期望值和效价的乘积。期望理论可用下列公式表示：

$$激励强度 = 效价 \times 期望值$$

激励强度是指动机的强烈程度，被激发的工作动机的大小，即为达到高绩效而作出的努力的程度。期望值是指个体对现实目标可能性大小的估计。期望值也叫期望概率，如果完全有把握实现目标，那么期望概率为1；如果根本不可能实现目标，则期望值为零。所以管理者所设立的目标的激励作用不能很低，让人唾手可得，而失去鼓舞作用。也不能目标定得太高，让人白努力而一无所获，无法实现。所以激励目标一般定的有一定难度，但是通过努力可以实现。

3. 谈判期望强度的利用

在谈判过程中，要了解对方的谈判期望及其强度。当谈判者认为实现目标的可能性大，对谈判就有信心，谈判期望就强，为谈判付出的努力就大。谈判对手的谈判期望强烈，对谈判抱着强烈的期望，往往会不惜代价。

在商务谈判中，随时注意了解谈判对手的谈判期望强度，可以使我方正确地进行谈判决策，决定是否让步，何时让步，可以调节谈判对手的谈判欲望，成功地引导谈判。因此，在谈判过程中必须注重对谈判者谈判期望强度的利用。

4. 谈判期望水平的利用

在谈判实际活动中，较高的期望水平能影响期望潜能的发挥。谈判期望水平高，对期望者的潜能发挥的程度也高，谈判活动取得成功的可能性就大。有专家做过研究并表明，期望水平高的人，所取得的成就往往会更大。期望水平高的人，往往会为取得较优异的成绩付出较大的意志努力和耐心，不会轻易放弃自己定下的标准；期望水平低的人，对追求的目标往往缺乏充分的信心、意志和努力，所取得的成绩就不会理想。

遵循上述心理机制，在商务谈判活动中，为了调动我方谈判人员的积极性，我方事先所设的谈判最优期望目标可高些，借以激发谈判人员的想象力、创造力和充分挖掘其潜能。

期望虽能促使期望者潜能的发挥，但期望的作用也有其两面性。谈判期望水平的高低，应根据主客观实际情况来决定，要考虑谈判者的才能、经验、心理素质和各种实际条件。谈判期望水平过高，而自身才能、经验欠缺、心理素质差，实际条件不具备，到时候不仅会因为实现期望的可能性小而造成积极性降低，而且还会因为期望目标不能如愿实现而造成心理挫折，不利于后续的谈判。

在谈判过程中，为了防止对手对我方谈判目标和策略采取制约措施，谈判者的具体期望目标及水平一般不宜过早暴露，需事先加以掩藏。

对对手的谈判最优期望目标、一般期望目标和最低限度目标，我方要加以分析和预测，了解其期望目标定位。这样，才能使我方在谈判中取得主动权，灵活而有策略地开展谈判。

【案例】

我国与突尼斯某公司就利用秦皇岛优越条件联合建立化肥厂的事进行谈判，达成了几个项目，后来事情又有了发展，科威特也要求入股联合办化工厂。在第一次三方会谈中，科威特石油化工工业公司的董事长听说中突双方已经进行了筹备工作的介绍，就明确提出："你们以前所做的一切工作都没有用，要从头做起。"这就是说，中突双方以前的工作全部作废。为了在秦皇岛建立化肥厂，中突双方已经开始了筹备工作，先制定可行性研究这一项，中突双方就动员了十名专家，耗资20多万美元，花去3个月的时间。因此否定以前所做的工作，不但没有理由，而且意味着中突双方巨大的经济损失。

然而为难的是这位科威特方面的石油化工工业公司的董事长威望太高，知名度很高，他在科威特的地位仅次于石油大臣，而且还是国际化肥工业组织的主席，他的公司在突尼斯许多企业中拥有大量的股票。因而他的作难居然没有人出面反驳。

如何使这位享有巨大权威的科威特石油化工工业公司的董事长改变主意呢？中突双方一时束手无策，会谈陷入僵局，空气异常沉闷。

一次会谈时，突尼斯公司代表突然站起来说："我代表我公司声明：为了建立这个化肥厂，我们选择了一处靠近港口、地理位置优越的厂址。也为了尊重我们的友谊，许多其他合资企业表示要得到这块土地的使用权，我们都拒绝了。如果按照董事长的提议，事情将无限期地拖延下去，那我们也只好把这块地方让出去。对不起，我要料理别的事情，我宣布退出谈判，下午，我等着你们的消息！"说完怒气冲冲地拎着皮包走了。

我国代表急了，追了出来，叫他快回去。岂料这位突尼斯地方官员诡谲地一笑，神秘地说："我不走，我到别的房间躲一下，我保证下面的戏准好唱。"说完，他回到房间里，悠闲地抽烟、看报、喝茶。

半个小时后，我方代表跑来，兴高采烈地说："真灵，你来这一招，形势起了变化，那位科威特董事长说，快请那位先生回来，我们应该赶快征用这块土地。"

以后的会谈就十分顺利了，科威特董事长的"强烈要求征用这块土地"的话也写进了会谈纪要。

考虑到谈判期望不能实现造成心理挫折的负面影响，在谈判让步方式和让步幅度上要有所讲究。让步要避免诱发对方进一步的甚至是过高的期望，否则，若在后续谈判中做出的让步小了，会与对方的期望水平相距太远，形成"期望越大，失望越大"的心理落差而导致心理挫折，不利于谈判的顺利进行。此外，在谈判中不要轻易许诺，一旦许诺就要兑现。许诺就是给人以期望，同样的道理，许诺不能实现，也会导致心理挫折而给谈判带来损害。

5. 期望目标效价的利用

在谈判双方眼里，同样的东西其价值可能是不一样的，这是目标的效价问题。符合期望者期望的东西，是有价值的或高价值的，不符合期望者期望的东西，是无价值的或低价值的。目标效价的高低对满足需要和谈判动机的强弱存在着影响。在商务谈判中，要善于利用期望目标效价对谈判施加影响。巧妙地运用谈判的策略，可以诱导对方，刺激和维持对方参与谈判的兴趣与欲望，妥善解决双方谈判中的利益分配问题，从而使商务谈判的双方共同受益，做到双赢。

从需要的角度说，一般情况下，效价高的报价目标总是比效价低的报价目标容易受到谈判者的追求。在商务谈判中，与对方期望目标或期望水平偏差太大的报价目标，则可能刺激不起对方谈判的欲望，导致谈判的流产。因此，商务谈判人员要善于判断出哪一些报价目标是对方最关心、最期望的，哪一些是对方不那么看重的，在讨价还价中，结合商务情况和期望心理来决定自己的报价与反报价。

此外，由于效价往往是主观判断，当对方对目标的效价缺乏认识时，应向对方解说，提高对方对目标对象的效价评价；为了让对方对我方所做的让步感到有价值，觉得让步得来不易，在让步之初我方就应做出十分重视的姿态，以诱导对方的感觉。

我方在实行多个目标对象的组合要价时，可以在报价组合中根据报价目标对对方的重要性（对对方效价的大小）进行搭配，使效价有大有小。报价目标对对方的效价有大有小，几个效价较大的报价目标组合在一起较易于取得谈判对方的让步和接纳，而且也容易取得较多的利益。

二、商务谈判的群体心理

按照谈判的规模划分,谈判主要包括"一对一"的谈判和小组谈判两种。心理学研究分析,"一对一"谈判中单独的个体与小组谈判中群体中个体有着不同的心理特征,所以在研究谈判心理时,不仅要研究谈判活动中的个体心理,还要研究谈判活动中的群体心理。

1. 谈判群体的现象剖析

心理学认为,群体是一个介于组织和个人之间的,由若干个人组成,为实现群体目标而相互联系、相互影响和相互作用,遵守共同规范的人群组合体。

作为一个群体具有以下几个特点:

(1) 群体成员数量超过2人。

(2) 属于正式组织。

(3) 成员间的互动性。

2. 谈判群体心理的影响

(1) 谈判群体效能的概念。

为了说明谈判群体心理的影响,首先要搞清谈判群体效能的定义。谈判群体效能,是指谈判群体的工作效率和工作成绩。谈判群体效能高的一方可能在谈判中取得好的利益。

(2) 谈判群体心理与成员素质。

在任何一次谈判活动中,参加谈判的每一个成员都必须具备一定的心理素质的要求,谈判群体各成员的心理素质,影响着谈判群体的工作效率。很显然,心理素质高的人,其潜能也就比较大,在外部环境比较合适的情况下,他所释放出来的工作能量也就比较大,因而具有较高的效能;相反地,心理素质较低的人,则具有较低的效能。

3. 几种典型的谈判群体心理

(1) 欲望型。

这些人对成绩的追求是狂热的,他们常常无视别人的反应和感觉,为了取得最高成就不惜付出代价。对于具有与其同样雄心、同样目标和同样手段的人,他们将会无情打击。这类人在谈判桌上喜欢发号施令,惯用高压政策和边缘政策,主宰谈判进程,不给别人留下任何余地,又不善于真正地引导谈判;在大部分问题上,我行我素,以我为中心,以结论由自己做主为满足。为达到自己的预期目标而强使权利,甚至不近人情。

(2) 成功型。

这种类型的谈判群体是商界的幸运儿,他们在温文尔雅的外表下暗藏着雄心,为了达到目的,他们在拼命努力。他们对谈判中定的目标十分注意,并强烈地追求目标的实现,以其实现程度的高低、大小作为自己谈判成功的标志,他们办事的方法隐蔽,手段精巧。在谈判中,他们十分随和,能迎合对手的兴趣。外表也充满着魅力,在不知不觉中说服对方。

(3) 关系型。

这种类型的谈判群体重视谈判目标,但更关注上级和同事对自己的看法,以及同谈判对手的关系。他们不愿意接受挑战,不愿意冒谈判陷于"紧张局势"的风险,也不愿意接受对目前造成威胁的局面，维持现状是他们的最大愿望。办事喜欢多请示上级，需要被上级不断地承认和赏识。由于环境总在变化，变化又意味着不安全。因此，他们总是怀着一种恐惧心理，需要上级不断地许诺和承认，只有这样，他们的心灵才能获得安宁，才能确信天下太平。

三、商务谈判的成功心理

谈判者均希望自己能够成功地达到谈判目标，这就是成功心理。它的强弱取决于谈判者实际力量的大小，包括物质力量和精神力量两个方面。物质力量是客观的，往往不易改变，这时精神力量往往就具有决定性作用了，所以商务谈判成功心理由精神力量决定，主要源于以下 3 个基本心理因素。

1. 信念

良好的心理状态是取得谈判成功的心理基础。只有具备必胜的信念，才能使谈判者的才能得到充分发挥，使人成为谈判活动的主宰。

信念是人的精神支柱，它是人们信仰的具体体现。持有什么样的信念，往往决定了人的行为活动方式。我们坚持谈判者必须具备必胜的信念，不是仅仅指求胜心理，它有着更广泛的内涵和更深的层次。信念决定谈判者在谈判活动中所坚持的谈判原则、方针，运用的谈判策略与方法。例如，谈判的一方为达到目的不择手段，甚至采取欺诈、威胁的伎俩迫使对方就范，为获得自己利益，不惜损害对方利益。某种情况下，这些做法也是在求胜心理支配下。但是我们不能提倡这种必胜信念，这是不道德的。实践也证明，这样做的后果是十分消极的。不择手段的做法使你获得了合同，也获得了利益，但它使你失去了信誉，失去了朋友，失去了比生意更加宝贵的东西。

所以，我们认为必胜的信念是符合职业道德的，具有高度理性的信心、自信心。这是每一个谈判人员要想取胜的心理基础。只有满怀取胜信心，才能有勇有谋，百折不挠，达到既定目标，才能虚怀若谷，大智若愚，赢得对方信任，取得成功的合作。

2. 耐心

耐心是在心理上战胜谈判对手的一种战术与谋略，也是成功谈判的心理基础。在谈判中，耐心表现为不急于取得谈判结果，能够很好地控制自己的情绪，掌握谈判的主动权。

耐心可以使人们更多地倾听对方，了解掌握更多的信息；耐心也使人们更好地克服自身的弱点，增强自控能力，有效地加强、控制谈判局面。有关统计资料表明：人们说话的速度是每分钟 120～180 个字，而大脑思维的速度却是它的 4～5 倍。这就是为什么常常对方还没讲完，人们却早已理解了。但如果这种情况表现在谈判中却会直接影响谈判者倾听，会使思想溜号的一方错过极有价值的信息，甚至失去谈判的主动权。所以保持耐心是十分重要的。

耐心还可以作为谈判中的一种战术与谋略，耐心使谈判者认真地倾听对方讲话，冷静、客观地谈判，分析谈判形势，恰当地运用谈判策略与方法；耐心使谈判者避免了意气用事，融洽谈判气氛，缓和谈判僵局；耐心使谈判者正确区分人与问题，学会采取对人软、对事硬的态度；耐心也是对付脾气急躁、性格鲁莽、咄咄逼人谈判对手的有效方法，是实施以软制硬、以柔克刚的最为理想的策略方法。

具有耐心也是谈判者心理成熟的标志，它有助于谈判人员对客观事物现象做出全面分析和理性思考，有助于谈判者做出科学决策。

需要指出的是，耐心不同于拖延，在谈判中，人们常常运用拖延战术打乱对方的战术运用。耐心主要是指人的心理素质，从心理上战胜对方。从心理学上看，人是否具有耐心，与人的气质有直接的联系。黏液质气质类型的人，天生性格稳重、平和，而胆汁质气质类型的人则脾气暴躁，缺乏耐性。因此，黏液质气质类型的谈判者运用耐心得心应手，而对于胆汁质的谈判者来讲，则需要克服较大的心理障碍。

在谈判活动中，谈判者要自始至终保持耐心，其动力来源于人对利益目标的追求，但人们的意志、对谈判的信心，以及对追求目标的勇气都是影响耐心的重要因素。

【案例】

美国前总统吉米·卡特是一个富有伦理道德的正派人，但他的最大特点就是惊人的耐心。科恩评论道，不论什么人同卡特在一起待上十分钟后，就像服了镇静剂一样。正是由于他的耐心坚韧不拔、毫不动摇，使他成功地斡旋了埃以两国争端，达成了著名的戴维营和平协议。埃及和以色列两国争端由来已久，积怨颇深，谁也不想妥协。卡特邀请他们坐下来进行谈判，精心考虑之后，地点确定在戴维营。尽管那里设施齐备、安全可靠，但却没有可游之处，散步成了人们主要的消遣方式，此外，还有两台供锻炼身体用的自行车和三部电影。所以，两国谈判代表团在住了几天之后，都感到十分厌烦。但是，每天早上八点钟，萨达特和贝京都会听到熟悉的敲门声，接着就是那句熟悉的话语："你好，我是卡特，再把那个乏味的题目讨论上一天吧。"结果等到第十三天，他们谁都忍耐不住了，再也不想为谈判中的一些问题争论不休了，这就有了著名的戴维营和平协议，它的成功，有一半归功于卡特总统的耐心与持久。

3. 诚意

谈判是两方以上的合作，而合作能否进行，能否取得成功，还要取决于双方合作的诚意。就是说，谈判需要诚意，诚意应贯穿谈判的全过程。受诚意支配的谈判心理是保证实现谈判目标的必要条件。我们认为，诚意是谈判的心理准备，只有在双方致力于合作的基础上，才会全心全意考虑双方合作的可能性和必要性，才会合乎情理地提出自己的要求和认真考虑对方的要求。所以说，诚意是双方合作的基础。

诚意也是谈判的动力。希望通过洽谈来实现双方合作的谈判人员会进行大量细致、周密的准备工作，拟定具体的谈判计划，收集大量的信息情报，全面分析谈判对手的个性特点，认真考虑谈判中可能出现的各种突发情况。诚意不仅能够保证谈判人员有良好的心理准备，而且也能使谈判人员的心理活动始终处于最佳状态中，在诚意的前提下，双方求大同，存小异，相互理解，互相让步，以求达到最佳的合作。

任务三　商务谈判心理的运用技巧

一、商务谈判情绪的调控

国际心理调查和分析机构 JonMcbey 研究结果：谈判破裂（失败）的原因

中，66%也就是2/3来自情绪的干扰。

商务谈判，因为必须在短时间内决定较大的利益关系，参与者一般要承受较大的压力。压力之下人们容易出现各种各样的情绪：沮丧、焦虑、恐惧、急于求成、感到不平、被对方激怒等以及关注、重视、轻蔑、或不以为然、心不在焉等，这些情绪会极大地影响我们的决定。高素质的谈判者，除了要控制好自己的情绪，使之不受压力的影响以外，还会随时判断出对方的心理状态，以便于自己早作准备和及时判断。

情绪是人脑对客观事物与人的需要之间关系的反映。它是人在认识客观事物的基础上，对客观事物能否满足自己的需要而产生的一种态度体验。情绪的适当运用，能加强谈判的影响力，对谈判有帮助，但任凭情绪在谈判场上像脱缰的野马一样随意狂奔，使谈判过于情绪化，则无益于谈判。作为谈判的任何一方，为使商务谈判能按自己预期的方向发展，都须运用相应的办法和技巧，对己方或对方的谈判情绪进行有效的调控。作为谈判人员，能够敏锐地知觉他人的情绪，善于控制自己的情绪，巧于处理人际关系，才容易取得谈判活动的成功。

1. 商务谈判情绪

在谈判活动中，谈判方的需要和期望满足的情况会千变万化，谈判者的情绪、心理也往往会随之波澜起伏。当异常的情绪波动出现时，要善于采用适当的策略对情绪进行调控，而不能让情绪对谈判产生负面影响。在谈判桌上，过激的情绪应尽量避免。当有损谈判气氛、谈判利益的情绪出现之后，应尽量缓和、平息或回避，防止有害的僵局出现，导致谈判的流产。

2. 商务谈判情绪的调控

一般情况下，谈判人员不仅对自己的情绪要加以调整，对谈判对手的情绪也应做好相应的防范和引导。谈判人员的情绪要服从谈判的利益，要对情绪进行调控，不能随意宣泄。谈判人员要有良好的意志力，不管是谈判处于顺境还是逆境，都能很好地控制自己的情绪，而不是被谈判对手所控制。

（1）情绪策略。

在商务谈判中，对方可能用攻心术、红白脸策略来扰乱我方的情绪，牵制我方并干扰我方策略的思考，对此必须有所防范。

①攻心术。攻心术是使对方心理上不舒服或者使对方意乱情迷而作出错误决策的策略。例如，以愤怒、指责的情绪和态度使谈判对方感觉到强大的心理压力，在对方惶恐之际迫使其作出让步。借助人身攻击来激怒对手，破坏对手的情绪和理智，乱其思路，并把对方引入事先设好的陷阱之中。以眼泪或者可怜相等软化的方法引诱对方的同情，激起对方的怜悯情绪，从而使对方让步。谄媚讨好，使其忘乎所以，在得意忘形之下作出让步。

②红白脸策略。红脸、白脸的运用是心理策略的一种具体形式。红脸通常表现出温和友好、通情达理的谈判态度，以换取对方的让步；白脸喜欢吹毛求疵，提出苛刻条件，纠缠对方，并极力从对方手中夺取利益。

【案例】

有这样一个运用"红白脸策略"的案例：有一次，一个亿万富翁卡尔想买飞机。他计划购买20架，而其中的10架他更是志在必得。起初，卡尔亲自出马和飞机制造商洽谈，却因为价格原因怎么也谈不拢。最后这位富翁勃然大怒，拂袖而去。后来，卡尔找了一位代理人，他告诉代理人，只要能买下他最中意的那10架便可。可谈判的结果很是出人意料，代理人居然将20架飞机都买下来，而且价格也令卡尔相当满意。卡尔非常佩服那个代理人，问他是怎么做到的。代理人回答说："这很简单，每一次谈判一陷入僵局，我便问他们，是希望继续和我谈呢，还是希望和卡尔本人谈。我这么一问，他们就乖乖地说，'算了，就按你的意思办吧。'"

在使用此策略时要注意几点：使用前，应该进行仔细的策划和排练。扮演"白脸者"要使人望而生畏并容易被激怒，而"红脸人"必须善于逢场作戏，十分圆滑和理智；使用中，要注意谈判的气氛，只有当谈判气氛因对方的死守不让到了剑拔弩张的时候运用此策略才能有好的效果。

（2）情绪控制的原则。

由于商务谈判，随时都可能面对对手的心理战术，谈判人员要做好以下几个方面的心理准备：

①注意保持冷静、清醒的头脑。保持清醒的头脑，就是保持自己的敏锐的洞察力、理智的思辨能力和语言行为的调控能力。当发现自己心神不宁的时候，要设法暂停谈判，通过休整和内部人员交换建议，恢复自己的良好状态。

②要始终保持正确的谈判动机。商务谈判是追求谈判的商务利益目标，而不是追求虚荣心的满足或者其他的个人实现，要特别防止在对手的挖苦、讽刺或者恭维之下迷失方向。

③将人和事分开。处理问题要遵循实事求是的标准，要避免被对手的真真假假、虚虚实实的手腕所迷惑，对谈判事务失去应有的判断力。

（3）调控情绪的技巧。

处理谈判问题时要注意合理运用调控情绪的相关技巧。在与对手的交往中，要做到有礼貌、通情达理。要将谈判问题和人划分清楚。在阐述问题时要侧重于针对实际情况，尽量不要指责对方，特别应该注意的是，不能把自己对问题的不满情绪发泄到对方个人身上。当谈判出现不协调或者紧张的局面时，要注意应用交际手段表示同情、尊重，借以缓解紧张气氛，消除敌意。

在谈判中，要注意尊重对方，通过适合的态度、言行、举止让对方感觉到被尊重。要注意自己的言谈举止的风度和分寸。谈判见面不打招呼或者懒得致意，脸红脖子粗的争吵、拍桌子、当众摔东西或者不理不睬，这些举动都会伤害到对方的感情。要深知，让对方感觉到侮辱，则不利于谈判目标的达成。当然，尊重对方不等同于屈从或者任对方侮辱，对于无理的言行要进行有节有力的适当反击。但是，要切忌"以牙还牙"式的报复，要针对问题，以正式严肃的方式来阐明我方的态度和观点。

在谈判过程中，提出我方与对方不同的意见和观点时，为了防止对方的抵触或者对抗，可在一致的方面或者无关紧要的问题上肯定对方的意见，表现出通情达理的一面。缓和对方的不满情绪，使其容易接受我方的观点。当对方人员情绪出现异常时，我方应该适当地予以劝说、安慰、体谅或者回避，使其缓和或者平息。对谈判对手有意运用情绪策略，则要有所防范和有相应的调控反制对策。

二、商务谈判中的心理挫折的防范和应对

商务谈判人员应该做好防范谈判心理挫折的准备,对所出现的心理挫折能够有效地应对。

1. 商务谈判中的心理挫折

人的需要会引发动机,动机则导致人们的行为。受各种主观及客观条件的影响,行为活动有的可以达成目标,有的却遭受阻碍。行为活动受到阻碍不能达成目标,这就是挫折。

(1) 心理挫折的含义。

心理挫折是人们在追求目标的过程中遇到自己感到无法克服的障碍、干扰而产生的一种焦虑、紧张、愤懑或沮丧、失意的情绪心理状态。心理挫折是人的一种主观感受,有别于实际上的行动挫折。人们的行为活动,在客观上遭受挫折是经常的。但是,并不是遇到了挫折,人就会产生挫折感,而且面对同一挫折,人们的感觉反应也不相同。例如,在商务谈判中,当双方就某一问题各不相让,僵持不下时,形成了活动中的挫折,对此人们的感受可能是不同的。有的人会感到遇到了困难,但这可能会激起他们更大的决心,要全力以赴把这一问题处理好,而有的人则感到沮丧、失望乃至丧失信心。

人们行动挫折的产生有主观、客观两方面的原因。其主观原因在于人的知识、经验、能力水平、智商等方面,而客观原因则是活动对象、环境条件的复杂、困难程度。在人的行为活动遇到挫折时,人们的主观心态由于各种原因会产生不同的反应,如对行为挫折的情境的主观判断,遭受挫折目标的重要性,抱负水平及对挫折的忍受力都会影响人们对遭受挫折后的心态反应。

在商务谈判中,心理挫折造成人的情绪上的沮丧、愤怒,会引发与对手的敌意和对立,容易导致谈判破裂。

(2) 心理挫折行为的表现。

当人遭受心理挫折时,会产生紧张不安的情绪和行为上的异常。

①攻击。攻击是人们在遭受心理挫折时最容易表现出来的行为,也就是把挫折产生的生气、愤怒的情绪向人或者物进行发泄。攻击行为可能直接指向阻碍人们达成目标的人或者物,也可能指向其他替代物。

②退化。退化是指人在遭受挫折时表现出来的与自己年龄不相称的幼稚行为。例如情绪上的失控,出现孩子似的不理智行为。

③病态的固执。病态的固执是指一个人明知从事某种行为不能取得预期的效果,但仍不断地重复这种行为的表现。病态的固执往往受人的逆反心理的影响。在人遭受挫折之后,为了减轻心理上承受的压力,或者想证实自己的行为正确,以逃避责任,在逆反心理的作用下,往往无视行为的结果不断地重复某种无效的行为。

④畏缩。畏缩是指人在遭受挫折之后失去自信,消极悲观,孤僻不合群,易受暗示,盲目顺从的行为表现。

(3) 谈判与心理挫折。

谈判活动是一种协调行为,即协调交易各方的利益与冲突。因此,在谈判活动中,谈判人员会遇到这样或那样的矛盾,碰到各种挫折,难免会产生心理波动,并直接影响其行为

活动。

①成就需要与成功可能性的冲突。

成就感在人的需要层次中表现为自尊和自我实现，是一种高层次的追求。正是这种追求促使人认真努力，不懈地追求，希望有所造就，希望获得良好的工作业绩。但是谈判活动的不确定性，又造成了谈判人员谈判结果的不确定性，由此构成了成就需要与成功可能性的矛盾。

交易洽商既涉及交易各方的实际利益，又具有很大的伸缩性和变动性。就连什么是成功的谈判，什么是理想的结果，都众说纷纭，没有统一的标准。即使谈判前制订详细的目标与计划，谈判的结果在很大程度上也取决于双方力量的对比和谈判人员作用的发挥。这既增加了取得工作业绩的难度，也为谈判人员更好地发挥个人潜力创造了条件。这里努力、勤奋、创造性都是获得成功的必要因素。

心理挫折对人的行为有直接的影响。但并不只是消极的影响。对于振奋的人来讲，遭受挫折后，尽管蒙上了心理阴影，但却可以激励、鞭策自己，取得成功。

②创造性与习惯定向认识的冲突。

谈判是一种创意较强的社交活动。没有哪两个谈判项目是完全一致的。适用于上次谈判的方式方法，可能完全不适用于这一次。虽然每进行一定规模的交易活动，各方都要进行详细、周密、认真的准备，但很大程度上取决于谈判人员的"临场发挥"。所以，谈判人员的应变能力、创造性、灵活性都是十分重要的。

但是，人们的认知心理都存在着一种思维惯性。这在心理学上被称为"习惯定向"，即人们在思考认识问题过程中，习惯于沿着某一思路进行，这样考虑的次数越多，采用新思路的可能性就越小，这种习惯思维对人的束缚性就越大。这就导致人们习惯于用某种方法解决问题后，对又出现的新问题，不寻求更好的方法，还是机械地套用老方法去处理。所以，我们认为，习惯定向是影响谈判人员创造性地解决问题的主要障碍。如何摆脱定势思维对人认识活动的影响，怎样既重视经验，又不依赖于经验，怎样创造性地解决洽谈活动的问题，可能是每一参与谈判活动的人都面临的问题。最重要的是培养谈判人员良好的心理素质、正确的工作态度和坚强的意志品质。

③角色多样化和角色期待的冲突。

在实际生活中，每个人在不同的情况下可能会充当不同的角色。如一个人在家里是父亲，在单位可能是位领导者，而从事洽谈活动又是临时组织的负责人，或专业人员，还可能是其他组织负责人等。不同的角色，所处的社会地位不同，社会规范的行为方式也不同。由于在不同的情况下担任不同的角色，彼此之间必然会有矛盾冲突，作为具体的个人，要承担如此众多的角色，而且都要符合角色的要求，难免会出现挫折，形成心理冲突。特别是当原有角色与洽谈活动中所扮演角色相冲突时，能直接影响谈判者的心理活动，影响其作用的发挥。例如，一个人在原单位是一名技术人员，但在谈判活动中成为一个主谈人，还承担着决策重任，那么，他很可能不适应这种角色的转化。而一个在原单位是主要负责人，但在洽谈活动中，他只扮演一从属的角色，他会感到不受重用，其能力没有得到充分发挥。可见，这种原有角色与实际角色的心理冲突是值得我们认真研究注意的。

2. 心理挫折的预防和应对

商务谈判是一项艰辛的工作。谈判所遇到的困难多,容易遭受失败,有失败就有挫折。心理挫折会引发谈判人员的情绪沮丧,从而产生针对谈判对手的敌意,容易导致谈判破裂。因此,商务谈判人员对商务谈判中客观的挫折应有心理准备,做好心理挫折的防范,应有有效的方法及时化解心理挫折,并能应对对方出现的心理挫折,保证谈判的顺利进行。

(1) 心理挫折的预防。

首先,消除引起客观挫折的原因。人的心理挫折是伴随着客观挫折的产生而产生的。如果能减少引起客观挫折的因素,人的心理挫折就可以减少。

其次,提高心理素质。一个人遭受客观挫折时能体验到挫折,与他对客观挫折的容忍力相关,容忍力弱者较容忍力强者易感受到挫折。有坚强意志力和较多承受挫折经历的人有较高的承受力。

(2) 心理挫折的应对。

在商务谈判中,不管是我方人员还是谈判对方人员产生心理挫折,都不利于谈判的顺利开展。为了使谈判顺利进行,对心理挫折要积极应对。

首先,要勇于面对挫折。常言道:"人生不如意事十有八九。"这对于商务谈判来说也是一样,商务谈判往往要经过曲折的谈判过程,通过艰苦的努力才能达到成功的彼岸。商务谈判人员对于谈判所遇到的困难,甚至失败要有充分的心理准备,以提高对挫折的承受力,并能在挫折打击下从容应对环境和情况的新变化,做好下一步的工作。

其次,摆脱挫折情境。相对于勇敢地面对挫折而言,这是一种被动的应对挫折的办法。遭受挫折后,当商务谈判人员在无法面对挫折情境时,通过脱离挫折的环境情境、人际情境或转移注意力等方式,可让情绪得到修补,使其能以新的精神状态迎接新的挑战。美国著名成人教育学家、心理学家戴尔·卡耐基就曾建议人们在受到挫折时用忙碌来摆脱挫折情境,驱除焦虑的心理。

再次,情绪宣泄。情绪宣泄是利用一种合适的途径、手段将挫折的消极情绪释放排泄出去的办法,目的是把因挫折引起的一系列生理变化产生的能量发泄出去,消除紧张状态。情绪宣泄有助于维持人的身心健康,形成对挫折的积极适应,并获得应对挫折的适当办法和力量。

情绪宣泄有直接宣泄和间接宣泄的办法。直接宣泄有流泪、痛苦、怨气发泄等形式;间接宣泄有活动释放、诉说等形式。

有专家认为,面对谈判对方的愤怒、沮丧和反感,一个好的办法是给对方一个能够发泄情绪的机会。让对方把心中郁闷的情绪和不满发泄出来,让他把话说完,这样他心里就不再留下什么会破坏谈判的忧患。让对方发泄情绪,可借此了解对方心理等状况,可以针对性地开展说服性的工作。

三、正确认识身体语言

与人的口头语言一样,人的体态、行为举止也有一定的言语表达功能。通过人的体态、行为举止表达出来的语言,叫身体语言。俗话说:"言为心声"。由于人的行为举止与人的思想、心理状态相联系,所以解读人的身体语言,可以了解人的心理状态。

身体语言与人的生理反应、天性本能和文化习俗有关。如悔恨时捶胸顿足,高兴时喜笑颜开,痛苦时双手抱头,愤怒时摩拳擦掌,主要与人的生理和本能有关;打"V"字手势庆贺胜利,握手表示有礼,主要源于文化习俗。虽然身体语言会因地域和文化的不同而有所不同,但由于人的生理反应及人的本能的类似性和文化的传播,人的身体语言在一定程度上是相通的。

人的心理状态,会在不经意间通过他的行为举止反映出来。拿情绪方面来讲,人是有情绪的,人的喜怒哀乐是与人的需要心理相联系的。人的情绪倾向是与人对事物的认知和态度相联系的。通过了解人的情绪,可以推测出人的态度、心理动机、行为倾向。虽然对于人的情绪体验,有经验的人可以有意识地进行某种程度的调控,但人在情绪状态下所出现的生理变化和某些下意识的动作,却是当事人难以控制的。例如,人在愤怒时,言语动作会变得冲动难以控制,会产生攻击行为,人的语气声调往往高亢、急促,呼吸每分钟可达四五十次,而正常情况下每分钟仅二十次左右,此时还会伴随着心跳加速、血压升高、唾液停止分泌、口干舌燥等生理反应。所以,人的心理状态会通过人的表情、身体动作等自觉或不自觉地反映出来。

因此,谈判人员在谈判过程中,如果掌握身体语言的有关知识,留意观察谈判对手的一颦一笑、一举一动,就有可能通过身体语言窥视谈判对手的心理世界,把握谈判的情势,掌握谈判获胜的主动权。

1. 面部表情

面部表情的主要表现部位是眼睛、嘴和脸色。与谈判对手谈判,要注意观察对方谈判人员的面部表情的变化。

(1) 眼睛。

在谈判进行的过程中,谈判组成员往往用身体语言与其搭档进行信息的交流。特别是当谈判取得重要进展时,谈判组成员之间可能会相互交换眼色。这样,谈判人员就必须注意眼睛对信息传递的观察和利用。

在人的身体姿态语言中,眼睛是最能传达人的心理信息的。俗话说"眼睛是心灵的窗口",眼睛里表露出来的信息往往不是刻意就能掩饰的。人的瞳孔是根据人的情感、情绪和态度自动发生变化的。

眼睛传达心理信息的方式与含义如下:

①眼睛直视,表示关注和坦白。在商务谈判中,谈判者可以利用眼睛中诚挚、友善的目光,直视对方的眼睛,传达友好合作的信号,以求达到良好的沟通。如果对方的目光直视你,眼中略带湿润,面部表情轻松,表明对方对你的话感兴趣或表示欣赏。但直视时间过长,则带有攻击的意味,这一点要注意。

②在听取发言时,不时眨眨眼睛,是表示赞同;或眼帘略微低垂、无语是表示默认。

③沉默中眼睛时开时合,表明他对你的话语已不感兴趣,甚至已厌倦。

④若目光左顾右盼,表明他对你的话语已心不在焉。如斜眼视人,则可能存在消极的思维,并有蔑视之意;在听对方说话时,未听完就看旁边的东西,则表明不完全同意对方所说的话。

⑤若对方说话时望着我方,表明他对自己说的话有把握,如果不望着我方而望着别的地

方，目光闪烁不定，表明他有隐匿的成分。顾左右而言他当然会让别人觉得没有诚意。

（2）脸色。

一般情况下，大多数人会不自觉地把情绪表现在脸上，对此要细心观察。

①对方人员脸红耳赤往往是激动的表现，脸色苍白可能是过度激动或身体不适，脸色铁青是生气或愤怒。

②谈判人员用笔在空白纸上随意乱写乱画，不抬眼皮、脸上若无其事的样子，表示厌倦。

（3）嘴。

嘴巴也是反映人的心理的一个重要的部位。观察嘴巴要注意嘴的张合，嘴角的挪动，与眼睛、面部肌肉一同综合观察判断则更为准确。

①嘴巴肌肉紧张表明其态度上拒绝，或有防备、抗御的心理。

②嘴巴微微张开、嘴角朝两边拉开、脸部肌肉放松的微笑，是友好近人情的表现。

③嘴巴呈小圆形张开，脸部肌肉略微紧张，有吃惊、喜悦或渴望之意。

④嘴巴后拉，嘴角呈椭圆形的笑，是狞笑，有奸诈之意潜藏于后。

2. 身体姿态

身体姿态的主要表现部位是手和腿脚。

（1）手。

①一般情况下，摊开双手手掌表示诚意，给人一种胸怀坦诚说实话的感觉。

双手把放松的手掌自然摊开，表示信任对方，不设防，愿意开诚布公，乐于听取对方的意见。

②除非双方是亲密的朋友，不然，与对方保持一定的距离，双手交叉于胸前，是设防的心理；若交谈一段时间后，仍出现这样的手势和姿态，则表明对对方的意见持否定态度，如果同时攥紧拳头，那否定的态度更强烈。

③用手抚摸下巴、捋胡子等动作，往往表明对提出的问题、材料感兴趣并进行认真的思考。

④两手的手指顶端对贴在一起，掌心分开，表示高傲自负和踌躇满志，或显示自己的地位高尚。

⑤身体后仰，两手交叉托住后脑勺，显示的是如释重负的自得心态。谈判者感到自己在谈判中处于支配地位，驾驭谈判局面时往往会做出这样的姿态。

⑥在谈判中自觉和不自觉地把手扭来扭去，或将手指放在嘴前轻声吹口哨，意味着心理状态的紧张、不安。

（2）腿脚。

腿脚的动作较为被人们所忽视。其实腿脚是人较容易泄露的部位，也正因为如此，人们在谈判或演讲时总是要用桌子和讲台来掩着腿脚的位置。

①人们在感到恐惧或紧张时，双腿会不自觉地夹紧，双脚不住地上下颤动或左右晃动。

②表面专注听讲，双腿不停变换姿势，表明已经对谈话的内容很不耐烦。

（3）其他。

①两人之间的距离为 0.5~1.2 米是个人空间，0~0.5 米是亲密空间。在交谈中判断距

离恰当不恰当,要看跟你谈话的人在距离上是不是感到舒服,假如他往后退,说明离他太近,假如他往前倾,说明距离远了。

②把笔套收好,整理衣服和发饰,表明做好结束会谈的准备。

四、谈判中的心理战术

谈判是冲突与合作的对立统一,在生活中,无时不有,无处不在。很多情况下的谈判在表现形式上往往只是语言交锋的过程,但实质上谈判是一场心理战。在谈判中如何察言观色,把握对方的心理,潜移默化地影响其感情因素,充分利用利益引导,都将关系到谈判的成败。

1. 动之以情,寓理于情,建立友好互信的局面

谈判的目的是要让谈判桌变得越来越小,大家越坐越近,而最终达成共识。如果谈判气氛僵硬,彼此都有很强的敌对感和不信任感,谈判就难以顺利进行下去,停滞,终止,甚至因为争执而演变成"鱼死网破"的战争。要清楚,战争是不会有完全的胜利方的。相反,无论你自己心里真正是如何看待对方,只要可以赢得对方的认同感或者信赖,都将意味着你为谈判争取了更多获得利益的机会,同时,也为以后的长期合作打下了坚实的基础。因此,赢得对方的友好和信任是谈判的基石。

人首先是感情动物,理性是建立在感情基础之上的。所以,谈判说理要先融入情,寓情于理,简单说就是要"动之以情"。如在谈判一开始,就可以用一些轻松的话题等方式拉近谈判双方的距离。热情令人冲动,真情令人感染,常情令人深思,选择何种方式"以情化人",都要根据谈判对手的性格特点有针对性地使用。

【案例】

两个警察为了获得更多的线索,审讯一个犯人。其中一个警察殴打、恐吓犯人,对他没有丝毫同情,因此自始至终都没撬开犯人的嘴。而另一个警察一进来便给犯人端了一杯咖啡并递给他香烟,询问犯人年迈的父母和可爱的女儿是否过得好,并宣称他在很多方面都是站在犯人这一方的,并且保证犯人不会再受到前一个警察的拳头。经过长期的交流沟通,犯人被其善意打动,主动承认了罪刑。

可见,争取对方的信任,通过谈判桌建立亲密关系,可以为谈判的取胜赢得筹码。

2. 以情代理,过犹不及,良好的关系只是获得利益的方式

虽说要以情动人,但切不可以情代理,即完全用感情来取代常理,谈判真正的决定因素是利益的分割,感情沟通只是辅助作用,切不可化次为主。如果运用不当,尤其是针对那些分析型或理智型的人,一旦被识破很有可能引来对方的反感,起到完全相反的作用。

【案例】

孟尝君燕坐,谓三先生曰:"愿闻先生有以补之阙者。"一人曰:"警天下之主,有侵君者,臣请以臣之血湔其衽。"田瞀曰:"车轶之所能至,请掩足下之短(者),诵足下之长;千乘之君与万乘之相,其欲有君也,如使而弗及也。"胜胶曰:"臣愿以足下之府库财务,收天下之士,能为君决疑应卒,若魏文侯之有田子方、段干木也。此臣之所为君取矣。"

(引自《战国策·齐三策》)

孟尝君在选择身边的人时，曾问三个食客会如何为他弥补过失。第一个舍人回答说愿意以生命来报答知遇之恩，虽听起来感人却难免有讨好之嫌，不免令人厌恶；第二个人身体力行，以颂扬孟的美名为己任，不免说得过于夸大；而最后一人则娓娓道来有情有理，恰为舍人之职、孟尝君之需，对于像孟尝君这样理智的君王，固然不会忽视这种细水长流、平淡却永恒的君臣之义的。所以前两个舍人都犯了以情代理的错误。

由于信息的不对称性，欺骗是难以避免的。识破对手的"感情谎言"，保持冷静的思维，也是维护己方利益至关重要的一点。比如，可以多注意对手的表情变化、语言的前后差别，以及一些细小不自然的地方。

3. 以利代理，因势利导，想其所想，求己所需

谈判中利益是第一位的，在谈判桌上，任何一方的最终目的都是在可能的范围内使自己的利益最大化，值得注意的是，这里的利益最大化并非狭义地指金钱最大化。通常情况下，人有六种期待交换的资源：爱、金钱、服务、商品、地位和信息。每一种资源的价值取决于对方对其需求的紧迫性和获得的难易程度。如果对方觉得你所持有的资源对他没有什么吸引力，坐下来谈判的可能性就很小。若可以及时根据对方的言行判断对方真正的需求，那么在此基础上加以利用，因势利导，也就掌控了谈判的主动权。

【案例】

一家服装店的老板向他的供货商申请30天的付款期（一般发货后即付款），供货商老板在与服装店老板交谈的过程中察觉其在现金流转上遇到了一些麻烦，他似乎只能在卖掉货物后才能调动现金支付。供货方于是答应了他的要求，但要求其还款时需支付货款30天的利息（高于银行贷款利率）。服装店老板向银行贷款必然来不及，于是就答应了供货方的要求。

任何一件事物或者行为，都有与之相联系的利益。依循对方的需求加以满足，再借此获得自己想要的东西，就算达到了谈判"共赢"的最佳效果。

4. 以退为进，欲擒故纵，谋求更大的利益点

老子有云："将欲废之，必固兴之；将欲夺之，必固与之。"以退为进，从韬略的角度讲，就是"欲取故与"，即退一小步，先消除对手的心理戒备，放松警惕，然后再想法儿进一大步。或者也可以"以退为进"，但要注意，"退"只是表面的，形式上的；"进"则是内在的，本质的。即只给对方一些表面的好处，而己方相对攫取一些对自己更为有利、更实惠的好处。

【案例】

秦王谓甘茂曰："楚客来使多健者，与寡人争辞，寡人数穷焉，为之奈何？"甘茂对曰："王勿患也！其健者来使，则王勿听其事；其懦弱者来使，则王必听之。然则懦弱者用，而健者不用矣！王因而制之。"（引自《左氏春秋》）

秦王苦于楚国的使者都能言善辩，自己总被其弄得无话可说，大臣甘茂向他建议不要采取那些能言善辩人的意见，而应采取那些徒有其表、懦弱无能的人的意见，对方自然会起用

那些不善辩的使者，从而便可制服对方了。可见甘茂的意见避免了秦王与强者的正面交锋，而和弱者谈判，自己才能掌握主动权。

但这种欲擒故纵的方法难度较大，因为你的对手不是傻瓜，如果被其识破了手段，那你则会什么好处也捞不到，甚至反被人抓住薄弱点。

5. 拐弯抹角，旁敲侧击，利用不可明示的潜在利益

有时，在谈判中坦言直说，可以提高谈判效率，但如果转换角度，借助其他中介来说服对方，话中有话，甚至将谈判代表的个人利益迁入其中，反而会有更好的收效。

【案例】

秦王与中期争论，不胜。秦王大怒，中期徐行而去。或为中期说秦王曰："悍人也。中期适遇明君故也，向者遇桀、纣，必杀之矣。"秦因不罪。（引自《战国策》）

秦王与中期争论没有获胜，秦王因此大怒，中期却又慢慢地离去。有人替中期说话，说中期是个鲁莽的人，幸亏碰到了明君，如果碰到夏桀、商纣，一定会杀了他。这个人并没有直接向秦王求情，反过来只是轻描淡写地暗示如果秦王杀了中期，就与暴君无异了。秦王固然不想留下骂名，只好饶了中期。

6. 巧用激将，转化矛盾，扭转弱者地位

碰到敌强我弱的局面，往往不好与对方直面交锋，鸡蛋碰石头，固然捞不到什么好处，但如果可以利用时局中的一些情况，转换敌我矛盾，或者以激将速战速决，引得对手一时激动，达成协议后，后悔就只是对方自己的事了。

【案例】

鲁肃引孔明来见周瑜。周瑜故意说曹操兵多将广，势不可拒，战必败，降则易安，觉得投降较好，孔明冷笑，瑜问其故，孔明答："操极善用兵，天下莫敢当。独有刘备不识时务，强与争衡；今孤身江夏，存亡未保。将军决计降曹，可以保妻子，全富贵。何足惜哉！"肃怒曰："你让我主屈膝受辱于国贼！"孔明又说："我有一计，不费兵卒，可退操兵。"瑜追问。亮曰："我曾听说操曾造一台，名曰铜雀，极其壮丽；广选天下美女以实其中。操本好色之徒，久闻江东乔公有二女，有沉鱼落雁之容，闭月羞花之貌。操曾发誓曰：愿得江东二乔，置之铜雀台，以乐晚年。今虽引百万之众，虎视江南，其实为此二女也。将军何不差人买此二女，送与曹操，则江东之危可解矣。"瑜曰："操欲得二乔，有什么证明呢？"孔明曰："操曾作一赋，名曰《铜雀台赋》。赋中之意，誓取二乔。我爱其文华美，尝窃记之。"瑜曰："试请一诵。"孔明即时诵起来，诵到"揽二乔于东南兮，乐朝夕之与共"时，周瑜勃然大怒，骂道："老贼欺吾太甚！"肃忙解释道："先生有所不知：大乔是孙权之妻，小乔乃瑜之妻也。"孔明佯作惶恐之状，曰："亮实不知。失口乱言，死罪！"瑜曰："吾与老贼誓不两立！吾承伯符寄托，安有屈身降操之理？适来所言，故相试耳。吾自离鄱阳湖，便有北伐之心，虽刀斧加头，不易其志也！望孔明助一臂之力，同破曹贼。"（引自《三国演义》，有删减）

周瑜第一次见诸葛亮时，知其有求助抗曹之意，故设下圈套，假装说要投降，想让诸葛亮掉进来，从而以求援者的地位受制于吴。而诸葛将计就计，先顺应周瑜的话说投降可以保妻子、全富贵，激将其为胆小鼠辈，引得周瑜不悦，紧接着，诸葛亮又佯装不知二乔身份，

设下铜雀台赋的圈套,将吴与蜀的矛盾巧妙地转化为吴与魏的矛盾,令周瑜在愤怒中掉进圈套,答应联蜀抗曹。

每一种心理战术都有一个限度,即所谓的"适度为美"。针对不同的环境、不同的人,不同程度地利用心理上的战术,权衡利益、事理、感情等在谈判中可能产生的效果,以便让自己站在最有利的位置更容易地抓到自己最想要的东西。如何选择战术,则需要谈判前的充分准备和谈判中的顺势应变。

故而,卓越的智慧,机智的谋略,健全的理性,合理的判断,过人的胆识,是一个真正成功谈判者的必备条件。

项目总结

在谈判的过程中,谈判者的心理起着潜移默化的作用,对谈判的结果有强烈影响,因此,认识并掌握谈判者的心理状况,不仅能够培养自身良好的商务谈判心理意识,正确运用谈判心理技巧,而且能够有效地引导谈判,控制谈判节奏,争取有利的谈判结果。

商务谈判的基础是需要。了解对方需要,根据对方不同层次的需要制定相关策略,为谈判成功铺平道路;要根据谈判人员的个性、性格、气质等采取相应的对策;了解人们感知觉的习惯,掌握其规律性,借以提高谈判人员的判断力。根据谈判人员不同的期望心理、群体心理和成功心理,学会并对其加以分析利用。采取措施预防和避免心理挫折、掌握谈判情绪的调控方法,了解人的肢体语言的含义,掌握商务谈判的实用心理战术为谈判顺利进行奠定基础。

基本训练

1. 请谈谈你在具体生活中应用肢体语言取得成功的事例。
2. 请写出一个在日常生活中亲身经历的,采用红白脸策略赢得谈判的具体事例。
3. 什么是商务谈判需要心理?简述如何运用各种需要心理。
4. 对于一个第一次经历失败的谈判新手,你如何让其重塑自信?
5. 撰写一个你在购买商品时应用谈判期望的例子。
6. 对于一个关系型的谈判对手,我们谈判时应该注意什么?

实训操作

实训内容:情景模拟。谈判双方就一项学校购买价值100万元的计算机设备进行谈判。在做了充分的谈判准备后,开始进行谈判,谈判时着重注意心理策略的运用。

实训目标:通过模拟练习使学生理解各种谈判心理,并能够运用到商务谈判中;掌握各种商务谈判心理运用技巧并灵活运用,使谈判有利于己方。

实训组织:

1. 将学生分为甲、乙两组,扮作买卖双方,每组4~5人,分别设定身份;
2. 在做了市场调查后,直接进入讨价还价过程;
3. 双方充分运用各种心理策略,力图使结果倾向于己方;
4. 谈判结束,教师进行评价。

案例分析

案例一：

假设你特别喜欢名人字画。某天你在古董市场发现了一幅你心仪已久的字画。你和他们的业务员经过讨价还价，商定了价格，正在你准备付款，他们的总经理出现了，把他的业务员骂了一通，说价格太低，不卖了。

问题：这时你如何处理？

案例二：

美国的服装商德鲁尔兄弟开了一家服装店，他们对每一位顾客都十分热情。每天，弟弟都站在服装店的门口向过往的行人推销。但是，这兄弟俩的耳朵都有些"聋"，经常听错彼此的话。

情况常常是，弟弟热情地把顾客拉到店中，并向顾客反复介绍某件衣服是如何物美价廉，穿上后是如何得体、如何漂亮。大多数顾客经他这么劝说一番之后，总会有意无意地问："这衣服多少钱？"

"耳聋"的小德鲁尔先生把手放在耳朵上问："你说什么？"

顾客误以为对方耳聋，便又提高声音问一遍："这衣服多少钱？"

"噢，你是问多少钱呀，十分抱歉，我的耳朵不好，您稍等一下，我问一下老板。"小德鲁尔转过身去向那边的哥哥大声喊道："这套纯毛×××牌的衣服卖多少钱呀？"

大德鲁尔从座位上站起来，看了一眼顾客，又看了看那套衣服，然后说："那套呀，70美元。"

"多少？"

"70美元。"老板再次高声喊道。

小德鲁尔回过身来，微笑着对顾客说："先生，40美元一套。"

顾客一听，赶紧掏钱买下了这套"物美价廉"的衣服，而后就溜之大吉了。

问题：1. 德鲁尔兄弟采用的是什么心理战术？为什么会成功？

2. 这种战术的特点是什么？在商务谈判中适用于什么情形？

项目七

商务谈判的沟通

项目目标

- ❖ 了解沟通、有效沟通、商务谈判沟通的定义和影响沟通的因素。
- ❖ 熟悉商务谈判的沟通技巧。
- ❖ 重点掌握谈判中的听、问、答、叙、说服的技巧。

项目导入

英国文豪萧伯纳说过:"假如你有一个苹果,我也有一个苹果,而我们彼此交换这些苹果,那么,你我依然是各有一个苹果;如果你有一种思想,我也有一种思想,而我们彼此交换这些思想,那么,我们每个人将各有两种思想。"这段话生动地说明了沟通的作用。沟通就是希望组织内的成员能"同中求异、异中求同",做到"圆融沟通、化解对立"。

在现代管理理论中,组织内部的沟通是管理的一项重要内容。组织内部有效沟通的主要作用在于把许多独立的个人、群体联系起来,组织起来,形成一个整体。它有利于形成良好的文化氛围;有利于统一组织成员的思想和行动,以保证组织目标的实现;有利于组织成员之间的信息传播,从而对知识的传播、生产、应用起到不可替代的作用。所以,有效的沟通是有效领导者最经常性的活动,是群体心理与行为的重要方面。

导入案例

一个西方记者说:"请问,中国人民银行有多少资金?"

周恩来委婉地说:"中国人民银行的货币资金有18元8角8分。"当他看到众人不解的样子时,解释道:"中国人民银行发行面额为10元、5元、2元、1元、5角、2角、1角、5分、2分、1分的10种主辅人民币,合计为18元8角8分。"

——周总理举行记者招待会,介绍我国建设成就。这位记者提出这样的问题,有两种可能性:一个是嘲笑中国穷,实力差,国库空虚;一个是想刺探中国的经济情报。周总理在高级外交场合,显示出机智过人的幽默风度,令人折服。

这样的问题事先怎么准备,没有雄辩的口才和快速的思维反应怎么可能做到?

引例分析

商务谈判者都是为了现实的利益而来,都想通过谈判获取更多的利益,因此谈判者之间很难做到完全的相互信任,总会存在着某些猜忌。要想使谈判能够顺利进行并最终取得成功,必须尽可能地建立起谈判对象之间的信任感,消除相互之间的猜忌。所以,成熟的谈判人员大多会在谈判一开始就主动营造一种热情友好、真诚合作、认真解决问题的谈判气氛,借此推动谈判的顺利进行,促成谈判的成功。

【任务实施】

任务一 商务谈判沟通概述

为什么要沟通?这个问题乍听起来,好像问别人"为什么要吃饭"或"为什么要睡觉"一样。吃饭是因为饥饿,睡觉是因为困倦。同样,对于我们来说,沟通是一种自然而然的、必需的、无所不在的活动。

通过沟通可以交流信息,获得感情与思想。在人们工作、娱乐、居家、交易时,或者希望和某些人的关系更加稳固、持久时,都要通过交流、合作、达成协议来达到目的。在商务谈判的过程中,有声或无声语言的沟通是基础,并贯穿始终。它既是商务谈判的前奏,更是巩固谈判成果必不可少的、促使谈判成功的关键。因此,我们有必要理解沟通,并灵活运用它为谈判服务。

一、沟通的定义及过程

1. 沟通的定义

沟通,本指开沟以使两水相通。后用以泛指使两方相通连;也指疏通彼此的意见。在英汉词典中,"Communication"这个词,在被译为沟通的同时,还往往被译作交流、交往、通信、传达、传播等。虽然这些词在具体的使用中有细微的差异,但它们在本质上都涉及信息的交流与交换。

各国对沟通这个词可能有着大同小异的见解。例如:

"沟通是用任何方法,彼此交换信息,即指一个人与另一个人之间用视觉、符号、电话、电报、收音机、电视或其他工具为媒介,所从事交换信息的方法。"

——《大英百科全书》

"沟通是文字、文句或消息之交流,思想或意见之交换。"——《韦氏大辞典》

"沟通是意义的传递和理解。"——斯蒂芬·P·罗宾斯

"沟通是什么人说什么,有什么路线传至什么人,达到什么结果。"——哈罗德·拉氏韦尔

"沟通可视为任何一种程序,借此程序,组织中的一成员,将其所决定意见或前提,传递给其他有关成员。"——赫伯特·西蒙

一般来讲,沟通就是发送者凭借一定渠道(亦称为媒介或通道),将信息发送给既定对

象（接受者），并寻求反馈以达到相互理解的过程。此定义具体包含以下意思：

（1）沟通的目标性。

人们在进行不同的沟通活动时会有不同的目标，有效的沟通可以达到将心比心，让对立方站在别人的角度去思考问题，使得沟通效果进一步升华，进而达到预定目标。反之，没有目的的沟通会盲目且无效率，无法达成有效沟通的效用。因此，永远不要忘记沟通的目标是什么，也不要轻视沟通过程中的每个细节。

（2）沟通手段的多样性。

常用的有语言沟通、书面沟通、电子媒介沟通等。每种沟通方式都有自身的特点，我们要做到将各种方式融会贯通，善于综合利用。

（3）沟通是一个双向、互动的反馈和理解过程。

这个过程实际上是沟通的核心内容部分。沟通是人们在互动过程中，通过一定的途径和方式，将一定的信息从发送者传递给接受者，并获得理解的过程。要使沟通成功，信息不仅需要被输出、传递，还需要被接受者正确理解，这是双方达成协议的基础。因此，有人说：谈判就是沟通。

作为商务人员，处于当前这样一个充满激烈竞争的时代，不仅要具备应对问题和挫折的能力，还要与客户、同事、合作伙伴和供应商建立良好的人际关系。因此，提升沟通艺术，并对人际关系进行良好的维护、运作，就成为了事业成功的重要保证。

2. 沟通的过程

沟通是一个信息传递的过程，一般来说，一个完整的沟通过程包括输出者、接受者、信息、沟通渠道四个主要因素。

（1）输出者。

信息的输出者就是信息的来源，他必须充分了解接受者的情况，以选择合适的沟通渠道以利于接受者的理解。要顺利地完成信息的输出，必须对编码和解码两个概念有一个基本的了解。编码是指将想法、认识及感觉转化成信息的过程。解码是指信息的接受者将信息转换为自己的想法或感觉。

在从事编码的过程中，注意以下几个方面有利于提高编码的正确性。

①相关性。信息必须与接受者所知道的范围相关联，如此才可能使信息被接受者所了解。所有信息必须以一种对接受者有意义或有价值的方式传送出去。

②简明性。尽量将信息转变为最简明的形式，因为越是简明的方式，越可能被接受者所了解。

③组织性。将信息组织成有条理的若干重点，可以方便接受者了解及避免接受者承担过多的负担。

④重复性。主要是在口语的沟通中，重复地强调重点会有利于接受者的了解和记忆。

⑤集中性。将焦点集中在信息的几个重要层次上，以避免接受者迷失在一堆杂乱无章的信息之中。在口语沟通中，可凭借特别的语调、举止、手势或面部表情来表达这些重点。若以文字沟通方式，则可采用画线或强调语气突出内容的重要性。

【案例】

有一个秀才去买柴,他对卖柴的人说:"荷薪者过来!"卖柴的人听不懂"荷薪者"是什么意思,就愣在那,不敢朝秀才走过去,于是秀才只好自己走上前去问:"其价如何?"卖柴的人听不太懂这句话,但是听懂了一个字——"价",于是就告诉秀才价钱。秀才接着说:"外实而内虚,烟多而焰少,请损之。"卖柴的人因为听不懂秀才的话,担着柴转身要走。

见卖柴人要走,想到这么冷的天,没有柴怎么取暖?秀才急了,一把抓住卖柴人的柴担,说:"你这柴表面上看起来是干的,里头却是湿的,烧起来肯定会烟多火焰小,请减些价钱吧!"

这个故事说明,态度其实是沟通的一种筹码。如果你很强大,你的态度一定很强硬;如果你的力量不足或者你的立脚点不强、证据不足时,你的态度立刻就软化了。作为信息的输出者,必须充分了解接受者的情况,以选择合适的沟通方式以利于接受者的理解,达成预定目标。

(2) 接受者。

接受者是指获得信息的人。接受者必须从事信息解码的工作,即将信息转化为他所能了解的想法和感受。这一过程受到接受者的经验、知识、才能、个人素质以及对信息输出者的期望等因素的影响。

【案例】

"美国汽车推销之王"乔·吉拉德有过一次记忆深刻的体验。一次,某位名人来向他买车,吉拉德推荐了一款最好的车型给他。那人对车也很满意,眼看就要成交了,对方却突然变卦而去。

吉拉德为此事懊恼了一下午,百思不得其解。到了晚上11点他终于忍不住打电话给那人:"您好!我是乔·吉拉德,今天下午我曾经向您介绍一款新车,眼看您就要买下,却突然走了。这是为什么呢?"

"你真的想知道吗?"

"是的!"

"实话实说吧,小伙子,今天下午你根本没有用心听我说话。就在签字购车之前,我提到我的儿子吉米即将进入密执安大学读医科,我还提到他的学科成绩、运动能力以及他将来的抱负,我以他为荣,但是你却毫无反应。"

这就是吉拉德失败的原因——没有用心去听。在沟通过程中,如果不能够认真聆听别人的谈话,也就不能够"听话听音",何谈机警、巧妙地回答对方的问题呢?这也是影响解码的第一大障碍。

(3) 信息。

信息是指在沟通过程中传给接受者(包括口语和非口语)的消息,同样的信息,输出者和接受者可能有着不同的理解,这可能是输出者和接受者的个体差异造成的,也可能是由于输出者传送了过多的不必要信息。

【案例】

不同的文化有其不同的背景,比如全世界都喝酒,但像中国人这样干杯的国家和人越来越少了。我们认为喝酒干杯是一种人情,是给对方面子,喝酒不干杯就是不够热闹、不够意思。而英、美、法、德以及日本、加拿大、意大利等国,他们也是经常喝酒的,但都是一堆啤酒摆在面前,一人一个杯子,喝多少自己倒多少,至于要不要干杯,就看你自己了,没有人强求。可见喝酒是一种文化,而不是大家的习惯。因此与老外在一起喝酒时,不要叫人家干杯。

不同的文化有不同的想法,与他人沟通时,既要多注意地域文化的不同,也要多注意国家、民族习惯的不同。否则,可能会发生这样的事情:我们在"编码"给别人的时候,自以为是好意,但人家却看成是一种勉强;自认为是一种解释,但人家却认为遭到你暴力的误导;自以为是一种直言,但人家却觉得你讲话太刺耳了,不够中听。

(4) 沟通渠道。

企业组织的沟通渠道是信息得以传送的载体,可分为正式或非正式的沟通渠道、向下沟通渠道、向上沟通渠道、平行沟通渠道。

【案例】

有对夫妻吵完架后互不理睬,谁也不愿意先说一句话。丈夫有睡懒觉的习惯,平时都是妻子喊他,这次他怕误事,因为第二天有个重要的会议,但又不好意思张嘴去求妻子,于是就写了张纸条:"明天7点钟别忘了叫醒我!"放在妻子的梳妆台上。妻子看了没吭气。丈夫第二天一觉醒来发现已经8点了,就大声质问妻子:"你怎么不叫醒我!"而妻子回答道:"7点钟的时候我给你写了纸条,你没看见?"丈夫一看枕边,果真有个纸条:"已经7点了,快起来!"丈夫说:"你喊我呀,写纸条有什么用!"妻子反问说:"你不也是给我的纸条吗?"

通过上述案例可以看出,信息的传递要通过沟通渠道,不同的沟通渠道适用于传递不同的信息。比如房子失火了,此时应打"119"电话并大声呼救,而用书面语言打报告显然来不及了。

在沟通全过程中,有六个关键环节,即信息编码、信息传递、信息接收、信息解码、信息反馈、信息策划,这六个环节缺一不可(见图7-1)。

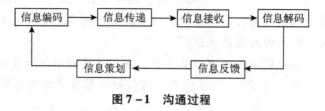

图7-1 沟通过程

【案例】

有一条船在海上遇难了,有三个幸存者被冲到三个相距很远的孤岛上。第一个人大声呼救,但周围什么也没有。第二个人也高声呼救,恰好一架飞机飞过天空,但飞机上的人听不到他的声音。第三个人在呼救的同时点燃了一堆篝火,飞机上的人发现了孤岛上的浓烟,通知海上救援队把他救了出来。(资料来源:《管理学原理故事会》崔卫国、刘学虎编著,中华工商联合出版社)

虽然遇难的三个人都在向外联系,请求救助,但由于沟通方式不同,效果也截然不同。第一个人没有信息的接受者,第二个人发出的信息未被对方辨认,只有第三个人既有信息的接受者,发出的信息又能被对方所辨认,才实现了有效的沟通。所以信息沟通的这四个要素如果少了一个,都不能实现信息的沟通。

二、沟通的形式

沟通按不同的标准可以分为以下几种形式(见表7-1)。

(1) 在沟通过程中,根据沟通符号的种类可分为语言沟通和非语言沟通。

语言沟通包括口头沟通和书面语言沟通,非语言沟通包括声音语气(比如音乐)、肢体动作(比如手势、舞蹈、武术、体育运动等)。最有效的沟通是语言沟通和非语言沟通的结合。

语言是人类特有的一种非常好的、有效的沟通方式。语言沟通包括口头语言、书面语言、图片或者图形。

口头语言包括我们面对面的谈话、开会议等。书面语言包括我们的信函、广告和传真,甚至现在用得很多的 E-mail 等。图片包括一些幻灯片和电影等,这些统称为语言的沟通。

在沟通过程中,语言沟通对于信息的传递、思想的传递和情感的传递而言更擅长于传递信息。

肢体语言包含得非常丰富,包括我们的动作、表情、眼神。实际上,在我们的声音里也包含着非常丰富的肢体语言。我们在说每一句话的时候,用什么样的音色去说、用什么样的抑扬顿挫去说等,都是肢体语言的一部分。

表7-1 沟通的方式

沟通方式	举例	优点	缺点
口头	交谈、讲座、讨论会、电话	快速传递、快速反馈、信息量很大	传递中经过层次越多,信息失真越严重,核实越困难
书面	报告、备忘录、信件、内部期刊、布告	持久、有形、可以核实	效率低、缺乏反馈
非语言	声、光信号、体态、语调	信息意义十分明确,内涵丰富,含义隐含灵活	传递距离有限,界限模糊,只能意会不能言传
电子媒介	传真、闭路电视、计算机网络、电子邮件(E-mail)	快速传递、信息容量大、一份信息可同时传递给多人、廉价	单向传递,电子邮件可以交流,但看不见表情

(2) 按照是否是结构性和系统性的,沟通可分为正式沟通和非正式沟通。

正式沟通一般指在组织系统内,依据组织明文规定的原则进行的信息传递与交流。例如,组织与组织之间的公函来往、组织内部的文件传达、召开会议、上下级之间的定期情报交换等。

非正式沟通指的是正式沟通渠道以外的信息交流和传达方式。非正式沟通是非正式组织的副产品，它一方面满足了员工的需求，另一方面也补充了正式沟通系统的不足。它是正式沟通的有机补充，在许多组织中，决策时利用的情报大部分是由非正式信息系统传递的。

【案例】

"小道消息"自古以来就有一个坏名声，人们通常会自然联想为"在人背后说坏话"或是"恶意的诽谤"。最近，芬兰赫尔辛基大学的研究员伊尔波·科斯基宁却说："如果没有小道消息，我们将对身边发生的事知之甚少！"

科斯基宁通过对"小道消息"这一课题的研究发现，"小道消息"谈论的对象一定是参与议论的人都了解的，或至少对其有某种程度上的了解，这样每个人就可以把自己知道的有关这个人的事说出来。如果需要，甚至还可以对证出这些事是否真实。科斯基宁说，研究结果证实小道消息虽有诽谤性，但其中不乏积极的因素。把一些"小道消息"录下来进行分析后发现，积极和消极的东西数量通常差不多。

这样看来，小道消息是中性的，大体是基于事实的信息传递，尽管有不可避免的讹传成分。在现代管理活动中，管理者开始重视非正式沟通。因为非正式沟通的信息传递速度快且不受限制，直接明了，它是以组织成员的感情为基础的，起到补充完善正式沟通的作用。

(3) 按照沟通在群体或组织中传递的方向，可分为下行沟通、上行沟通和平行沟通。

下行沟通是指资讯的流动是由组织层次的较高处流向较低处，通常下行沟通的目的是为了控制、指示、激励及评估。其形式包括管理政策宣示、备忘录、任务指派、下达指示等。有效的下行沟通并不只是传送命令而已，应能让员工了解公司之政策，计划之内容，并获得员工的信赖、支持，因而得以有效的期待，同时有助于组织决策和计划的控制，达成组织之目标。

上行沟通是指下级的意见向上级反映，即自下而上的沟通。例如，请示、汇报、意见申述等。

平行沟通指的是流动于组织机构中具有相对等同职权地位的人之间的沟通。因为是平级关系，所以相互之间威胁性就小，也没有与上下级沟通那样的强制或惩罚发生联系。但由于平行沟通大多是发生在工作的求助上，所以相互推诿的情况比较多，以致沟通困难。

(4) 按照沟通中的互动性与是否进行反馈，可分为单向沟通和双向沟通。

单向沟通是指发送者和接受者这两者之间的地位不变（单向传递），一方只发送信息，另一方只接收信息。例如，作报告、演讲、命令等。

双向沟通中，发送者和接受者两者之间的位置不断交换，且发送者是以协商和讨论的姿态面对接受者，信息发出以后还需及时听取反馈意见，必要时双方可进行多次重复商谈，直到双方共同明确和满意为止，如交谈、协商等。双向沟通与单向沟通的比较具体见表7-2。

表7-2 双向沟通与单向沟通的比较

因　素	结　果
时间	双向沟通比单向沟通需要更多的时间
信息和理解的准确程度	在双向沟通中，接受者理解信息和发送信息者意图的准确程度大大提高
接受者和发送者置信程度	在双向沟通中，接受者和发送者都比较相信自己对信息的理解
满意	在双向沟通中，接受者和发送者都比较满意单向沟通
噪声	由于与问题无关的信息较易进入沟通过程，双向沟通的噪声比单向沟通要大得多

三、有效沟通

管理沟通，从其概念上来讲，是为了一个设定的目标，把信息、思想和情感在特定个人或群体间传递，并且达成共同协议的过程。沟通是自然科学和社会科学的混合物，是企业管理的有效工具。沟通还是一种技能，是一个人对本身知识能力、表达能力、行为能力的发挥。无论是企业管理者还是普通的职工，都是企业竞争力的核心要素，做好沟通工作，无疑是企业各项工作顺利进行的前提。

达成有效沟通须具备两个必要条件：首先，信息发送者清晰地表达信息的内涵，以便信息接受者能确切理解；其次，信息发送者重视信息接受者的反应并根据其反应及时修正信息的传递，免除不必要的误解。有效沟通主要指组织内人员的沟通，尤其是管理者与被管理者之间的沟通。

1. 有效沟通定义

所谓有效沟通，是通过听、说、读、写等思维的载体，通过演讲、会见、对话、讨论、信件等方式准确、恰当地将自己的想法表达出来，以促使对方接受。

【案例】

哈佛商学院的一位教授去非洲给土著人讲课。为了表示对土著人的尊敬，他西装革履、一本正经。可一上讲台便直冒汗，是天热吗？不是。原来土著人以最高礼仪在听课——不论男女全部都一丝不挂，只戴着项圈，凡私处只用树叶遮挡。

第二天，为了入乡随俗，教授只好一丝不挂走上讲台，只戴个项圈，私处也用树叶遮挡。可这一天也让他直冒汗，原来土著人为了照顾教授的感情，吸取了头一天的教训，全部都是西装革履，一本正经，只有教授一个人光着身子在台上。

直到第三天，双方才做了很好的沟通，台上台下全穿西装，教授在台上才没再冒汗。

由此可见，信息沟通具有重要意义，从小处说能避免人们交往中的误会，从大处说它关系到一个组织的自下而上的发展。因此，要想处理好人际关系，使组织高效运转，必须进行有效沟通，防止出现沟通障碍。

2. 有效沟通的障碍因素

内部有效沟通的最大障碍在于管理者高估了自己的管理权而对权力空隙估计不足。管理者的观念和由此而及的思维方式还固守着旧的习惯。如果管理者仍偏重于以物为中心的重事管理思想，那么传统管理模式的某些特性必然体现出来，其核心强调管理者的权力和威严。管理者在权力幻想之下，其所谓的沟通必然出现以下特征：

（1）语言障碍。

语言障碍是指语言表达不清，使用不当，造成理解上的困难或产生歧义。这在大公司和跨国公司中十分常见。由于地域、文化、生活方式等的不同，语言可分为多个不同的语系（如印欧语系、汉藏语系等）；语系内部又分为若干语族（如印欧语系又分为印度语和日耳曼语等）；即使是同一语族，也会由于地方不同而演变成不同的方言（如我国汉语又分为北方话、闽南话、粤语等）。如此多的语言种类，沟通时必然存在障碍。

（2）以自我为中心，认知模式刚性。

以自我为中心，过于迷信自身思维方法的管理者其认知模式往往具有剧性化特征，以静态的思维面对时代的发展和社会的进步，久而久之，管理者非但不了解别人，甚至都不了解自己，不了解自身与现实的差距有多大。另一方面，面对具有较强等级观念的权威性管理者，下属出于自身前途的利弊考虑，发送的信息可能更倾向于附和管理者的愿望以回避风险。管理者接收了此类信息后在一定程度上更强化了其认知模式的刚性。如此之沟通只能陷入一种恶性循环。管理者更固守于传统的思维，被管理者更热衷于传递失实的信息，最终结局只能是组织内部人心涣散，更可悲的是管理者自身甚至还未意识到到底哪个环节出了问题。

（3）组织障碍。

大量实验表明，人们自发的沟通往往发生在同地位的人之间。因为员工对主管存在惧怕心态，一般不会与主管主动地沟通；而一般主管潜意识中轻视员工的意见，甚至下意识地希望员工不要提出太多的问题或建议。因此，有的主管常做出表面忙碌的样子，借此减少与员工接触的机会。

组织的结构同样重要。有些组织庞大、层次重叠，信息传递的中间环节太多，会造成信息的损耗与失真。组织结构不健全，沟通渠道堵塞，也会导致信息无法传递。表7-3为组织内信息的传递及流失。

表7-3　组织内信息的传递及流失

职务	原始信息	流失/%
总经理	100	0
副总经理	66	34
经理	56	44
厂长	40	60
领班	30	70
员工	20	80

（4）沟通呈现静态特征。

有效沟通是一种动态的双向行为，而双向的沟通应得到充分的反馈，只有沟通的主体、客体双方都充分表达了对某一问题的看法，才具备有效沟通的意义。因为在复杂的社会环境下，组织内部多样化程度越来越高，相互之间的依赖也越来越强，各种对目标、职责、利害关系等认识的分歧也越来越大。同时，只有在增强主客体上下交流的过程中，才能引导人们从不同的角度看问题，消除一些不必要的误解和偏见。如此才能使组织成为一个相互依赖的合作整体，从而顺利达到组织追求的目标。而以自我为中心的权威型管理者发送信息时漠视信息接受者的反应，从而使沟通仅局限于从上到下的单向沟通。

（5）沟通缺乏真诚之心。

真诚是理解他人的感情桥梁，而缺乏诚意的交流难免带有偏见和误解，从而导致交流的信息被扭曲。在管理关系比较简单的传统管理模式下，管理者和被管理者彼此缺乏相互的渗透，缺乏情感的互动效应。实际上，沟通中信息发送者的目的是否能达到完全取决于信息接受者。因此管理者只有在转变观念，弱化自己的权力，把对方看成合作伙伴的前提下才能与被管理者进行心理沟通。

（6）沟通渠道相对闭塞。

自由开放的多种沟通渠道是使有效沟通得以顺利进行的重要保证。从管理的角度考虑，沟通是一个长期积累和长期不懈努力的过程，因此，沟通不仅仅是管理中的技巧和方法，更是一种组织制度。在我国，开会可能是传递、发送信息的一个最常见的场所。一个具有实质内容的、安排妥当的会议将是同时完成意见沟通和管理目的的有效工具。但如果会议的召开只是为了满足权威型领导展示其权威的欲望，或者是没有实质意义的沟通，只会引起人们的反感，显然违背了有效沟通的本意。

按照上面的理论，很难想象一个70岁的俄罗斯男性主管与一位25岁的美国女性员工的沟通可以顺利进行。然而，事实上许多跨国公司做到了，并且十分出色。面对这样错综复杂的沟通障碍，我们并不是束手无策的。为科学解决沟通交流的诸多障碍，美国管理协会曾提出过一套沟通建议，被誉为"良好沟通的十项建议"：

①沟通前做好充分准备，澄清有关概念，系统地分析即将沟通的信息，以求沟通明确清楚。

②发出信息的人要确定好沟通目标。

③研究沟通环境、沟通对象的性格等情况。

④多方听取他人意见，认真策划组织沟通内容。

⑤沟通时词句要适当，声调要适中，面部表情要适当，体态语言要得体。

⑥及时收集沟通信息的反馈。

⑦传递的信息应准确可靠，用词需要准确，不可用模棱两可的词汇。

⑧言行一致，说到做到，讲究信用。

⑨沟通既要结合当前的需要，又要配合长远目标，既不能鼠目寸光，只顾眼前需要，又不能不顾实际，好高骛远。

⑩做一名好听众，善于听他人的谈话，做到专心致志，以真正领会对方的原意。

任务二　商务谈判沟通技巧

商务谈判是协调经济贸易关系的行为过程，其内驱力是各自的经济需求。

商务谈判中的沟通技巧

成功的商务谈判总是寻求达到需求结合点的途径。因此，商务谈判技巧不是研究虚假、欺诈和胁迫手段，而是探讨根据现代谈判理论和原则，为实现谈判目标，在谈判过程中熟练运用谈判知识和技能，是综合运用知识经验的艺术。要提高谈判技巧，掌握现代谈判理论和相关知识是基础，总结他人和自己在商务谈判中的经验教训很有必要。将理论知识和经验运用到现实中去锻炼，培养在不同环境中，迅速、准确、自如地应用能力，是核心，是关键。

掌握谈判沟通技巧，就能在对话中掌握主动，获得满意的结果。这个谈判沟通技巧就是听、问、答。怎样听、如何问、如何答，贯穿于商务活动的整个过程。

一、商务谈判中的倾听技巧

1. 倾听的效应

有位哲人曾说过：为什么人只长了一张嘴巴而长了两只耳朵，造物主的用意很明白，那就是希望我们多听少说。谈判中的倾听，不仅指运用耳朵这个器官去倾听、听到、听清楚、听明白，而且要用眼睛去观察对方的表情、反应，用心去感觉谈判的气氛及对手的原来构想、洞察对手话语背后的动机，即在倾听中要做到耳到、眼到、心到。

聆听是沟通过程不可或缺的部分。接听（Hear）与聆听（Listen）不同：前者是反映听觉机能的状况，后者除了健全的听觉，更需要全情投入，付出真诚和专注。

谈判是一个沟通过程，双方进行一连串的讨论和对话，以期达成双方满意的协议。大多数人认为在会面时，多说话才能令对方信服并接受我方的提议和条件，但学术研究和实践经验推翻了这一说法。事实上，谈判时多说话，只会错露底牌，甚至激发争论，扩大分歧，更可能引致谈判破裂。因此，在谈判过程中，我们应该多听少讲，才能知己知彼，百战百胜。具体地说，倾听在商务谈判的效用主要表现在以下两个方面：

（1）倾听便于我们了解对方的观点、立场、态度，明白对方的需要。

说是一门艺术，而听更是艺术中的艺术。会说的，有锋芒毕露的时候，也常有言过其实之嫌，话说多了，我们会说夸夸其谈，油嘴滑舌，说过分了还导致言多必有失，祸从口出。静心倾听就远没有这些弊病，倒有兼听则明的好处。注意听，给人的印象是谦虚好学，是专心稳重，诚实可靠。认真听，能减少不成熟的评论，避免不必要的误解。善于倾听的人常常会有意想不到的收获：蒲松龄因为虚心听取路人的叙说，记下了许多聊斋故事；唐太宗因为兼听而成明主；齐桓公因为细听而善任管仲；刘玄德因为恭听而鼎足天下。

有效地倾听可以使我们了解对方的需求，找到解决问题的新办法，修改我们的发盘或还盘。"谈"在前，"判"在后，而"听"则是一种能力，甚至可以说是一种天分。"会听"是任何一个成功的谈判人员都必须具备的条件。一个成功的谈判人员，在谈判时要把50%以上的时间用来听。

（2）倾听有助于维系人际关系，保持友谊。

大量事实表明，人际关系失败的原因，很多时候不在于你说错了什么，或是应该说什么，而是因为你听得太少，或者不注意听所致。比如，别人的话还没有说完，你就抢口强说，讲出些不得要领、不着边际的话，别人的话还没有听清，你就迫不及待地发表自己的见解和意见，对方兴致勃勃地与你说话，你却心荡魂游、目光斜视，手上还在不断拨弄这个那个，有谁愿意与这样的人在一起交谈？有谁喜欢和这样的人做朋友？一位心理学家曾说：

"以同情和理解的心情倾听别人的谈话，我认为这是维系人际关系、保持友谊的最有效的方法。"

我们知道人都有自我表现欲，更喜欢别人倾听。一旦有人倾听，说者更热情、更起劲。在谈判中，我们要尽量鼓励对方多说，这样说者能够产生愉快、宽容的心理，对倾听者产生信赖和好感，而倾听者也将得到更详尽的信息，有利于更好保持双方的关系。

2. 影响倾听的因素

太多的人把倾听技能作为一种理所当然具备的能力。他们把听与倾听混为一谈。二者有何差别？听主要是对声波振动的获得，倾听则是弄懂所听到的内容的意义，它要求对声音刺激给予注意、解释和记忆。

一般人的正常语速是每分钟说出 120～200 字。但是，倾听者平均每分钟可以接收 400 字左右的信息。这就使得倾听的时候留给大脑很多空闲时间，使其有机会神游四方。而对于大多数人来说，这也意味着他们养成了很多坏习惯来利用"这段空闲时光"。

很多人认为听是一种被动的行为，他们如果不参与谈话还可能会感到无精打采、烦闷。

人们不主动倾听的真正原因是：如果他们这样做了，就会受到外界新信息的影响，他们要面对别人对世界的看法。在这些新知识和新感悟的基础上，他们就必须改变自己原有的观点和已经形成的看法。而对很多人而言，他们是不愿意改变他们一贯的思维方式的。以下几个方面在很大程度上会影响听的效果：

（1）身体不适。由于谈判日程安排紧张或谈判人员得不到休息，导致身体不适、精神不佳、注意力下降，这会影响一个人听的能力和他对说话者的注意程度。

（2）外界环境干扰。如电话铃声、打字机声等一切来自物质环境的可能会打断沟通过程的声音。

（3）其他心事的影响。如惦记着其他的会议、文件或报告都会阻碍听力。

（4）先入为主的答案。对别人提出的问题自己已形成了答案或者总是试图阻止他们提出问题，这些都会影响你专注去听。

（5）个人代入。总是认为别人在谈论自己，即使并非如此也这么认为。

（6）谈判人员受知识、语言水平的限制，特别是专业知识与外语水平的限制而听不懂、听不明白等。

（7）有选择地听。仅仅听取别人所说的话中与自己不同的观点，同样会影响全部内容包含的意义。

善于倾听在所有方式的沟通中都是很重要的。它不是消极的行为，听者对于交谈的投入绝不亚于谈话者。如果你不竭力去听懂他人，就不可能成为优秀的领导者和谈判者。

3. 倾听的原则

在商务谈判中，谈判人员必须仔细倾听对方的发言，认真观察对方的每一个细微动作，以便准确地把握对方的行为与想法。这就是说，在商务谈判中，对对方的仪态姿势、言谈举止等，都必须注意观察。

对谈判来说，更多地注重提高倾听的质量是十分必要的。不少谈判者以为，谈判中要多说话，才能把意见讲清楚，更充分地反驳对方，更好地显示己方的立场与实力。这些想法是失之偏颇和不明智的。其实，倾听同样地有助于谈判获得成功。基本的倾听原则可以归纳为以下几点。

（1）多听。

倾听的第一个要领是"多听"，这是谈判者所必须具备的一种修养。多听不仅是尊重对手、获取信息、发掘事实真相、探索对方动机与意见的重要和必要的积极手段，也是谈判"攻"与"守"的重要基础和前提。有人说过，倾听，是一种只有好处而没有坏处的让步，而这个让步给你带来的一定会比你付出的还要多。

在谈判中采用多听少说的策略，对于洞悉对手实力，有的放矢地制定扬己之长、攻敌之短的决策，具有十分重大的作用。

（2）恭听。

倾听的第二个要领是"恭听"，也就是在倾听时要充分表达出对对方发言的尊重、关注和兴趣。要做到全神贯注地认真听，双眼注视对方。必要时，应以适当的神情、动作来表示你的专注和反馈（如首肯、应诺、微笑等）。切忌漫不经心，显出不耐烦的样子；或急不可耐地想打断对方的话；或左顾右盼、不住地伸懒腰、打哈欠、看手表等，这些行为举止，是极不礼貌，也极为有害的。

（3）善听。

倾听的第三个要领是"善听"。善听的主观标准是"三到"：耳到、眼到、脑到。这是追求"全方位"综合效应的"听"，也就是除运用耳朵这种听觉器官去听外，还要用自己的眼睛去观察对手的神态举止，并运用自己的脑子去记忆对手谈到的有关信息，从中悟出其话语背后的原发构想、意向动机、方针策略、需要及顾虑等。

善听的客观标准，又表现在如下几个方面：

①由点及面。由点及面指要"听全"。要力求把包括数字、细节都听进去，千万不要因主观上认为某些东西不重要而不听、漏听。研究"听话"的专家拉夫·尼可拉斯说，一般人在听过别人说话之后，不论他曾如何下决心注意听，也只能记得听到的一半。因此，除了尽量用耳朵去听外，还应辅以必要的笔记。

②由表及里。由表及里指要"听透"。就是在听完一个片段以后，要善于马上将对方意见加以归纳，理清头绪，把握中心，吃透观点，捕捉意图，找出破绽，甚至要听出其中的"弦外之音"。

③由言及色。由言及色指不仅要"听其言"，还要"察其色"。因为人们的言辞与举止神态是有内在联系的。如谈判者的脸红、面部肌肉紧张、烦躁不安、过分专注、强笑、凝视等，都在一定程度上反映其内心的紧张情绪；而眨眼过于频繁，常与内疚或恐慌的情感有关；不自然的咳嗽，往往被用来掩盖谎言；说话有板有眼而脸部却毫无表情的谈判者，多是城府很深、必须慎重应付的对手等。

4. 倾听的方法

成功的倾听必须做到以下几条：

（1）要有正确的"听"的态度。专心地听对方谈话，态度谦虚，始终用目光注视对方。不要做无关动作：看表、修指甲、打哈欠，人人都希望自己讲话能引起别人的注意，否则，他讲话还有什么兴趣，还有什么用呢？

(2)要善于通过体态语言、语言或其他方式给予必要的反馈,做一个积极的"听话者"。例如,赞成对方说话时,可以轻轻地点一下你的头;对他所说的话感兴趣时,展露一下你的笑容;用"嗯""噢"语气词等表示自己确实在听和鼓励对方说下去等。

(3)提出问题。凭着你所提出的问题,让对方知道,你是仔细地在听他说话。而且通过提问,可使谈话更深入地进行下去,如"造成这种现象的原因是什么呢?""他为什么要这样做?"

(4)不要中途打断对方,让他把话说完。讲话者最讨厌的就是别人打断他的讲话。因为这样,在打断他的思路的同时,又让他体会到你不尊重他。事实上,我们常常听到讲话者这样的不平:"你让我把话说完,好不好?"

(5)适时引入新话题。人们喜欢从头到尾安静地听他说话,而且更喜欢被引出新的话题,以便能借机展示自己的价值。你可以试着在别人说话时,适时地加一句:"你能不能再谈谈对某个问题的意见呢?"

(6)忠于对方所讲的话题。无论你多么想把话题转到别的事情上去,达到你和他对话的预期目的,但你还是要等待对方讲完以后,再岔开他的话题。

(7)要巧妙地表达你的意见,不要表示出或坚持明显与对方不合的意见,因为对方希望的是听的人"听"他说话,或希望听的人能设身处地地为他着想,而不是给他提意见。你可配合对方的证据,提出你自己的意见,比如对方说完话时,你可以重复他说话的某个部分,或某个观点,这不仅证明你在注意他所讲的话,而且可以以下列的答话陈述你的意见,如"正如你指出的意见一样,我认为我完全赞成你的看法。"

(8)要听出言外之意。一个聪明的倾听者,不能仅仅满足表层的听知理解,而要从说话者的言语中听出话中之话,从其语情语势、身体的动作中演绎出隐含的信息,把握说话者的真实意图。只有这样,才能做到真正的交流、沟通。

认真按照这些要求去做,终将会成为一名成功的倾听者。

【案例】

美国谈判界有一位号称"最佳谈判手"的考温,他非常重视倾听的技巧,有一年夏天,当时他还是一名推销员,他到一家工厂去谈判。他习惯于早到谈判地点,四处走走,跟人聊聊天。这次他和这家工厂的一位领班聊上了。善于倾听的考温,总有办法让别人讲话,他也真的喜欢听别人讲话,所以不爱讲话的人遇到了考温,也会滔滔不绝起来。而这位领班也是如此,在侃侃而谈之中,他告诉考温说:"我用过各公司的产品,可是只有你们的产品能通过我们的试验,符合我们的规格和标准。"后来边走边聊时,他又说:"嗨!考温先生,你说这次谈判什么时候才能有结论呢?我们厂里的存货快用完了。"考温专心致志地倾听领班讲话,满心欢喜地从这位领班的两句话里获取了极有价值的情报。当他与这家工厂的采购经理面对面地谈判时,从工厂领班漫不经心的讲话里获取的情报帮了他的大忙,他在之后谈判中的成功是自然而然了。

通过此案例可以看出,在日常生活中,要避免沟通中的愚蠢行为,首先要学会倾听。

总之,"听"是我们了解和把握对方观点和立场的主要手段与途径。美国科学家富兰克林曾经说过:"与人交谈取得成功的重要秘诀,就是多听,永远不要不懂装懂。"作为一名商务谈判人员,应该养成有耐心倾听对方讲话的习惯,它是商务谈判沟通的重要组成部分,要学会倾听,善于倾听,以尽量充分搜集和利用这些信息,这将有助于我们在谈判中的分析与决策。谈判中除了倾听,还应该适当地进行提问,这也是发现对方需要的一种重要手段。

二、商务谈判中的提问技巧

商务谈判中一个重要的策略就是多听少说,而多听少说的一个重要技巧就是善于提问,因为"发问是商务谈判中的相互沟通的基本方法"。

商务谈判中,精妙的发问不仅可以获取所需的信息,还能促进双方的沟通。因此,谈判人员总是不断向对方提出各类问题,以试探虚实,获取信息。一般来说,针对性强、适时适度、灵活的提问,可以引起对方的注意,调动对方的积极性,也能给对方的思考和回答规定方向,达到知己知彼、有的放矢、掌握主动的作用。因此,要获得谈判成功,谈判者要灵活、艺术地运用提问技巧。

例如,一家饮品店经营咖啡和牛奶,刚开始营业员总是问顾客:"先生,喝咖啡吗?"或者是:"先生,喝牛奶吗?"其回答往往是否定的。后来,营业员经过培训后换了一种问法:"先生,喝咖啡还是牛奶?"结果销售额大增。因为不同的发问形式,其心理诱导作用是不一样的。因此,发问是一门语言艺术。

发问的目的在于洽谈时启开话匣,以利于沟通。一次发问能否得到完美的答复,很大程度上取决于三个问题:问什么和如何问;何时问;问多少。

1. 谈判中提问的目的

(1) 引起对方的注意。

这种类型的提问,其功能在于既能引起对方的注意,但又不会使对方焦虑不安。

(2) 获得需要的信息。

这种提问往往都会有一些典型的前导字词,如"谁""什么""什么时候""哪个地方""会不会""能不能"等。

在发出这种提问时,谈判者应事先把自己如此提问的意图示意对方,否则,很可能引起对方的焦虑。

(3) 借提问传情达意。

如"你真的有信心在这里投资吗?"有许多问话表面上看来似乎是为获得自己期望的消息和答案,但事实上,却同时把自己的感受或已知的信息传达给了对方。

(4) 引起对方思绪的活动。

通过提问能使对方思绪随着提问者的问话而活动。这种问话常用到的词语有"如何""为什么""是不是""会不会""请说明"等。

(5) 作谈判结论用。

借着提问使话题归于结论,如"该是决定的时候吧?""这的确是真的,对不对?"

提出某一个问题,可能会无意中触动对方的敏感之处,使对方反感。所以,提问要注意对方的忌讳。提问要问得巧才是富有口才的标志。怎样才能问得巧呢?首要的是选择恰当的提问形式。

2. 提问的常见类型

（1）开放式提问。

开放式提问，是将回答的主动权让给对方的一种发问。这一类问题可以促使对方思考，从而发现对方的需求，以证实己方的推测。这类提问通常无法以"是"或"否"等简单字句答复。例如，"贵公司对本公司的产品价格有什么看法？""您对该产品目前市场上销售状况有什么看法？"这种提问方式，可以启发对方对某个问题的思考，并做出提问者想得到的回答。它适合于畅所欲言的议题。

（2）封闭式提问。

封闭式提问，是指足以在特定领域中带出特定答复（如"是"或"否"或"不知道"）的问句。例如，"您是否认为售后服务没有改进的可能？""价格最低就是这样，您决定买吗？""您同意这些条款吗？""A还是B？"封闭式提问可使发问者获得特定的资料，但可能会引起对方的不愉快。

（3）婉转式提问。

婉转式提问，是指在没有摸清对方虚实的情况下，采用婉转的方法和语气，在适宜的场所向对方发问。这种提问是在没有摸清对方虚实的情况下，先虚设一问，投一颗"问路的石子"，避免因对方拒绝而出现难堪局面，又能探出对方的虚实，达到提问的目的。

例如，谈判一方想把自己的产品推销出去，但他并不知道对方是否会接受，又不好直接问对方要不要，于是试探地问："这种产品的功能还不错吧？你能评价一下吗？"

（4）探索式提问。

探索式提问，是指针对对方的答复要求引申举例说明的一种提问方式。通过探索式提问，可以获得更多的信息，巩固并扩大谈判成果。例如，"贵方已经表示如果我方承销1万件的话，按定价的25%的折扣批量发货。那么，如果我方承销2万件，是否可以给予更大的折扣进行批货？"

（5）借助式提问。

借助式提问，是指借助权威人士、组织的观点或意见来影响谈判对手的一种提问形式。例如，"我公司的产品已经申请了专利，并通过了ISO质量认证，达到了国际先进水平。现在我们就来谈谈产品的价格吧？"

（6）强迫选择式提问。

强迫选择式提问旨在将己方的意见抛给对方，让对方在一个规定的范围内进行选择回答。运用这种提问方式要特别慎重，一般应在己方掌握充分的主动权的情况下使用，否则很容易使谈判出现僵局，甚至破裂。需要注意的是，在使用强迫选择式提问时，要尽量做到语调柔和、措辞达意得体，以免给对方留下强加于人的不良印象。例如，"最低折扣只维持到今天，您是今天购买还是改日？"

（7）引导式提问。

引导式提问，是指具有强烈的暗示性或诱导性的提问。这类提问几乎使对方毫无选择余地，只能按发问者所设计的提问作答。例如："说了这么多，您应该会同意的，是吧？""讲究信誉的厂家都不会以次充好，降低产品质量的，是不是？"

(8) 协商式提问。

协商式提问，是指为使对方同意自己的观点，采用商量的口吻向对方发出的提问，让对方在有控制的范围内作出选择性的答复。例如，"贵方是愿意支付现金，享受价格优惠，还是乐于现有价格成交而实行分期付款呢？""咱们去哪儿吃饭呢？"

(9) 攻击式提问。

这种问话的直接目的是击败对手，故而要求这种问题干练、明了、击中对手要害。

3. 提问的时机

提问的时机也很重要。例如，如果需要以客观的陈述性的讲话作开头，却采用了提问式的讲话，就不合适。以谈判为例，双方一经接触，主持人就宣布说："大家已经认识了，交易内容也都清楚，有什么问题吗？"显然，这是不合适的。因为这时需要双方代表各自阐述自己的立场、观点，提出具体条件，过早的发问会使人摸不着头脑，也让人感到为难。

把握提问的时机还表现为交谈中出现某一问题时，应该待对方充分表达之后再提问。过早过晚提问会打断对方的思路，而且显得不礼貌，也影响对方回答问题的兴趣。掌握问话的时机，还可以控制谈话的引导方向。如果你想从被打岔的话题中回到原来的话题上，那么，你就可以运用发问；如果你希望别人能注意到你提的话题，也可以运用发问，并借助连续提问，把对方引导到你希望的结论上。

"何时问"，一般可以掌握四个时间段：

(1) 在对方发言完毕后。

(2) 在对方发言停顿、间歇时。

(3) 在自己发言正题的前后。

(4) 在规定议程时间内。

4. 发问的注意事项

商务谈判中的提问要起到预期的效果，就必须根据谈判情况有针对性地选择提问形式。除此以外，还应该注意以下问题：

(1) 要预先准备好问题。

有可能的话，谈判前事先准备好问题。准备的问题，最好是一些对方不易迅速作答的问题，以期收到意想不到的效果。同时还要预先准备对方可能会出具的问题与合适的作答，做到有备无患。

(2) 不提无效的问题。

谈判中切忌提无效的问题，例如"贵方对这次谈判有没有诚意？"类似这样的发问，会降低发问者自身的水平，破坏谈判气氛。可以提出某些你已经知道答案的问题，这样可以有助于了解对方的诚实程度。

(3) 注意提问的速度。

提问时说话速度太快，容易使对方误认为你不耐烦，甚至有时会感到你是在用审问的口气对待他，容易引起对方反感。反之，如果说话太慢，容易使对方感到沉闷，从而降低你提问的力量。

（4）注意对手的心境。

谈判者受情绪的影响在所难免。谈判中，要随时留心对手的心境，在你认为适当的时候提出相应的问题。要注意不能提那些指责对方的问题，或者是单纯为了显示自己的聪明才智的问题。

（5）注意发问对象的文化背景。

不应该提涉及对方个人隐私的问题，这对大多数欧美国家的人来讲是一种隐私，如家庭情况、个人收入、太太的年龄等。

（6）注意提问的语气。

不要提出含有敌意的问题，一旦问题含有敌意，就会损害双方的关系，最终影响交易的成功。提问后应保持沉默，专心致志地等待且给足对方足够的答复时间。

（7）提出问题的句式应该尽量简短。

三、商务谈判中叙述的技巧

在谈判中，除了有问有答、认真倾听外，叙述也是很重要的一个方面。通过讲道理、摆事实，阐明自身的立场、观点。

叙述，就是讲述自己的观点或说明问题。在商务谈判中，叙述我方谈判的意图是摸底阶段的重要任务，为了给下一阶段实质性谈判创造条件，谈判人员必须对己方的谈判意图予以叙述。

商务谈判中的叙述，是一种不受对方提出问题的方向或范围制约的带有主动性的阐述，是谈判中传送信息、沟通情感的方法之一。恰当的叙述，能准确表达自己对问题的各种看法，并把这一信息传递给对方，这样有助于己方有效地控制谈判的进程。因此，谈判者要重视叙述的功能，把握叙述的要领，研究叙述的策略，以推动商务谈判的顺利进行。

根据商务谈判的发展过程，谈判过程中的叙述技巧包括谈判入题的叙述技巧、谈判中的叙述技巧和谈判结束时的叙述技巧。

1. 谈判入题的叙述技巧

谈判刚刚开始时，双方的谈判人员都有一种紧张的心理，尤其是一些重大谈判项目或是谈判新手，都会感到心理负担很重。在这种情况下往往会出现冷场，或使谈判陷入僵局。为了避免这种情况的发生，在谈判刚开始的时候可以采取如下策略。

（1）迂回入题的方法。这主要有：从介绍己方谈判人员入题；可将有关流行的事物作为话题入题；从介绍己方的公司、生产、经营、财务状况等入题。

（2）从细节入题。如当我们谈到重大原则问题时心情都比较紧张，可以先谈一些具体细节问题，使双方比较平和地进入谈判过程，为谈判的后期工作创造较好的气氛。

（3）从一般原则入题。先谈一般原则、后谈细节问题，如一些大型的经贸谈判，由于需要洽谈的问题很多，这样往往需要双方高级人员先谈判原则问题，然后基层人员就其细节问题进行谈判。

（4）从具体议题入题。用开门见山的方法入题，就是直接谈与正题有关的内容。

【案例】

"先说后说"可以表现一个人的思想修养。在某学院召开的北京口语调查座谈会上,王先生说:"你们用录音办法大量进行北京口语调查,已经整理出一百多万字的资料,这是很不容易的。"接着,王先生批评这项调查书面化和普通化的倾向比较严重。末了说:"我们搞了一份北京话的会话材料,口语色彩比较浓厚,送给你们参考,信息共享。"

不管有意无意,批评别人的工作之后再说自己的口语材料有价值,无异于贬低别人、抬高自己,给人一种飘飘然的感觉。

从说话的策略考虑,如果把"我们搞了一份会话材料,奉献给在座各位,跟大家进行交流,请大家多提宝贵意见"这段话说在前,把批评别人工作中的缺点说在后,调换一下说话的位置,那就比较得体了。别人也比较容易接受批评。

从上面的案例可以看出,恰当的入题方法可以起到良好的效果。

2. 谈判中的叙述技巧

(1) 语言要通俗。叙述的语言要让对方立即能听懂,并能理解,应避免使用晦涩的语言,这样对方才能准确、完整地理解己方的观点。

(2) 语速要适中。说话的速度分快速、中速、慢速三种。以中速的节奏说话,是谈判中普遍适用的一种方法。快速说话可以在表明你的立场时运用,另外在表达激动的情绪时也可采用快速说话的方式。说话节奏放慢一般用于强调某个立场或是向对手表达你的不满情绪,以期引起对手的注意和重视的时候运用。原则上说,这两种方式不宜过多。

(3) 语气要中等。通常运用一种中等的语气,给谈判对手留下"正常"的印象,同时也给提高语气和降低语气埋下伏笔。

(4) 态度要坦诚。坦诚相见是获得对方同情和信赖的好办法,人们往往对坦诚的人有亲切感。因此,坦诚常能达到预期的效果。当然,坦诚要有度,不能把一切和盘托出,尤其那些与此次谈判有关的核心机密,绝不可坦诚交底。

(5) 叙述要简明、扼要。无论多么复杂的谈判,一方总是期待对方提供一些信息,而提供方在提供信息时要注意不能长篇大论。

3. 谈判结束时的叙述技巧

谈判中的结束语起着压轴的作用,结束语在谈判中占据着特殊地位。一般来说,结束语宜采用切题、稳健、中肯并富有启发性的语言,做到有肯定、有否定,并留有回旋余地,尽量避免下绝对性的结论。常见的结束语有:"今天的会谈进一步明确了我们彼此的观点,并在××问题上达成了一致看法,但在××问题上还需要再谈。"或者"刚才谈了我们对贵方的要求的意见,但对于这个问题我们打算进一步研究,待下次见面再谈,您看如何?"

总之,结束语是不可忽视的一个方面,在实践中应视会谈的情况而定,既有刻板的、公式化的结束语,也有友好、诙谐、促进性的结束语,不能一概而论。

4. 叙述应注意的问题

(1) 叙述应注意具体而生动。

为了使对方获得最佳的倾听效果,我们在叙述时应注意生动而具体。这样做可使对方集中精神,全神贯注地收听。

叙述时一定避免令人乏味的平铺直叙，以及抽象的说教，要特别注意运用生动、活灵活现的生活用语，具体而形象地说明问题。有时为了达到生动而具体，也可以运用一些演讲者的艺术手法，声调抑扬顿挫，以此来吸引对方的注意，达到本方叙述的目的。

（2）叙述应主次分明、层次清楚。

商务谈判中的叙述不同于日常生活中的闲叙，切忌语无伦次、东拉西扯，没有主次、层次混乱，让人听后不知所云。为了能让对方方便记忆和倾听，应在叙述时符合听者的习惯，便于其接受；同时，分清叙述的主次及其层次，这样可使对方心情愉快地倾听我方的叙说，其效果应该是比较理想的。

（3）叙述应客观真实。

商务谈判中叙述基本事实时，应本着客观真实的态度进行叙述。不要夸大事实真相，同时也不缩小事情本来实情，以使对方相信并信任我方。如果万一由于自己对事实真相加以修饰的行为被对方发现，哪怕是一点点破绽，也会大大降低本方公司的信誉，从而使本方的谈判实力大为削弱，再想重新调整，为时已晚。

（4）叙述的观点要准确。

另外，在叙述观点时，应力求准确无误，力戒含混不清，前后不一致，这样会给对方留有缺口，为其寻找破绽打下基础。

当然，谈判过程中观点有时可以依据谈判局势的发展需要而发展或改变，但在叙述的方法上，要能够令人信服。这就需要有经验的谈判人员来掌握时局，不管观点如何变化，都要以准确为原则。

四、商务谈判中的应答技巧

有问必答，来而不往非礼也。在商务谈判中，应答的要诀应该是：基于谈判的需要，准确地把握该说什么，不该说什么，以及应该怎样说。

1. 应答的主要类型

（1）按答复问题的方式分类。

正面回答。

侧面回答。

（2）按答复问题的性质分类。

肯定性回答。

否定性回答。

模棱两可的回答。

2. 应答技巧

（1）不要马上回答，要给自己留有思考时间。

可以喝一口茶，或调整一下自己坐的姿势，或整理一下桌面上的资料文件，或通过翻一翻笔记本等动作来延缓时间，考虑一下对方的问题。

（2）针对提问者的真实心理来答复，需要准确判断对方提问的用意。

（3）有时，不要彻底地回答问题。

例如，对方问："贵方对这个方案怎么看，同意吗?"

这时，如果马上回答同意，时机尚未成熟，你可以说："我们正在考虑、推敲……"

（4）答非所问。

答话者故意偏离逻辑规则，不直接回答对方提问，而是在形式上响应对方问话，通过有意的错位造成幽默效果，扭转不利于己方的局势。

答非所问并不是逻辑上的混乱，而是用假装错误的形式，幽默地表达潜在的意思。

答非所问很讲究技巧，抓住表面上某种形式上的关联，不留痕迹地闪避实质层面。

（5）想办法减少对方问话与追问的兴致和机会，尽量使对方找不到继续追问的话题和借口。

例如："这是一个无法回答的问题。"

"这个问题只好留待今后解决。"

"现在讨论这种问题为时尚早，不会有什么结果的。"

（6）对于不知道的问题不要回答。

谈判者对不懂的问题，应坦率地告诉对方不能回答，或暂不回答。

（7）以问代答。

用反问来回答对方的提问。把对方踢过来的球又踢了回去，请对方在自己的领域内反思后寻找答案。

（8）对某些不值得回答的问题可以礼貌地加以拒绝。

（9）对不想回答的问题可以找借口拖延答复，可以用资料不全或还没有请示等借口来拖延答复。

例如，"啊，不好意思，对你们所提的问题，我目前还没有第一手的资料。我想，你们希望我能作出详尽并圆满的答复，但这需要时间，对吗?"

（10）"重申"和"打岔"有时也很有效。

要求对方再次阐明其所问的问题，实际上是为自己争取思考问题的时间。或者事先在己方内部安排好某个人，专门在关键时刻打岔。

（11）例证式答问法。

通过举出某个有趣而寓意深刻的例子回答问题。

五、商务谈判中说服的技巧

说服常常贯穿于商务谈判的始终。它是综合运用"听""问""答""叙"的各种技巧，是谈判中最艰巨、最复杂，也是最具技巧性的工作。

1. 说服他人的基本要诀

（1）态度要客观公正，措辞要准确严谨。

（2）观点要明确，立场要坚定。

（3）具有战略眼光，不纠缠细枝末节。

（4）辩路要严密，具逻辑性。

（5）具有良好的举止和优雅的气度。

（6）不能以势压人、歧视、揭短，也不能本末倒置、喋喋不休

2. 说服的基本要求

（1）取得他人的信任。

在说服他人的时候，最重要的是取得对方的信任。只有对方信任你，才会正确地、友好地理解你的观点和理由。社会心理学家们认为，信任是人际沟通的"过滤"。只有对方信任你，才会理解你友好的动机，否则，如果对方不信任你，即使你说服他的动机是友好的，也会经过"不信任"的"过滤器"作用而变成其他的东西。因此说服他人时若能取得他人的信任，是非常重要的。

（2）站在他人的角度设身处地地谈问题。

要说服对方，就要考虑到对方的观点或行为存在的客观理由，亦即要设身处地地为对方想一想，从而使对方对你产生一种"自己人"的感觉。这样，对方就会信任你，就会感到你是在为他着想，这样，说服的效果将会十分明显。

（3）说服用语要推敲。

在商务谈判中，欲说服对方，措辞用语一定要推敲。事实上，说服他人时，用语的色彩不一样，说服的效果就会截然不同。通常情况下，在说服他人时要避免用"愤怒""怨恨""生气"或"恼怒"这类字眼。即使在表述自己的情绪时，比如像担心、失意、害怕、忧虑等，也要在用词上注意推敲，这样才会收到良好的效果。

（4）创造一个"是"的良好气氛。

从谈话一开始，就要创造一个"是"的良好气氛，而不是形成一个"否"的气氛。不形成一个否定气氛，就是不要把对方置于不同意、不愿做的地位，然后再去批驳他、劝说他。比如说，"我知道你会反对，可是事情已经到这一步了，还能怎样呢？"这样说来，对方仍然难以接受你的看法。在说服他人时，要把对方看做是能够做或同意做的。比如，"我知道你能够把这件事情做得很好，只是不愿意去做而已"；又比如，"你一定会对这个问题感兴趣的"，等等。商务谈判事实表明，从积极的、主动的角度去启发对方、鼓励对方，就会帮助对方提高自信心，并接受己方的意见。

【案例】

戴尔·卡耐基举过这样一个例子：一家公司的总工程师通知西屋电气公司说，不准备订购他们的发动机了，理由是发动机的温度过高。西屋公司的推销员前去交涉，他就是从"是"开始进行说服的。

推销员说："我同意你的意见，如果发动机太热，不应该买它。发动机的温度不应该超过国家规定的标准。"

对方答："是。"

"有关规定说，发动机的温度可以高出室内温度华氏72度，对吗？"

对方说："对"。

"厂房有多热？"

对方答："大约华氏75度。"

"75度加上72度是147度，是不是很烫手呢？"

对方答："是的。"

"那么我提议,不要把手放在发动机上面,不是一个好办法吗?"

对方想了想说:"你说得不错。"

接着,他叫秘书过来,为下个月开了一张3.5万美元的订单。

在说服艺术中,运用历史经验或事实去说服别人,无疑比那种直截了当地说一番大道理要有效得多。善于劝说的谈判者懂得人们做事、处理问题都是受个人的具体经验影响的,抽象地讲,大道理的说服远远比不上运用经验和例证进行劝说。

任务三　商务谈判语言艺术

商务谈判的过程就是谈判者的语言交流过程。语言在商务谈判中有如桥梁,占有重要的地位,它往往决定了谈判的成败。因而,在商务谈判中如何恰如其分地运用语言技巧、谋求谈判的成功是商务谈判必须考虑的主要问题。

谈判之士,资在于口。谈判中的语言措辞是非常重要的,要想成为一名优秀的谈判人才,没有语言学修养是不行的。"言为心声",行为心形,因为叙事清晰、论点明确、证据充分的语言表达能够有力地说服对方,取得相互之间的谅解,协调双方的目的利益,保证谈判的成功。所谓谈判就是既要"谈"又要"判"。"谈"主要就是运用语言表达自己的立场、观点及交易条件等,而"判"就是判断。由谈判双方对各种信息进行分析综合,通过讨价还价,经过衡量、比较,最后做出判断,以决定最终的谈判结果;并通过语言表达出双方判断的结果。如果交易不成,则需要用口头语言告诉对方;如果交易成功,则既需要用语言通知对方,又需要以契约的形式用书面语言固定下来,作为双方权利和义务的法律依据。应该说,商务谈判的整个过程也就是语言技巧运用的过程。

所以说,语言艺术是商务谈判的重要组成部分,必须给予足够的重视,并进行深入的研究。

一、商务谈判语言的特征

谈判语言和一般的语言表达有着明显的区别。谈判是双方意见、观点的交流,谈判者既要清晰明了地表达自己的观点,又要认真倾听对方的观点,然后找出突破口,说服对方,协调双方的目标,争取双方达成一致。商务谈判语言的特征如下。

1. 准确性

策动谈判的动力是需要和利益,谈判双方通过谈判说服对方理解、接受己方的观点,最终使双方在需要和利益方面得到协调和适应。所以这是关系到个人和集体利益的重要活动,语言表述上的准确性就显得至关重要了。谈判双方必须准确地把己方的立场、观点、要求传达给对方,帮助对方明了自己的态度。如果谈判者传递的信息不准确,那么对方就不能正确理解你的态度,势必影响谈判双方的沟通和交流,使谈判朝着不利的方向转化,谈判者的需要便不能得到满足。如果谈判者向对方传递了错误的信息,而对方又因错就错地达成了协议,那么,就会招致巨大的利益损失。

在谈判中,谈判者经常会出于表达策略上的需要,故意运用一种模糊语言,但是使用模糊语言时,也要求它具有准确性。因为模糊语言反映了谈判者对某一个客观事物的一定的认识程度,而这种程度的表现必须是相对准确的。换句话说,使用模糊语言正是为了更准确地传递复杂信息,表达错综的思想。模糊语言规定了一定的理解范围,如果抛开了准确性原则,超出了它的理解范围,模糊语言就变成糊涂语言了。

2. 针对性

谈判无所不在,谈判对象也各有不同,要取得谈判的成功,谈判者就必须遵循针对性原则,要针对不同的谈判对象,采取不同的谈话对策,因人施语。谈判对象由于性别、年龄、文化程度、职业、性格、兴趣等的不同,接受语言的能力和习惯使用的谈话方式也完全不同。语言工作者发现男性运用语言理性成分较多,喜欢理性思辨的表达方式,而女性则偏重情感的抒发,使用情感性号召效果明显;性格直爽的人说话喜欢直截了当,对他们旁敲侧击很难发生效用,而性格内向又比较敏感的人,谈话时喜欢琢磨弦外之音,甚至无中生有地品出些话里没有的意思来。如果在谈判中无视这种个人差异,想怎么说就怎么说,势必难以取得良好的效果,进而影响谈判的顺利进行。除了个人差异之外,谈判双方还有老幼尊卑、亲疏远近、上下左右等各种关系的差异,谈判者在谈判中还要考虑各种差异对语言应用的影响。跨国谈判更要注意语言的针对性,不同的文化背景决定了对语言的不同的理解。所以,在谈判时必须考虑对方的接受能力。

3. 灵活性

谈判不能由一个人或一方独立进行,必须至少有两个人或两方来共同参加。谈判过程中谈判双方你问我答,你一言我一语,口耳相传,当面沟通,根本没有从容酝酿、仔细斟酌语言的时间。而且谈判进程常常是风云变幻,复杂无常,尽管谈判双方在事先都尽最大努力进行了充分的准备,制定了一整套对策,但是,因为谈判对手说的话谁也不能事先知道,所以任何一方都不可能事先设计好谈话中的每句话,具体的言语应对仍需谈判者临场组织,随机应变。

谈判者要密切注意信息的输出和反馈情况,在自己说完话以后,认真考察对方的反应。除了要仔细倾听对方的话,从话里分析反馈情况,还要察言观色,从对方的眼神、姿态、动作、表情来揣测对方对自己的话的感受,考察它是否对正在进行的话题感兴趣,是否正确理解了得到的信息,是否能够接受自己的说法。然后,根据考察的结果,谈判者要及时、灵活地对自己的语言进行调整,转移或继续话题,重新设定说话内容、说话方式,甚至终止谈判,以保证语言更好地为实现谈判目的服务。如果谈判中发生了意料之外的变化,切不可拘泥于既定的对策,来个以不变应万变。不妨从实际出发,在谈判目的的规定性许可的范围内有所变通,以适应对方的反应。如果思想僵化、死板,不能及时以变化了的方式去对付变化了的形势,必将在谈判中失去优势,被动挨打。

4. 适应性

俗话说"到什么山上唱什么歌""什么时候说什么话",就是告诉人们,说话一定要适应特定的言语环境。所谓言语环境,主要是言语活动赖以进行的时间和场合、地点等因素,也包括说话时的前言后语。言语环境是言语表达和领会的重要背景因素,它制约并影响了语言表达的效果。掌握谈判语言艺术就一定要重视言语环境因素,如果谈判时不看场合,随心所欲地想说什么就说什么，不仅语言不能发挥效果，甚至还会引人反感，产生副作用。要根据不同的场合随时调整语言表达的策略，采用与环境最为契合的表达方式。如果发现环境根本就不适合谈判，就要及时换个环境或者改变谈判计划中止谈判，以免谈判失败。

言语环境在某种特定的条件下，还可以充做谈资，谈判者可以利用它，突出主题的表达。比如，如果谈判在某一个具有纪念意义的日子和具有特殊意义的地点进行，谈判者就可以在说话时把它和谈判内容联系起来，让环境帮助自己说话。

二、谈判语言的运用原则

1. 客观使用谈判语言

谈判语言的客观性是指在商务谈判中，运用语言技巧表达思想、传递信息时，必须以客观事实为依据，并且运用恰当的语言，向对方提供令人信服的依据。这是一条最基本的原则，是其他一切原则的基础。离开了客观性原则，不论语言技巧有多高，都只能成为无源之水、无本之木。

坚持客观性原则，从供方来讲，主要表现在：介绍本企业情况要真实；介绍商品性能、质量要恰如其分；报价要恰当可行，既要努力谋取己方利益，又要不损害对方利益；确定支付方式要充分考虑到双方都能接受、双方都较满意的结果。

从需方来说，谈判语言的客观性，主要表现在：介绍自己的购买力不要任意夸大；评价对方商品的质量、性能要中肯，不可信口雌黄，任意褒贬；还价要充满诚意，如果提出压价，其理由要有充分根据。

如果谈判双方均能遵循客观性原则，就能给对方真实可信和"以诚相待"的印象，可以缩小双方立场的差距，使谈判的可能性增加，并为今后长期合作奠定基础。

2. 谈判语言具有针对性

谈判语言的针对性是指根据谈判对手、谈判目的、谈判阶段的不同使用不同的语言。简言之，就是谈判语言要有的放矢、对症下药。提高谈判语言的针对性，要求做到：

（1）根据不同的谈判对象，采取不同的谈判语言。不同的谈判对象，其身份、性格、态度、年龄、性别等均不同。在谈判时，必须反映这些差异。从谈判语言技巧的角度看，这些差异透视得越细，洽谈效果就越好。

（2）根据不同的谈判话题，选择运用不同的语言。

（3）根据不同的谈判目的，采用不同的谈判语言。

（4）根据不同的谈判阶段，采用不同的谈判语言。如在谈判开始时，以文学、外交语言为主，有利于联络感情，创造良好的谈判氛围。在谈判进程中，应多用商业法律语言，并适当穿插文学、军事语言，以求柔中带刚，取得良效。谈判后期，应以军事语言为主，附带商业法律语言，以定乾坤。

3. 谈判语言的逻辑性

谈判语言的逻辑性，是指商务谈判语言要概念明确、谈判恰当，推理符合逻辑规定，证据确凿、说服有力。

在商务谈判中，逻辑性原则反映在问题的陈述、提问、回答、辩论、说服等各个语言运用方面。陈述问题时，要注意术语概念的同一性，问题或事件及其前因后果的衔接性、全面性、本质性和具体性。提问时要注意察言观色、有的放矢，要注意和谈判议题紧密结合在一起。回答时要切题，一般不要答非所问，说服对方时要使语言、声调、表情等恰如其分地反映人的逻辑思维过程。同时，还要善于利用谈判对手在语言逻辑上的混乱和漏洞，及时驳倒对手，增强自身语言的说服力。

提高谈判语言的逻辑性，要求谈判人员必须具备一定的逻辑知识，包括形式逻辑和辩证逻辑，同时还要求在谈判前准备好丰富的材料，进行科学整理，然后在谈判席上运用逻辑性强和论证严密的语言表述出来，促使谈判工作顺利进行。

4. 谈判语言的规范性

谈判语言的规范性，是指谈判过程中的语言表述要文明、清晰、严谨、准确。

（1）谈判语言，必须坚持文明礼貌的原则，必须符合商界的特点和职业道德要求。无论出现何种情况，都不能使用粗鲁的语言、污秽的语言或攻击辱骂的语言。在涉外谈判中，要避免使用意识形态分歧大的语言，如"资产阶级""剥削者""霸权主义"等。

（2）谈判所用语言必须清晰易懂。口音应当标准化，不能用地方方言或黑话、俗语之类与人交谈。

（3）谈判语言应当注意抑扬顿挫、轻重缓急，避免吞吞吐吐、词不达意、嗓音微弱、大吼大叫，或感情用事等。

（4）谈判语言应当准确、严谨，特别是在讨价还价等关键时刻，更要注意一言一语的准确性。在谈判过程中，由于一言不慎导致谈判走向歧途，甚至导致谈判失败的事例屡见不鲜。因此，必须认真思索，谨慎发言，用严谨、精练的语言准确地表述自己的观点、意见。

【案例】

例如，有个皇帝梦到有人拔掉了他所有的牙齿，醒后，丞相为他解梦，丞相说："陛下全家将比陛下先死。"皇帝大怒，把丞相杀掉了。皇帝又要阿凡提为他解梦，阿凡提说："陛下将比你所有的家属都长寿。"皇帝高兴起来，赐给阿凡提一件锦袍。

例如，伟大的俄国诗人普希金年轻时，有一次在彼得堡参加一个公爵的家庭舞会，他邀请一位小姐跳舞，这位小姐傲慢地说："我不能和小孩子一起跳舞！"普希金灵机一动，微笑着说："对不起，我亲爱的小姐，我不知道你正怀着孩子。"说完，他很有礼貌地鞠了躬后离开了，而那位小姐无言以对，脸上绯红。

再如，曾国藩镇压农民起义，连连败北，他在给皇帝的奏折中写道："屡战屡败"。他的谋士颠倒了一下词序，成了"屡败屡战"。这一改，使曾国藩在皇帝心中由一个无能的败将变成了一个英勇不屈的战将。

三、商务谈判的语言表达艺术

1. 措辞准确，观点鲜明

谈判的目的，就是要说明自己的观点。论辩的过程就是通过摆事实，讲道理，说明自己的观点和立场。法国作家雨果说："语言就是力量。"准确巧妙的语言表达能力，是谈判艺术风格的具体体现，谈判中的语言文字必须准确无误，合同的条款要仔细推敲，即使口语也要层次分明、措辞准确。王安石的"春风又绿江南岸"的"绿"字，就是追求用词准确、生动的千古佳话。再如贾岛的"推敲"，唐代诗人贾岛为推敲文字，常常到了如痴如醉的地步。一次他经过长安朱雀大街，正值深秋风卷落叶，也卷起了他的诗意。吟出了"秋风吹渭水，落叶满长安"的佳句。又有一次骑驴到长安曲江畔旅游，诗兴大发"鸟宿池边树，僧推月下门"但他又觉得推不如敲好。这样念叨着，结果扰乱了仪仗队被关了一夜紧闭。韩愈问其乱闯的原因，并建议用敲，后二人成为文友，"推敲"一词也流传下来。

2. 思维敏捷，论证严密

谈判中的论辩，往往是双方在进行磋商时遇到难解的问题才发生的。因此，一个优秀谈判人员应该是头脑冷静、思维敏捷、论证严密而富有逻辑性的人。只有具有这种素质的人，才能应付各种各样的难题，从而摆脱困境。任何一个成功的谈判者都具有辩路敏捷、逻辑性强的特点。为此，谈判人员应加强这方面的基本功训练，培养自己的逻辑思维能力，以便在谈判中随机应变。特别是在谈判条件相当的情况下，谁能在互辩过程中思路敏捷，谁就能在谈判中技高一筹，战胜对手。只要你谙熟逻辑知识，掌握谈判制胜的逻辑技巧，淋漓尽致地发挥你的逻辑才能，你所掌握的信息就会变为一把利矛，直刺对方，无论对手的盾修炼得如何牢固，最终将对你十分有利。逻辑是谈判中批驳谬误、摆脱困境、出奇制胜的武器。

【案例】

1961 年，一个外国记者，以挑衅的口吻向周恩来总理发问："中国这么多人口，是否对别国有扩张领土的要求？"周总理严正回答："你似乎认为一个国家向外扩张，是由于人口太多。我们不同意这种看法！英国的人口在第一次世界大战以前是 4 500 万人，不算太多，但是英国在很长时间内曾是'日不落'的殖民帝国。美国的面积略小于中国，而美国的人口还不到中国人口的 1/3，但是美国的军事基地遍布全球，美国的海外驻军达 150 万人。中国人口虽多，但是没有一兵一卒驻在外国的领土，更没有在外国建立一个军事基地。可见一个国家是否向外扩张，并不取决于它的人口多少。"

3. 有声无声，话度适中

谈判不仅是语言的交流，同时也是行为的交流，内有所思，外有所表。体语、态势语等作为一种语言形式，也在传递着各种各样的信息。经贸谈判有时需要谈判者伶牙利口，或如小溪流水，潺潺东流；或如春风化雨，随风潜入夜，润物细无声；或如暴风骤雨，倾盆而下；或如冲锋陷阵，爆竹连响。有时需要谈判人员一言不发，沉默是金。从语言概念来讲，沉默也是一种语言，或点头摇头，或耸肩摆手，或装聋作哑，或以坐姿表现轻蔑，或以伏案记录表示重视。眨眼摸耳皆含深意，一颦一笑皆成曲调，恰到好处的沉默不仅是一种语言艺术，而且有时能做到"此时无声胜有声"，达到语言艺术的较高境界。

4. 说到对方的心坎上

要说服对方，必须寻找对方能接受的谈话起点，即寻求与对方思想上的共鸣，把话说到对方的心坎上。"人怕伤心，树怕伤根。"在谈判中，不伤对方的面子与自尊，维护面子与自尊是一个极其敏感而又重要的问题。称谓的语言艺术也不可忽视。

5. 恰当运用幽默语言

幽默意为言语或举动生动有趣而含义较深，幽默对于谈判有着不可忽视的作用，当气氛紧张时幽默就像降压灵、镇静剂一样，可以有效地缓和气氛，运用得好可以化干戈为玉帛，变紧张为愉悦，创造出友好和谐的谈判气氛。在谈判中由于有的人激动手舞足蹈，你可提示"喂，这是谈判场不是舞台"。如何创造和谐幽默的气氛。

(1) 超常规联想。

语言的幽默来自日常语言的反常组合、超常规的思路，思路又来源于超常规的联想。例如，某餐馆内顾客和服务员的对话。

顾客："我的菜还没做好吗？"
服务员："您点了什么菜？"
顾客："油炸蜗牛。"
服务员："我下厨看一下，请稍等片刻。"
顾客："我已经等了半小时了！"
服务员："这是因为蜗牛是行动迟缓的动物。"
两人都会意地笑了。

(2) 巧妙对接。

接过问句，将原有的词语或语序稍加改动，做出形式相似内容相反的回答。如：

穷人："早上好，先生，你今天出来的早啊？"
富人："我出来散步，看看是否有胃口对付早餐，你在干什么？"
穷人："我出来转转，看看是否有早餐对付胃口。"
语言的组合形式变化虽小，但意思变化大，一小一大的反差，便造成了幽默的效果。

(3) 一语双关。

利用词语的多义或谐音给词赋予两个或两个以上的含义，使你的语言委婉、含蓄、耐人寻味。例如，俄国语言学家——罗蒙诺索夫家境贫困，童年时非常穷。他成名之后，仍然保持着朴素而简单的生活，衣着不讲究，每天研究学问，一天他遇到一个不学无术，专门讲究吃穿的人，见他的衣服破了一个洞，手指着洞说："从这里可以看到你的学问吗？"面对他人的讽刺，他说："不，从这里可以看到愚蠢。"一句话说得那人无地自容。

(4) 归谬引申。

这是一种先顺着对方的思路说下去，然后当谬误十分明确时，对方自然明白自己的错误所在，从而达到说服的作用。

甲："我家有一面鼓，敲起来方圆百里能听得见。"
乙："我家有头牛，在江南喝水，头可以伸到江北。"
甲连连摇头说："哪有这么大的牛？你这是在吹牛。"
乙说："你怎么连这一点都不懂，没有我家这么大的牛，就没有那么大的牛皮蒙你的鼓。"讽刺了甲的吹牛。

项目总结

一般来讲，沟通就是发送者凭借一定渠道（亦称为媒介或通道），将信息发送给既定对象（接受者），并寻求反馈以达到相互理解的过程。一个完整的信息沟通过程包括六个环节。在现实生活中，要想处理好人际关系，使组织高效运转，必须进行有效沟通，防止出现沟通障碍。

商务谈判沟通,即买卖双方为了达成某项协议,与有关方面通过磋商及会谈彼此加深理解,增进交流所使用的手段和方法。随着商务活动的日益社会化,商务谈判沟通更具现实意义。

掌握谈判沟通技巧,这个谈判沟通技巧就是听、问、叙、答、说服。

在倾听时要掌握一定的方法,即在对手讲话时,一定要专心致志,集中精力静心倾听;要通过记笔记来集中精力;要创造良好的谈判环境,使谈判双方能够愉快地交流。

要想获得谈判成功,谈判者要灵活、艺术地运用提问技巧。一般来说,提问的常见类型有封闭式提问、开放式提问、婉转式提问、探索式提问、借助式提问、强迫选择式提问、引导式提问、协商式提问等八种类型。

有问必答,来而不往非礼也。在商务谈判中,答复问题也必须运用一定的技巧来进行,即在答复之前,要深思熟虑,充分思考;答话时将对方问题有意缩小,局部作答;恰当运用模糊语言,含糊应答、拖延回答、答非所问,偷梁换柱;以反问的形式回答;降低对方追问的兴趣;沉默反观等八种技巧。

商务谈判中的叙述,能准确表达自己对问题的各种看法,并把这一信息传递给对方,这样有助于己方有效地控制谈判的进程。根据谈判活动的发展过程,谈判中的叙述策略主要包括谈判入题的叙述技巧、谈判中的叙述技巧和谈判结束时的叙述技巧。

谈判中的说服,就是综合运用听、问、答、叙等各种技巧,改变对方的初始想法,使之接受己方的意见。一般说来,说服的技巧包括先发制人,"下台阶"法,迂回出击、以曲为直,沉默法,等待法,抓住时机、列举实证,循序渐进,循循善诱、引君入瓮,软硬兼施、齐头并进等九种技巧。

现代企业的管理者和营销人员要想取得谈判的成功,不仅要掌握与谈判相关的专业知识,而且还必须具备扎实的语言功底和良好的语言表达能力。在商务谈判时,语言的运用要遵循一定的原则,即针对性强、表达方式婉转、灵活应变、恰当地使用无声语言等原则,尽量避免出现影响商务谈判进程的一些言辞。

基本训练

1. 谈判中的语言表达作用有哪些?
2. 如何做到有效倾听对方的讲话?
3. 商务谈判中应答的技巧有哪些?
4. 人们常说"三岁一代沟",实际上就是不同年龄层之间缺乏沟通。请举例说明你是怎样与父母、朋友、同学之间进行沟通的?

实训操作

实训内容:根据提示朗读下面文字,注意运用神情表达,由其他同学评议。

实训目标:通过模拟练习使学生掌握语言表达的感染能力,并能够运用到商务谈判中。

妈妈,别哭,我去了天堂,随着地动山摇的一声巨响,我看见你跌坐在嘈杂的操场,撕心裂肺的呼喊还在我的耳旁。

妈妈，别哭，我去了天堂，漫天的星星可都是你的泪光，黑夜里我不是孤独地流浪，同学们手牵手嘶哑地歌唱。

妈妈，别哭，我去了天堂，老师说那边再没有鸟语花香，所以我恋恋不舍回头张望，绿水青山却是一片苍凉。

妈妈，别哭，我去了天堂，只是我舍不下曾经的梦想，帮我把漂亮的书包好好收藏，我听见废墟里姐姐的书声琅琅。

妈妈，别哭，我去了天堂，可惜我等不及看到绿色的军装，我还想写完老师布置的作业，留恋着黑板、书本和课堂。

案例分析

一中国谈判小组赴中东某国进行一项工程承包谈判。在闲聊中，中方负责商务条款的成员无意中评论了中东盛行的伊斯兰教，引起对方成员的不悦。当谈及实质性问题时，对方较为激进的商务谈判人员丝毫不让步，并一再流露撤出谈判的意图。

问题：1. 案例中沟通出现的障碍主要表现在什么方面？

2. 这种障碍导致谈判出现了什么局面？

3. 应采取哪些措施克服这一障碍？

4. 从这一案例中，中方谈判人员要吸取什么教训？

项目八

商务谈判礼仪

项目目标

❖ 了解商务谈判礼仪的含义和特点、商务谈判礼仪的作用和原则。
❖ 熟悉谈判人员个人基本礼仪、国际商务谈判中的文化差异。
❖ 掌握谈判过程中的礼仪，掌握商务谈判中主、客座谈判的礼仪。

项目导入

谈判双方人员具备良好的礼仪是商务活动中不可缺少的素质，也是商务活动取得成功的基本保证。谈判者掌握良好的个人礼仪和主、客座礼仪会给谈判对手留下良好的印象，形成和谐的谈判氛围，使谈判在互相尊重、理解的气氛中进行。

导入案例

中国某企业与德国某公司洽谈某种产品的出口业务。按照礼节，中方提前10分钟到达会议室。德国客人到达后，中方人员全体起立，鼓掌欢迎。德方谈判人员男士个个西装革履，女士个个都身穿职业装；反观中方人员，只有经理和翻译身穿西装，其他人员穿夹克衫的，穿牛仔服的，更有甚者穿着工作服。现场没有见到德方人员脸上出现期待的笑容，反而显示出一丝的不快。更令人不解的是预定一上午的谈判日程，在半个小时内就草草结束，德方人员匆匆离去。

引例分析

从中方人员提前10分钟来到会议室，可以看出中方还是比较重视这次谈判的，并且在德方人员到达时全体起立，鼓掌欢迎，这些并没有问题。但实际上一见面德方人员就不愉快，其原因在中方代表的着装上，因中方代表着装混乱，在德方看来，中方不重视这次谈判，因此心中产生不快，只好匆匆结束谈判。

商务谈判礼仪一方面可以规范自己的行为，表现出良好的素质修养；另一方面可以更好地向对方表达尊敬、友好和友善，增进双方的信任和友谊。因此要求商务谈判人员应从自身的形象做起，在商务活动中给人留下良好的第一印象。

【任务实施】

任务一　商务谈判礼仪的概述

商务谈判礼仪

商务谈判礼仪是指商务人员在从事商务活动的过程中（即履行以买卖方式使商品流通或提供某种服务获取报酬职能的过程中）应使用的礼仪规范。在今天的商业社会里，由于竞争的加剧，行业内部以及相近行业间在产品和服务方面的趋同性不断增强，使公司与公司之间所提供的产品和服务并无太大差别，这样就使服务态度和商务谈判礼仪成为影响客户选择产品和服务的至关重要的因素。

一、商务谈判礼仪的含义

1. 商务谈判礼仪含义

在西方，礼仪一词，最早见于法语的 Etiquette，原意为"法庭上的通行证"。但它一进入英文后，就有了礼仪的含义，即"人际交往的通行证"。礼仪是指人们在人际交往中为了互相尊重而约定俗成、共同认可的行为规范、准则和程序，它是礼貌、礼节、仪表和仪式的总称。

所谓商务谈判礼仪，是指人们在从事商品流通的各种经济行为中应当遵循的一系列行为规范。商务谈判礼仪与一般的人际交往礼仪不同，它体现在商务活动的各个环节之中。

2. 商务谈判礼仪的基本特征

随着知识经济和信息技术的快速发展，经济全球化增强，现代商务环境的变化越来越大，商务交流的手段越来越多，商务谈判礼仪也出现了一些不同于以往的新特点。

（1）规范性。

规范性是指待人接物的标准做法。商务谈判礼仪的规范性是一个舆论约束，它与法律约束不同，法律约束具有强制性。不遵守商务谈判礼仪，后果可能不会致命，但却有可能会让你在商务场合被人笑话。比如，我们在吃自助餐时，要遵守相应的基本规范，如多次少取，这是自助餐的标准化要求，若不遵守，你就会弄巧成拙、贻笑大方。所以在商务交往场合，我们一定要遵守商务谈判礼仪的规范性，如如何称呼客人、如何打电话、如何做介绍、如何交换名片、如何就餐等。

（2）普遍性。

当今社会是商业的社会，各种商务活动已渗透到社会的每一个角落，可以说，只要是有人类生活的地方，就存在着各种各样的商务活动，只要是有人类生活的地方，就存在着各种各样的商务谈判礼仪。

（3）差异性。

差异性即到了什么山上唱什么歌，跟什么人说什么话。在不同的文化背景下，所产生的礼仪文化也不尽相同。商务谈判礼仪的主要内容源自于传统礼仪，因此具有差异性的基本特征。

在商务交际场合,我们要根据对象的不同,来采用不同的礼仪规则。如在宴请客人时,我们需要优先考虑的问题是菜肴的安排,要问清对方不吃什么,有什么忌讳。不同民族有不同的习惯,我们必须尊重民族习惯。

除了民族禁忌之外,还要注意宗教禁忌。

(4) 技巧性。

商务谈判礼仪强调操作性,这种技巧体现在商务活动的一言一行、一举一动中。比如,招待客人喝饮料,就有两种问法,一是"请问您想喝点什么?",二是"请问您喝××,还是××?"。第一种问法是开放式的,给客人选择的空间是无限的,这种方式可能会产生一种后果,客人的选择超出你的能力范围时会带来尴尬和不便;第二种问法是封闭式的,就是一种技巧性比较强的方式,可以有效地避免上述情况的出现。

(5) 发展性。

时代在发展,商务谈判礼仪也在随着社会的进步不断发展。20世纪七八十年代,人们一般通过电报、信件等传递各种商务信息,而在今天,人们常用的则是电子邮件、电视、电话、网络等这些新生事物。

二、商务谈判礼仪的作用和原则

【案例】

在1972年以前的15年里,中美大使级会谈共进行了136次,全都毫无结果。中美之间围绕台湾问题、归还债务问题、收回资金问题、在押人员获释问题、记者互访问题、贸易前景问题等进行了长期的、反复的讨论与争执。对此,基辛格说:"中美会谈的重大意义似乎就在于,它是不能取得一项重大成就的时间最长的会谈。"然而,周恩来总理以政治家特有的敏锐的思维和高超娴熟的谈判艺术,把握住了历史赋予的转机。在他那风度洒脱的举止和富有魅力的笑声中,有条不紊地安排并成功地导演了举世瞩目的中美建交谈判,在1972年的第137次会谈中,终于打破了长达15年的僵局。美国前总统尼克松在其回忆录中对周恩来总理的仪容仪态、礼貌礼节、谈判艺术、风格作风给予了高度的赞赏。

尼克松说,周恩来待人很谦虚,但沉着坚定,他优雅的举止、直率而从容的姿态,都显示出巨大的魅力和泰然自若的风度。他外貌给人的印象是亲切、直率、镇定自若而又十分热情。双方正式会谈时,他显得机智而谨慎。谈判中,他善于运用迂回的策略,避开争议之点,通过似乎不重要的事情来传递重要的信息。他从来不提高讲话的调门,不敲桌子,也不以中止谈判相威胁来迫使对方让步。他总是那样坚定不移而又彬彬有礼,他在手里有"牌"的时候,说话的声音反而更加柔和。他在全世界面前树立了中国政府领导人的光辉形象,他不愧是一位将国家尊严、个人人格与谈判艺术融洽地结合在一起的伟大人物。谈判的成功固然应归结于谈判原则、谈判时机、谈判策略、谈判艺术等多种因素,但周恩来无与伦比的品格给人们留下了最深刻而鲜明的印象。他的最佳礼节礼仪无疑也是促成谈判成功的重要因素之一。

1. 商务谈判礼仪的作用

自古以来,我国素有"礼仪之邦"的美称,崇尚礼仪是我国人民的传统美德。随着我国现代经济的高速发展,礼仪已渗透到社会生活中的方方面面。尤其在商务活动中,礼仪发挥着越来越重要的作用。

(1) 规范行为。

礼仪最基本的功能就是规范各种行为。在商务交往中,人们相互影响、相互作用、相互合作,如果不遵循一定的规范,双方就缺乏协作的基础。在众多的商务规范中,礼仪规范可以使人明白应该怎样做,不应该怎样做,哪些可以做,哪些不可以做,有利于树立自我形象,尊重他人,赢得友谊。

(2) 传递信息。

礼仪是一种信息,通过这种信息可以表达出尊敬、友善、真诚等感情,使别人感到温暖。在商务活动中,恰当的礼仪可以获得对方的好感、信任,进而有助于谈判的顺利进行。

(3) 增进感情。

在商务活动中,随着交往的深入,双方可能都会产生一定的情绪体验。它表现为两种情感状态:一是感情共鸣,另一种是情感排斥。礼仪容易使双方互相吸引,增进感情,有利于良好的人际关系的建立和发展。反之,如果不讲礼仪,粗俗不堪,那么就容易产生感情排斥,造成人际关系紧张,给对方留下不好的印象。

【案例】

据报道,一次,辽宁省政府组织驻该省的外资金融机构的20余名代表考察该省的投资环境,整个考察活动是成功的。然而,给这些外资金融机构代表们留下深刻印象的除了各市对引进资金的迫切心情及良好的投资环境外,还有一些令他们费解,同时也令国人汗颜的小片段。在某开发区,在向考察者介绍开发区的投资环境时,不知是疏忽,还是有意安排,由开发区的一个副主任作英语翻译。活动组织者和随行记者都认为一个精通英语的当地领导一定会增强考察者们的投资信心。哪知,这位副主任翻译起来结结巴巴、漏洞百出,几分钟后,不得不换另外一个翻译,但水平同样糟糕。而且,外资金融机构的代表们一个个西装革履、正襟危坐,而这位翻译却穿着一件长袖衬衫,开着领口,卷着袖子,考察团中的中方人员都为这蹩脚的翻译及其随便的打扮感到难为情。外方人员虽然没有说什么,但下午在某市市内考察,市里另安排了一个翻译,几个外方考察人员都对记者说:"这个翻译的水平还行",其言外之意不言而喻。

考察团在考察一家钢琴厂时,主人介绍钢琴的质量如何好,市场上如何抢手,其中一个原因就是他们选用的木材都是从兴安岭林场中专门挑选的一个品种,而且这个品种的树木生长缓慢。一位外资金融机构的代表顺口问道:"木材这么珍贵,却拿来做钢琴,环保问题怎么解决?"没想到旁边一位当地陪同人员竟说:"中国人现在正忙着吃饭,还没顾上搞环保。"这个回答令中方人员非常尴尬。事后,那个提问的外方金融机构的代表对记者说:"做钢琴用不了多少木头,我只是顺口问问,也许他没想好就回答了。"虽然提问者通情达理,然而作为那位"率直"的回答者却不能不感到羞愧。

在某市,当地安排考察团到一个风景区游览,山清水秀的环境的确令人心旷神怡。外资金融机构的代表刚下车,一位中方陪同人员把一个变质了的西瓜随手扔到了路旁,这大煞风景的举动令其他中方人员感到无地自容。

（4）树立形象。

现代市场竞争除了产品竞争外，更体现在形象竞争上。一个具有良好信誉和形象的公司或企业，就容易获得社会各方的信任和支持，就可在激烈的竞争中处于不败之地。因此，商务人员时刻注重礼仪，既是个人和组织良好素质的体现，也是树立和巩固良好形象的需要。

2. 商务谈判礼仪的原则

任何事物都有自己的规则，商务谈判礼仪也不例外，凝结在商务谈判礼仪规范背后的共同理念和宗旨就是商务谈判礼仪的原则，是我们在操作每一项商务谈判礼仪规则的时候应该遵守的共同法则，同时也是衡量我们在不同场合、不同文化背景下的礼仪是否正确、得体的标准。同样的礼仪在不同的场合会带来不同的结果，同样的场合却因人的不同而有不同的含义。如何在纷繁复杂、瞬息万变的商务环境中立于不败之地，就需要掌握商务谈判礼仪的基本原则。

（1）"尊敬"原则。

"恭敬之心，礼也。"出自《孟子·告子上》，尊敬是礼仪的情感基础。在我们的现实社会中，人与人是平等的，尊重长辈，关心客户，这不但不是自我卑下的行为，反而是一种至高无上的礼仪，说明一个人具有良好的个人素质。"敬人者恒敬之，爱人者恒爱之"，"人敬我一尺，我敬人一丈"。"礼"的良性循环就是借助这样的机制而得以生生不已的。当然，礼待他人也是一种自重，不应以伪善取悦于人，更不可以富贵骄人。尊敬人还要做到入乡随俗，尊重他人的喜好与禁忌。

（2）"真诚"原则。

商务谈判的礼仪主要是为了树立良好的个人和组织形象，在谈判过程中只有恪守真诚原则，才能获得最终的利益。谈判人员要爱惜其形象与声誉，不仅要追求礼仪外在形式的完美，同时还是情感的真诚流露与表现。

（3）"谦和"原则。

"谦"就是谦虚，"和"就是和善、随和。谦和不仅是一种美德，更是社交成功的重要条件。《荀子·劝学》中曾说道："礼恭而后可与言道之方，辞顺而后可与言道之理，色从而后可言道之致"，就是说只有举止、言谈、态度都是谦恭有礼时，才能从别人那里得到教诲。

谦和，在社交场上表现为平易近人、热情大方、善于与人相处、乐于听取他人的意见，有虚怀若谷的胸襟。过分的谦虚、无原则的妥协、退让和妄自菲薄，不是谦和而是社交的障碍，在和西方人的商务交往中尤其要注意不要过分的谦和，在西方不自信的表现会让对方怀疑你的能力。

（4）"宽容"原则。

"宽"即宽待，"容"即相容。宽容就是心胸坦荡、豁达大度，能设身处地地为他人着想，谅解他人的过失，不计较个人得失，有很强的容纳意识和自控能力。中国传统文化历来重视并提倡宽容的道德原则，并把宽以待人视为一种为人处世的基本美德。从事商务活动，也要求宽以待人，在人际纷争问题上保持豁达大度的品格或态度。在谈判过程中，出于各自的立场和利益，难免出现误解和冲突，遵循宽容原则，凡事想开一点，眼光放远一点，体谅别人，就能处理好各种关系与纷争，取得谈判的长远利益。

（5）"适度"原则。

所谓适度，就是要注意感情适度、谈吐适度、举止适度。在谈判中，沟通和理解是建立良好谈判的重要条件，但如果不善于把握沟通时的感情尺度，结果会适得其反。例如，在一般谈判中，既要彬彬有礼，又不能低三下四；既要热情大方，又不能轻浮谄谀。

总之，遵守商务谈判礼仪原则，在谈判中就能做到泰然自若、彬彬有礼，赢得谈判对手的尊敬和尊重。

任务二　商务谈判中的礼仪

一、主、客座谈判的礼仪

主场谈判、客场谈判在礼仪上习惯称为主座谈判和客座谈判。主座谈判因在我方所在地进行，为确保谈判顺利进行，我方（主方）通常需做一系列准备和接待工作；客座谈判因到对方所在地谈判，我方（客方）则需入乡随俗，入境问禁。在商务谈判过程中，自始至终都贯穿一定的礼仪规范，每一个细节都不能忽略。

【案例】

王先生是国内一家大型外贸公司的总经理，为一批机械设备的出口事宜，携秘书韩小姐一行赴伊朗参加最后的商务洽谈。

王先生一行在抵达伊朗的当天下午就到交易方的公司进行拜访，然后正巧遇上他们祷告时间。主人示意他们稍作等候再进行会谈，以办事效率高而闻名的王先生对这样的安排表示出不满。东道主为表示对王先生一行的欢迎，特意举行了欢迎晚会。秘书韩小姐希望以自己简洁、脱俗的服饰向众人展示中国妇女的精明、能干、美丽、大方。她上穿白色无袖紧身上衣，下穿蓝色短裙，在众人略显异样的眼光中步入会场。为表示敬意，主人向每一位中国来宾递上饮料，当习惯使用左手的韩小姐很自然地伸出左手接饮料时，主人立即改变了神色，并很不礼貌地将饮料放在了餐桌上。

令王先生一行不解的是，在接下来的会谈中，一向很有合作诚意的东道主没有再和他们进行任何实质性的会谈。

伊朗信奉伊斯兰教，伊斯兰教教规要求每天做五次祷告，祷告时工作暂停，这时客人绝不可打断他们的祈祷或表示出不耐烦。王先生对推迟会晤表示不满，显然是不了解阿拉伯国家的这一商务习俗。伊朗人的着装比较保守，特别是妇女，一般情况下会用一大块黑布将自己包裹得严严实实，只将双眼露在外面，即便是外国妇女也不可以穿太暴露的服装。韩小姐的无袖紧身上衣和短裙，都是伊朗人所不能接受的。在伊朗，左手被视为不洁之手，一般用于洁身之用，用左手递接物品或行礼被公认为是一种蓄意侮辱别人的行为。难怪韩小姐在宴会上的举动引起了主人异常的不满。综上所述，致使王先生的公司失去商务机会的原因，是他们访问前未对对方的宗教信仰、风俗习惯等方面进行认真的调研准备，在尊重对方、入乡随俗等方面做得不够。

1. 主座谈判接待礼仪

（1）主座谈判的接待准备。

主座谈判，作为东道主一方出面安排各项谈判事宜时，一定要在迎送、款待、场地布置、座次安排等各方面精心周密准备，尽量做到主随客便，主应客求，以获得客方的理解、信赖和尊重。

①成立接待小组。

成员由后勤保障（食宿方面）、交通、通信、医疗等各环节的负责人员组成，涉外谈判还应备有翻译。

②了解客方基本情况，收集有关信息。

可向客方索要谈判代表团成员的名单，了解其性别、职务、级别及一行人数，以作食宿安排的依据。

掌握客方抵离的具体时间、地点、交通方式，以安排迎送的车辆和人员及预订、预购返程车船票或飞机票。

③拟订接待方案。

根据客方的意图、情况和主方的实际，拟订出接待计划和日程安排表。日程安排还要注意时间上紧凑，日程安排表拟出后，可传真给客方征询意见，待客方无异议确定以后，即可打印。如涉外谈判，则要将日程安排表译成客方文字，日程安排表可在客方抵达后交由客方副领队分发，亦可将其放在客方成员住房的桌上。

主座谈判时，东道主可根据实际情况举行接风、送行、庆祝签约的宴会或招待会，客方谈判代表在谈判期间的费用通常都是由其自理的。

（2）主座谈判迎送工作。

主方人员应准确掌握谈判日程安排的时间，先于客方到达谈判地点，当客方人员到达时，主方人员在大楼门口迎候。亦可指定专人在大楼门口接引客人，主方人员只在谈判室门口迎候。

了解客方对谈判的目的要求、食宿标准、参观访问、观光游览的愿望。掌握客方抵离的具体时间、地点、交通方式，以安排迎送的车辆和人员及预订、预购返程车船票或飞机票。

主方应主动到机场、车站、码头迎接，在到达前15分钟赶到，对于客方身份特殊或尊贵的领导，还可以安排献花。迎接的客人较多的时候，主方迎接人员可以按身份职位的高低顺序列队迎接，双方人员互相握手致意，问候寒暄。如果主方主要领导陪同乘车，应该请客方主要领导坐在其右侧。最好客人从右侧门上车，主人从左侧门上车，避免从客人座前穿过。

2. 客座谈判的礼仪

所谓客座谈判，指的是在谈判对象单位所在地举行的谈判。一般来说，这种谈判显然会使谈判对象占尽地主之利。"入乡随俗、客随主便"，对一些非原则性问题采取宽容的态度，以保证谈判的顺利进行。要明确告诉主方自己代表团的来意目的、成员人数、成员组成、抵离的具体时间、航班车次、食宿标准等，以方便主方的接待安排。

谈判期间，对主方安排的各项活动要准时参加，通常应在约定时间的 5 分钟之前到达约定地点。到主方公司做公务拜访或有私人访问要先预约，对主方的接待，在适当的时间以适当的方式表示感谢。客座谈判有时也可视双方的情况，除谈判的日程外，自行安排食宿、交通、访问、游览等活动。

【案例】

某四星级宾馆承接了一大型国际商贸洽谈会的接待任务，为迎合各国经贸代表团的不同口味要求，工作午餐采用自助餐的形式，让宾客们各取所需。开幕式那天中午，自助餐厅虽人头涌涌却也秩序井然，突然，日本经贸团几个领导成员情绪激动地离开餐厅，并声称要带团退出洽谈会。经了解，原来是因为酒店没有为他们安排专门的就餐区。

分析：日本商界等级森严，讲究地位尊卑。商务接待要充分了解客方的情况，并采取相应的接待形式和方法。

二、谈判人员个人基本礼仪

1. 谈判者的仪表

仪表是谈判者形象的重要方面，主要是指人的形貌外表，包括人的身材、发型、容貌和服饰等方面，不仅反映其个人的精神面貌和礼仪素养，同时还使人联想到一个人的处事风格。美好、整洁的仪表给人一种做事认真、有条理的感觉。因此，良好的仪表对谈判者的交际和工作起重要的作用。

谈判者仪表的作用：谈判者的仪表反映了谈判者的精神面貌和礼仪素养，显示了谈判者在谈判中所充任的角色，对商务谈判的成功有着不容忽视的作用。

在商务谈判中，通过谈判者的仪表可以反映出谈判者的素养。仪表的修饰不仅体现谈判者自身的自尊、自爱，同时还体现出对谈判对方的尊重，而得体的修饰不仅反映出谈判者个人的风采和魅力，也反映出谈判者个人的形象。

仪表是谈判者洽谈成功的通行证。在商务谈判中，谈判者的仪表对谈判是否成功有一定的影响，谈判者的仪表，不但能够影响双方相互间的形象和印象，影响谈判的节奏和谈判的效率，同时还能够影响周围人的态度和商务谈判的成败。商务谈判中，特别是初次谈判，最初印象的形成主要是通过谈判对象的外部因素和信息来获得。

(1) 仪表的修饰。

谈判者仪表的修饰。修饰是指对人的仪表、仪容进行修整妆饰，以使其外部形象达到整洁、大方、美观的基本方法。修饰是形成谈判者个人良好形象的手段。适当的修饰，可以使谈判者保持健康的身体和活力。修饰可以体现一个人的修养、气质和追求，从而对谈判者的心理与情绪产生较大的影响。通过适当的修饰，可以发现自身的美，从而增加信心。具体地讲，谈判者修饰主要有以下几方面。

①头发。

应保持头发的清洁，头发上不能有头屑。发型要整齐，散乱的头发给人以精神委靡不振的感觉。一般来讲男士的头发不宜留得过长，以两边的头发不超过两耳为准，并且不宜留大鬓角。女士的头发没有长短的要求，只是刘海不要太低，遮住眉毛，因为眉毛既可以传情达意,还可以体现一个人的个性。

②面部。

面部要注意保持清洁。男士要剃净胡须,女士应该化妆,化妆以示对他人的尊重,同时也可以增强自信心。

③口腔。

口腔主要有两方面的内容:一是除去口腔的食物残渣,最好办法是饭后漱口刷牙;二是除去口腔异味,最好办法是喝茶或嚼口香糖。

④手。

保持双手的清洁,注意不留长指甲,并清除指甲内的污垢。如果戴有手套,手套也应保持清洁。

⑤脚。

脚的修饰主要是指鞋的修饰,鞋要擦去灰尘,并保持皮鞋的光亮。

(2) 女士化妆。

女士要适当化妆,漂亮的化妆不仅让人赏心悦目,同时还能给自己一个好的心情。在化妆时选择浓淡适宜的妆是比较重要的。场合的不同,对化妆的浓淡要求也不一样,总的来讲,白天适宜化淡妆,晚上适宜浓一点的妆。不同的人也不一样,中年女性的妆应该浓一点,年轻女性的妆应该淡一点。与关系比较熟的客户进行谈判时,可以化淡妆,与初次打交道的人谈判,可以适当化浓一点的妆。

(3) 理妆。

不论男女,为了使修饰好的整洁仪表得以保持,要注意及时理妆。

①女士的理妆。

女士的理妆一般只限于加一点口红以及补一点粉而已。如果只为了加一点口红而把小镜子打来打去,嘴唇抿来抿去,就显得有些过分了。因此,女士的补妆不能不分时间和场合随意进行。一般来讲,在工作场合当着众人的面补妆是不适宜的,如果确有必要补妆,应到洗手间或是休息室去。

②男士的理妆。

男士的理妆范围也局限在两个方面:一是把歪掉的领带理正;二是把凌乱的头发抚平。男士理妆可以在洗手间及公共场所的镜子前理妆,切忌当众拿出小镜子或是小梳子理妆。

2. 谈判者的服饰

在商务活动中,能够理解并充分利用服饰的功能,对于商务活动的有效及顺利进行是非常重要的,得体的着装不仅反映一个人的修养与气质,同时也表现了对他人的尊重。因此每个商务谈判人员都应该注重着装礼仪。

(1) 谈判者着装原则。

①合身。要求谈判者着装:第一要符合自己的身材,第二要符合自己的年龄,第三要符合自己的职业身份。

②合意。要求谈判者的着装:第一要使自己满意,第二要考虑到谈判对象的习惯和所在地的风俗,恰当地表现自己的个性。

③合时。要求谈判者的服饰要符合时代的特色、环境、场所和季节的要求。

【案例】

瑞士某财团副总裁率代表团来华考察合资办药厂的环境和商洽有关事宜，国内某国营药厂出面接待安排。第一天洽谈会，瑞方人员全部西装革履，穿着规范出席，而中方人员有穿夹克衫布鞋的，有穿牛仔裤运动鞋的，还有的干脆穿着毛衣外套。结果，当天的会谈草草结束后，瑞方连考察的现场都没去，第二天找了个理由，匆匆地就打道回府了。

分析：商界着装重视与场合气氛相吻合，商务洽谈是关系大局的事情，应选择正式、规范的服装出席。如果穿着随意，既不尊重自己，也不尊重他人，同时也会被认为是不重视这次活动的表现。

（2）谈判者服饰的选择。

①男士服装的选择。

男士服装一直都处于比较稳定的状态，对男士服装的要求不高。一般来讲男士的着装只要穿着得体就行。因此，男士在选择服装时既注重款式和色彩，又要注重服装的质地和面料。

a. 西装是男性谈判者在正式场合着装的优先选择，也是男性谈判者必备的礼服。在选择西装时应注意以下几方面：

西装的选择：

面料：质地要好，首选毛料。

色彩：应该选择庄重、正统的西装，以深色为佳。

图案：应选择无图案的。

款式：选择三件套（一衣、一裤、一马甲）。

造型：选择适合自己的款式。

尺寸：大小合身，宽松适度。

场合：正装适合正式场合，休闲装适合非正式场合。

正确穿着：

拆除衣袖上的商标。

熨烫平整。

扣好纽扣。

少装东西。

西装穿着的禁忌：

禁忌袖口商标不除。一般在名牌西装上衣的左袖上都有一个商标，有些西装还有一个纯羊毛标志，在穿着之前必须先去除。禁忌内穿多件羊毛衫。只能穿一件薄型V领的素色羊毛衫，适合穿衬衫打领带。禁忌颜色过于杂乱。穿着西装要讲求"三色原则"，即全身的颜色不能多于三种，其中同一色系中深浅不同的颜色算一种颜色。禁忌三个部位不同色，即穿西装时为了体现男士的风度，必须使皮鞋、腰带、公文包这三种饰品同色。禁忌腰部挂东西，如手机、钥匙等。

此外，西装的选择还应区分场合。正式的商务场合应选择穿着单色、深色西装，蓝色为首选，其次为灰色，面料最好是纯毛的；普通的社交场合可以选择休闲西装，对于面料和颜色的要求也都相对较低。

b. 衬衫：正规西装配的衬衫应是白色或浅色的，没有花纹或带有不太明显的条子、细格子花纹的衬衫。

衬衫要合体，主要是指合体的领子。大小合适的衬衫应是衬衫领子钮扣扣上以后还能自由插进自己的食指。

c. 领带：领带是男性谈判者穿西装时最重要的饰物。

领带的色彩必须和西装颜色一致，才能给人视觉均衡的感觉。素色衬衫易和各种领带搭配，但花衬衫和条纹衬衫应属于休闲衬衫，所以不适合打领带。

有花纹的衬衫不能配有图案的领带，否则给人一种凌乱的感觉，领带的花纹不能与所穿西服的花纹一样。

d. 鞋子和袜子：穿西装一定要配穿皮鞋，黑色皮鞋最适宜与西装套装搭配，袜子的颜色应与皮鞋的颜色相近，或者是皮鞋颜色和西装颜色的过渡色。

②女士服装的选择。

a. 套裙：女士在商务谈判中以裙装为佳，西式套裙为首选。套裙应该成套穿着，要注意颜色少、款式新，不适宜穿着亮度过高色彩的裙装。套裙应选择那些质地滑润、平整、匀称、光洁、挺括的上乘面料，并且弹性好、不起褶皱，图案以简洁为最佳，可以选择格子、条纹和圆点等图案。

b. 旗袍：在商务活动中穿着，可以更好地体现东方女性特有的气质。旗袍的开衩不能过高，以膝上一至两寸为佳。

c. 鞋子与袜子：女士的正装鞋是高跟或半高跟浅口皮鞋，袜子的颜色以肉色为佳，不能穿带图案和网眼的袜子，应注意袜口不能露出裙摆。

d. 配饰：女士有时为了衬托自己的服装，体现出自己的个性，就需要佩戴各类装饰品。通常，佩戴装饰品也是个性化的体现，因此，有时很难完全具体地讲述饰品的选择和佩戴。但在商务谈判中，一般应注意如下问题：

如果是白天参加谈判，选择的饰品不要过于夸张，避免给人张扬的感觉。

选择的饰品应与自己的肤色、服装、气质和环境相适宜。

选择的饰品与季节性的服装相配合。

a. 戒指。戒指主要有黄金、白金、钻石、宝石等类型。戒指一般只佩戴一枚。戒指应戴在左手上，戴在不同的手指上其含义不同，暗示佩戴者的婚姻和择偶状况。一般来讲，戴在食指上表示想结婚或已经求婚，戴在中指上表示已有恋人，戴在无名指上表示已订婚或结婚，戴在小指上则表示是独身者。

b. 项链。项链种类繁多，主要有黄金、白银、珍珠和宝石项链。在正式的商务场合中，以佩戴金银项链为最佳，忌佩戴有宗教信仰的项链。

c. 耳环。耳环的佩戴应与服装相协调。一般来讲，服装的颜色与佩戴耳环的效果有关，服装的颜色鲜艳，耳环装饰效果就差，因此佩戴耳环时应选择颜色淡雅的服装。同时注意：佩戴耳环应与服装类型、色调相适应。

d. 手袋。女士出席各种社交与商务场合时，无论是出于美观还是方便，都应携带一个手袋。可以烘托出职业女性的干练与柔美。手袋的颜色应与服装色调协调，二者颜色相同是最理想的搭配。手袋的颜色最好选择中性色，如黑色、白色等，这样的手袋可以搭配任何颜色的服装。商务谈判人员在出席各种商务场合时，男女都可在公文包或手袋中放置一些必备品，以备急用。

在公务套装中不可以出现多余的纽扣、上衣背后的腰带、颜色怪异的缝线、前胸口袋里的方巾等物件。

3. 谈判者的举止

举止是指人的动作和表情。举止是一种无声的"语言"，人们的举手投足间都传递着信息。因此，在商务谈判中，保持规范、得体的姿态是比较重要的。这就要求谈判者具有良好的坐姿、站姿和走姿。

（1）正确的站姿：站姿是人体的静态造型动作，是其他人体动态造型的基础和起点。在出席各种商务场合时，谈判者的站姿首先会引起别人的注意，优美挺拔的站姿能显示出个人的自信、气质和风度，给他人留下美好的印象。正确站姿的要点是挺拔、直立。具体要求：头正，双目平视，嘴唇微闭，下颌微收，双肩放松、稍向下沉，身体有向上的感觉，呼吸自然、躯干挺直，收腹，挺胸，立腰，双臂自然下垂于两侧，手指并拢并自然弯曲，双腿并拢立直，膝、两脚跟靠紧，脚尖分开呈45°，身体重心放在两脚中间。男性的双腿可以分开，但两脚之间的距离最多与肩齐。正确的站姿会给人挺拔、大方、精力充沛的感觉。站立要避免身体东倒西歪，重心不稳；双腿交叉站立，随意抖动或晃动，双脚叉开过大或随意乱动；倚墙靠壁，耸肩；双手叉在腰间或环抱在胸前，盛气凌人。

（2）正确的坐姿：端庄典雅的坐姿可以展现商务谈判人员的气质和良好的教养。入座时要轻而稳，走到座位前，转身后轻轻地坐下，双肩平正放松，两臂自然弯曲放在腿上，亦可放在椅子或是沙发扶手上，以自然得体为宜。女士双膝并拢，男士两膝间可分开一定的距离，但不要超过肩宽，入座后，应至少坐满椅子的2/3，谈话时应根据交谈者方位，上身可以略倾向对方，但上身仍保持挺直。女子入座时，若是裙装，应用手将裙子稍稍拢一下，再慢慢坐下，避免坐下后再拽拉衣裙。正式场合一般从椅子的左边入座，离座时也要从椅子左边离开。

各种坐姿的要求：

正坐：两腿并拢，上身坐正，小腿应与地面垂直。女士应双手叠放，置于腿上；男士应将双手放在膝上，双腿微分，两膝之间的距离保持在一拳到一拳半之间。

侧坐：首先坐正。男士小腿与地面垂直，上身倾斜，向左或向右，左肘或右肘支撑在扶手上；女士应双膝靠紧，上身挺直，两脚脚尖同时向左或向右，双手叠放在左腿或者右腿上。

交叉式坐姿：两腿向前伸，一腿置于另一腿上，在踝关节处交叉成前交叉坐式。也可以小腿后屈，前脚掌着地，在踝关节处交叉成后交叉式。

（3）正确的走姿：正确的走姿，能体现一个人的风度和韵味。从一个人的走姿可以了解到其精神状态、基本素质和生活节奏。走路时的要点是：第一，右脚完全着地，左脚根抬起一半左右，身体重心完全移到右脚上，左脚脚跟抬起，左脚脚尖完全离地，重心往前移，左脚脚跟着地。然后再回到第一步的姿势。第二，走路时应当身体直立、收腹直腰、两眼平视前方，双臂自然下垂，在身体两侧自然摆动，脚尖微向外或向正前方伸出，跨步均匀，两脚之间相距约一只脚到一只半脚长，步伐稳健，步履自然，要有节奏感。起步时，身体微向前倾，身体重心落于前脚掌，行走中身体的重心要随着移动的脚步不断向前过渡，而不要让重心停留在后脚，并注意在前脚着地和后脚离地时伸直膝部。男步稍大，步伐应矫健、有力、潇洒、豪迈，展示阳刚之美。女步略小，步伐应轻捷、娴雅、飘逸，体现阴柔之美。

4. 谈判者的表情

表情是指谈判者的面部情态，主要是通过面部的眼、嘴、眉、鼻动作和脸色的变化来表达谈判者的内在意识。表情在商务活动中起着十分重要的作用。

（1）目光。

当商务谈判人员初次与别人相识或者不很熟悉时，特别是面对异性，应使自己的目光完全在许可的范围之内，否则会很失礼。目光的最大许可范围是以额头为上限，以对方上衣的第二颗纽扣为下限，左右以两肩为限，表示对对方的关注。

眼睛是心灵的窗户，是人深层心理情感的一种自然表现。目光的表现形式是多种多样的：炯炯有神的目光，体现出对事情的坚定和执著；呆滞的目光，体现着对生活的厌倦；明澈坦荡的目光，体现的是为人正直、心胸开阔。在商务活动中，恰到好处的目光是友善坦荡、真诚热情、炯炯有神。

双方在交谈中，应注视对方的眼睛或脸部，以示尊重别人，但是，当双方缄默无语时，不要长时间注视对方的脸，以免造成对方的尴尬。

在与多人进行交谈时，要经常用目光与听众进行沟通，不要只与一个人交谈，冷落其他人。在公共场合，注视的位置是以两眼为上限，以唇部为底线，构成的一个倒三角，这种目光带有一定的情感色彩，亲切友好。不要总是回避对方的目光，这样会使对方误认为你心里有鬼或者在说谎。

（2）微笑。

微笑是最富有吸引力的面部表情。微笑可以消除冷漠，温暖人心，使人际关系变得友善、和谐、融洽。微笑能使人对自己以及自己的生活充满信心，特别是在遇到挫折和不幸时，微笑能给人战胜自己的力量，重新找回生活的乐趣。微笑不仅是脸上的表情，真正的微笑、受人欢迎的微笑是发自内心的，笑得自然真切。爱心使人友好，理解使人宽容，微笑只有充满爱心和理解，才能感染他人。充满自信的人，才能在各种不同的场合对不同关系的人保持微笑。亲切、温馨的微笑能使不同文化、不同国度的人快速缩短彼此的心理距离，创造一个良好的沟通氛围，但不要失去庄重和尊严。

在商务活动中，要力戒憨笑、傻笑等不成熟的笑容；要力戒奸笑、冷笑、皮笑肉不笑等不诚恳的笑容；要力戒大笑、狂笑等不稳重的笑容。

5. 谈判者的风度

风度，是人们的思想修养和文化涵养在一定程度上的外在表现，它的美是通过人的外在行为显现出来的。风度也是一种魅力。风度美是一种综合的美、完善的美，这种美应是身体各部分器官相互协调的整体表现，同时也包括了一个人内在素质与仪态的和谐。

风度是模仿不来的，风度往往是一个人独有的个性化标志。风度是因为具有了一定的实力才显现出来的。风度来自良好的道德修养和丰富的文化内涵。一个人要拥有翩翩的风度，应该注重培养，在谈判活动中，要做到"五要"。

一要有饱满的精神状态。一个人精力充沛，自信而富有活力，就能在商务活动中激发对方的交往欲望，活跃现场气氛。如果一个人精神委靡不振，给人敷衍的感觉，即使对方有交往的欲望或诚意，也会因一方的原因而终止。

二要有诚恳的待人态度。谈判者与谈判对手坐在一起的时候，要让对方感觉到你是一位亲切、温和的人，诚恳的人。在与对方交往的过程中，端庄而不矜持冷漠，谦逊而不矫揉造作，诚恳待人。

三要有健康的性格特征。性格是表现人对现实的态度、行为方面比较稳定的心理特征，往往会通过行为表现出来。要加强性格的修养，做到大方而不失理，自重而不自傲，豪放而不粗俗，自强而不偏执，谦虚而不虚伪，直爽活泼而不幼稚轻佻。

四要有幽默文雅的谈吐。幽默不仅能显示人的智慧，而且在紧张的谈判环境中能够创造轻松、风趣、和谐的氛围。但幽默并不代表庸俗，庸俗是没有修养的表现，在商务谈判中要避免庸俗。

五要有得体的仪态和表情。谈判者的仪态表情，是沟通当事人情感的交流手段，是风度的具体表现。需要谈判者刻意追求，但要自然地显示出来，没有生硬的矫揉造作，没有刻意的模仿，仿佛是漫不经心，但都是精心追求的结果。优美的风度令人向往和羡慕，美好的风度来自优秀的品格，有了优秀的品格，才有迷人的风度。

对谈判者来讲，在商务活动中应有良好的风度，要求做到：

（1）心平气和。在谈判桌上，每一位成功的谈判者均应做到心平气和、处变不惊、不急不躁、冷静处事。如果对方向我方提出不合理的要求，不要觉得对方缺乏合作的诚意而生怒气；在谈判中始终保持心平气和，是一位高明的谈判者所应保持的风度。

（2）取得双赢。谈判往往是利益之争，商务谈判中，参加谈判的都希望在谈判中最大限度地维护或者争取自身的利益。如果对方对我方所提出的合理要求不予接受，不要因此失去耐心而变得烦躁。在事关我方利益的问题上，应据理力争，不能轻言放弃。最终从本质上来讲，真正成功的谈判，应当以各方的妥协即双赢或多赢来结束。

商务谈判不是以"你死我活"为目标，而是应当兼顾各方利益，各有所得，实现双赢。在商务谈判中，如果只顾己方目标的实现、而忽略对方利益的存在，是没有风度的，最终也不会真正赢得谈判的胜利。

（3）礼遇对手。在谈判期间，一定要礼遇自己的谈判对手。在事关我方利益的原则性问题上，既要据理力争，不轻言放弃，又要做到不出言伤害对方、埋怨责怪对方或用不礼貌的语言讽刺挖苦对方。在商务谈判中要将人和事分开，明确双方之间的利益关系，正确地处理己方谈判人员与谈判对手之间的关系。在谈判之外，对手可以成为朋友；在谈判之中，朋友也会成为对手，二者要区别对待，不要混为一谈。在谈判过程中，不论身处何种环境，都不可意气用事、言谈举止粗鲁放肆，不懂得尊重谈判对手，也是没有风度的表现。谈判者要时刻表现出自信、沉着和冷静。

谈判既是双方组织实力的较量，也是双方谈判人员心理的较量。谁在谈判中更沉着、冷静，谁就可能在谈判中获得更多的胜利。

三、商务谈判中的交际礼仪

1. 见面礼仪

见面礼仪是指谈判者见面之际应该遵守的主要礼仪,具体表现为问候、称呼、握手、介绍。在商务活动中,当人们听到恰当的称呼时,便能从心里产生亲近感,使人与人之间的交际变得顺利、愉快。

2. 问候

问候也称作问好或者打招呼,主要表现在向他人问好,表示敬意。最普遍、最常用的招呼词是说一声"您好!",在迎送客人时较为多见的问候是招手致意。

（1）问候的内容。

人们在问候他人时所使用的问候语具体内容多有不同。一般来讲,问候语的内容有明显的地域性特征。在一般情况下,问候语大致可以分以下几类:

①问好型：在见面时直接问候谈判对方,主要用语为"您好""早上好""下午好""晚上好"或者"大家好"。这些问候语言简意赅,既不失礼貌,又可避免走题。比较适合在一天中首次见面或一次活动中初次遇到的时候使用,也是最为正式、适用范围最广的问候。

②寒暄型：人们在日常生活中问候他人时的一些用语,如"吃饭没有?""最近忙些什么?"等。对于这些问候语,一般可以不做实质性的答复。较适合熟人之间的应用,这些问候语在不同文化背景下的交际时要慎用。

③交谈型：谈判者在问候他人时直接从一个话题开始,问候对方的同时希望就此交谈下去,较适用于公务场合。

（2）问候的顺序。

一般来讲,问候有一个约定俗成的顺序：年轻的先向年长的打招呼,下级先向上级打招呼,男性先向女性打招呼等。

①两人见面：双方均应主动问候对方,没有必要等待对方首先问候不可。在正常情况下,标准的做法是所谓"位低者先行",也就是职级或地位较低的一方,应首先问候职级或地位较高的一方。

②一人与多人见面：当一个人与多人见面时,问候的顺序一定要遵照"先长后幼,先女后男,先疏后亲"的原则。

（3）问候的态度。

在问候他人时,自己的态度一定要热情而友好,做到话到、眼到、心到。只有这样,才能表现出自己的问候是真心实意的。

（4）问候时注意的事项。

他人向自己致意时,必须还礼答谢。

在公共场所切忌大声地呼名唤姓。

招手时一般把手伸向空中并且左右摆动。

与人打招呼时,不要把手插在衣袋里或叼着烟卷。女性应主动微笑点头致意。

3. 握手

握手是人们在日常的社会交往中常见的礼节。握手既可以作为见面、告辞、和解时的礼节，也可以作为一种祝贺、感谢或相互鼓励的表示。

见面行握手礼时，主人、身份高者、年长者和女士一般应先伸手，以免对方尴尬；朋友平辈间以先伸手为有礼；祝贺、谅解、宽慰对方时以主动伸手为有礼。行握手礼时，上身稍前倾，立正，目视对方，微笑，说问候语或者敬语，要摘帽、脱手套，握手时不要左手插在裤袋里，无特殊原因不用左手握手；正常情况下是双方伸手握一下即可，时间不宜超过3秒，长时间握手表示亲热，双手握住对方的手以示尊敬。

握手的注意事项：

不要戴手套握手，只有女士在社交活动中才可以戴着薄纱手套与别人握手；不要戴墨镜握手；不要以手插兜握手；掌心不要向下，如果伸手时掌心向下，通常会给人以居高临下之感；不要滥用双手，只有亲朋好友见面时才可以使用双手；与女士握手时男士不要先伸手，应等待女士首先伸出手。

4. 鞠躬礼

鞠躬礼，源自中国，现在作为日常见面礼节已不多见，但盛行于日本、韩国和朝鲜，是那里的常礼。行鞠躬礼时应立正，脱帽，微笑，目光正视，上身前倾15°~30°（赔礼、请罪时除外）。平辈应还礼，长辈和上级欠身点头即算还礼。

5. 介绍

介绍是商务活动中相互了解的基本方式，常见的有以下几种方式。

（1）自我介绍：自我介绍是在没有他人介绍的情况下，自己将自己介绍给他人，以便使对方认识自己。在正式自我介绍时，介绍的内容包括自己的单位、部门、职务和姓名。

注意事项：

掌握好时机。在向别人介绍自己时，一定要在有必要的时候进行，否则会劳而无功；并且还要掌握好时间，一般来说，在干扰少时，对方有兴趣时，初次见面时，比较适合进行自我介绍。

简明扼要，避免夸夸其谈。内容应有所区别，介绍自己时，应当根据具体的情况而在内容上有所不同。

（2）居中介绍：居中介绍是指由介绍人作为第三者，为彼此不相识的双方相互进行介绍。居中介绍在陌生人之间架起了相互了解的桥梁。居中介绍，首先要了解双方是否有结识的愿望，经双方同意后再进行介绍。介绍顺序是：先把年纪轻的介绍给年长的；先把职位低的介绍给职位高的；先把宾客介绍给主人；先把男士介绍给女士。

（3）集体介绍：集体介绍是为他人介绍的一种特殊情况。它指的是由介绍者为两个集体之间或者个人与集体之间所作的介绍。

集体介绍的顺序：介绍集体时，在顺序上也有尊卑先后之别。在一般情况下，集体介绍同样应当遵守"尊者优先了解情况"规则。比如说，替两个团体进行介绍时，通常应当首先介绍东道主一方，随后方可介绍来访者一方。至于具体介绍的内容则有两种：一是只作整体介绍，即只介绍双方集体的情况，而不具体涉及个人情况；二是介绍个人情况。在介绍集体时涉及个人情况，一般讲究"双方对等"，即在遵守"尊者优先了解情况"规则的同时，对双方的个人情况均应予以介绍，在具体介绍各方的个人情况时，则应当由尊而卑，依次进行。

注意事项：在宴会、舞会上，由于来宾较多，这时不必逐一进行介绍，主人只须介绍坐在自己旁边的客人相互认识即可，其余客人可自动和邻座聊天，不必等主人来介绍。

6. 名片的使用

名片是商务人员重要的交际工具，是个人身份的代表。对方将自己重要的信息毫无保留地交给你，是对你的充分信任和尊重，对待名片应像对其主人一样尊重和爱惜。

（1）递送名片。

将本人的名片递交给他人时，通常要注意以下礼仪问题。

①有备而至。

参加商务活动，应当有意识地准备好自己的名片，并且将其置于易于取拿之处，以备不时之需。最好的方法，是将名片装入专用的名片盒、名片夹或名片包之内，然后放入自己的上衣口袋或随身携带的包、袋。

②讲究时机。

递送名片要善于把握时机。一般来说，递送名片多在初次见面进行自我介绍以后进行。但是并不是说做过自我介绍之后就一定要递送自己的名片。将自己的名片递送给对方，不但具有希望对方进一步了解自己的意思，还包含对对方表示尊重、希望与对方结交、保持与对方联络的意思。递送名片给自己的熟人，通常发生于本人的单位、地址或联络方式发生变更之后。

③递送顺序。

两人交换名片时，应当遵守"尊者优先了解情况"规则，双方之中地位或职级较低者应当首先把自己的名片递交给地位或职级较高者。一人将本人的名片递送给多人时，应当由尊而卑依次而行，或者由近而远依次而行，不讲任何顺序是错误的。应双手呈递名片，态度应恭敬，使对方感到你对他很尊敬。具体要求：

起身站立。

主动走近对方。

以双手或右手递上名片。

将名片正面面对对方。

（2）接受名片。

接受他人递送过来的名片时，亦应认真遵守相关的礼仪规范。

认真接受，在接受他人名片时的态度是否认真，往往会同是否尊重对方直接联系在一起。接受他人名片时，要表现出自己的认真和友好之意，就必须注意以下四点：

①起身站立。

②迎向对方。

③用双手或右手捧接，要在胸部以上的位置收下，由名片的下方恭敬接过并且收到胸前，并认真拜读。

④口头道谢。当他人将名片递送给自己，尤其是当对方首先递上名片时，应立即口头向

对方表示谢意。同时,为了表示对对方的尊重,接过对方递过来的名片后,一定要先看,再通读一遍,及时了解对方的具体情况,如果有不明白的地方,可以及时请教。接过名片之后,先通读他人的名片,然后将名片收好。待对方走后,应该在名片上记下初次见面的时间等,便于记忆。

收到对方名片后,也应当将自己的名片递上去。如果没有随身携带名片,可以直说,或者告诉对方以后再补上名片。一般情况下,如果想得到对方的名片,但对方却并未给你,这种情况下不要直接向对方索要名片,而是以比较委婉的方式向对方索要名片。索取他人的名片,比较常见的方式有:主动递上自己的名片;建议对方互换名片;采用暗示的方法索要名片,如"今后怎样称呼您?"

7. 洽谈礼仪

谈判是商务活动的重要组成部分。商务谈判中参加的各方都希望在谈判过程中获得谈判对手的礼遇。端庄的仪表仪容,礼貌的言谈举止,周到、合适的礼节,是使谈判过程得以顺利进行的重要因素之一。因此,每一位谈判者都应当掌握和讲究洽谈礼仪,以便使商务谈判顺利进行并取得成功。

8. 迎见礼仪

商务谈判中,作为东道主应在约定的时间前到达约定的地点,迎接对方。在迎接时,迎接的地点可以选在大楼的门口,也可以选择在谈判室的门口。进入谈判室,主人应该和对方的谈判代表一一握手,应该请客人先落座,或者双方同时落座,切忌主人首先落座。双方落座后,非谈判人员应该退出谈判室,任何人不得随意进出,以免影响谈判的进行。

9. 落座

落座是指谈判双方进入谈判会场后就座的姿态和形态。如何落座,可以在一定程度上反映出谈判者的地位和信心,反映出一个谈判集体的团结力和控制力。

(1) 落座的方式:一般来讲,谈判是在双方当事人之间进行的,因此落座的方式主要有:

①横向式座席(如图8-1所示)。

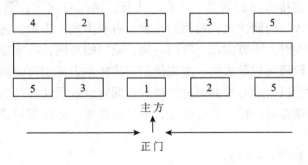

图8-1 横向式座席

②纵向式座席(如图8-2所示)。

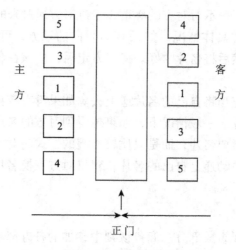

图 8-2 纵向式座席

③并行式座席（如图 8-3 所示）。

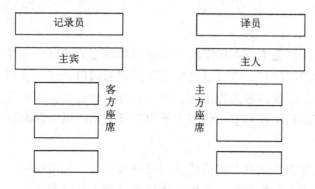

图 8-3 并行式座席

正式谈判，落座的形式比较正规。落座的基本要求是强调参加谈判双方或各方的平衡，双方出席谈判的代表身份或者是职位要对等，代表的数量也要基本对等。落座的一般要求是，前后排关系中，前排落座的为尊、为高、为强，第二排次之，第三排更次；在同一排中，中间者为尊、为大，两侧次之；两侧同位者，右者为大、为长、为尊，而左者为小、为次、为偏。双方在谈判时，主方应位于背门一侧，或门的左侧，客方应位于面门的一侧，或门的右侧；如果需要翻译和记录人员，应将他们安排在主人或主宾的侧后边。落座后应浅坐并且面部应正对对方，以表示对谈判对方的尊重，同时也表示谈判可以较快地展开。若为小范围的谈判，则可以像会见一样，只设沙发，不设长条桌，可以相对或曲角的形式落座，以轻松的气氛进入谈判。

④侧翼式座席（如图 8-4 所示）。

（2）落座的禁忌：落座在一定程度上反映谈判者的地位和信心，如果把握不好，有可能影响谈判的进程。因此要求商务谈判人员注意落座的忌讳，主要有：谈判双方的落座位置不对等，对方处于优势地位，己方处于劣势地位；己方的代表，尤其是主谈人的安排不均衡，处于从属的座席位置，己方主谈人员与其他成员的位置安排不合理，不能显示出主谈人

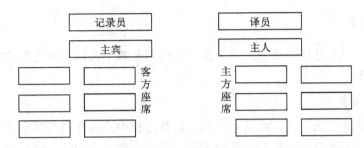

图 8-4　侧翼式座席

的权威地位,并影响谈判中的沟通;双方落座过远,容易表现出冷淡、疏远、拒绝的心态;落座后面部侧对对方、或过分浅坐。

10. 举止礼仪

商务谈判中,双方的洽谈是严肃的商务活动,言谈举止要更加注意,在进行介绍时不得傲慢无礼,应以轻松自然的方式进行介绍,在需要了解对方的情况时,应使用礼貌用语。

11. 谈吐礼仪

在商务谈判中,谈判者要注意谈吐的礼仪,使洽谈的内容更易为对方理解和接受,在寒暄时可以选择一些能够引起对方共鸣或者中性的话题进行,如天气、体育运动等,切忌打探对方的隐私,这样可以起到创造良好谈判气氛的作用。在进行交谈时,双方要保持一定的距离,距离不要太远或者太近,一般应保持在半米左右,如果是坐着的应该以双方之间的桌宽为准,双方在陈述自己观点和表明自己态度时,应该保持位置的基本不变。商务谈判中如果发生了争执,要避免逼近对方和有意拉大与对方之间的距离。

在商务谈判中,要善于准确把握谈判的语气和语速,这既是商务谈判成功的需要,也是谈判中应该遵循的礼仪,不能用威胁性语气与语言讲话,最好是用询问性的语气讲话,谈判中说话的速度要平稳,语速以中速为宜,在控制语速时,应该是快而不失去节奏,慢而流畅,并且注意观察对方的反映,以便及时做出调整。

商务谈判中言谈要文明、准确,商务谈判必须讲究语言文明,言谈要体现出自身良好的个人修养、和蔼的态度,使对方解除戒备心理,产生愿意接近的愿望。

要使用普通话,选择话题要注意。

(1) 选择有品位的话题。这类话题的内容涉及文学、艺术、历史或者其他专业方向的知识。

(2) 轻松愉快的话题。这类话题就是那些让人觉得身心放松、很有意思、易于应付、易于参与、可以发挥、不感觉疲劳、感到轻松愉快的话题。例如,最近流行的电视剧、旅游、体育比赛、音乐歌曲等。

(3) 大家喜闻乐道的话题,这类话题在一般的场合中都适用。在选择轻松愉快的话题时,应该顺其自然,把握分寸,不要东拉西扯、低级趣味、庸俗无聊,这样有失体面。

商务谈判中在选择寒暄用语、交谈用语、开场白和结束语时,要文明礼貌,不卑不亢、充满自信,不骄傲自大,既要据理力争,又要适可而止,最终达到双方满意的结果。

四、签字礼仪

商务谈判中,双方达成一致意见后,接下来的就是签字确认双方达成的协议,应认真组织,给予充分准备。

1. 准备待签文本

为了做到事情的万无一失,在商务谈判的进行过程中或商务谈判结束后,双方应指定专门的人员按照达成的协议做好待签文本的定稿、翻译、校对、印刷、装订等工作。双方一旦在文本上签字就具有法律效力,双方就要执行具有法律约束力的合同,因此,对待文本的准备工作应当郑重严肃。在准备文本的过程中要保证翻译准确,构成合同的文件都要逐一进行核对,应按照合同当事人的数量打印协议文本,要保证每个当事人一份。如果有必要,还要按照当事人的多少为每个当事人准备副本。国际商务活动中,在与外商签订相应协议或合同时,应按照国际惯例,待签文本应同时使用宾主双方的母语。

通常,等待签署的文本应装订成册,并以仿真皮或其他高档质地的材料作封面,以示郑重。代签文本的规格一般为大八开,务必使用高档纸张,务必印刷精美。主方应为协议文本的准备工作提供准确、周到、快速、精美的服务。

2. 签字场地布置

通常签字场地有以下几种情况:常设专用的、临时会议厅、会客室来代替等。在布置签字场所时总的原则是庄重、典雅、整洁、大方。陈设上除了必要的签字用桌椅外,其他一切陈设皆不需要,比较正规的签字桌应为长桌,铺设的台布最好为深绿色。

按照仪式礼仪的规范要求,签字桌应当横放。在签字桌后,可摆放适量的座椅。签署双边性协议时,可放置两张座椅,供签字人同时就座。如果签署多边性协议时,可以只放一张座椅,供各方签字人轮流就座签字。也可为每位签字人准备一张座椅,供他们同时就座签字。

签字桌上,应事先放置好待签协议文本、签字笔、吸墨器等签字时所用的文具。商务活动中,如果是与外商签订国际商务合同,必须在签字桌上插放有关各方国家的国旗。国旗的插放顺序和位置,必须依照礼宾序列进行。例如,签署双边性协议时,有关各方的国旗必须插放在该方签字人座椅的正前方。如签署多边性协议时,各方的国旗应按照一定的礼宾顺序插在各方签字人的身后。

3. 签字人员

在举行正式签字仪式之前,各方应将确定好的参加签字仪式的人员,向其有关方面通报。尤其是客方一定要将自己一方出席签字仪式的人数提前通报主方,以方便主方安排。签字人可以是最高负责人,但要注意,不论是谁出席,双方签字人的身份应该对等。参加签字的有关各方,事先还要安排一名熟悉签字仪式程序的人,并商定好签字的有关细节程序。出席签字仪式的陪同人员,基本上是各方参加谈判的全体人员。礼貌的做法强调,各方人数最好基本相等。为了突出对各方的重视,各方也可对等邀请更高一层的领导人出席签字仪式。

签字仪式的礼仪性极强,出席签字仪式人员的穿着也有具体要求。按照规定,签字人、助签人以及随员,在出席签字仪式时,应当穿着具有礼服性质的深色西装套装、西装套裙,要求配白色衬衫与深色皮鞋。

签字仪式上的礼仪、接待人员，可以穿自己的工作制服，或者是旗袍一类的礼仪性服装。

签字人员应注重仪表仪态、举止要落落大方，自然得体。

签字结束后，可以举行庆祝仪式。

任务三　国际商务谈判礼仪

国际商务谈判的礼仪与礼节

【案例】

有位美国商人单身一人到巴西去谈生意，在当地请了个助手兼翻译。谈判进行得相当艰苦，几经努力，双方最终达成了协议，这时美国商人兴奋得跳起来，习惯地用拇指和食指合成一个圈，并伸出其余三指，也就是"OK"的意思，对谈判的结果表示满意；然而，在场的巴西人全都目瞪口呆地望着他，男士们甚至流露出愤怒的神色，场面显得异常尴尬。

分析：无论在什么场合，手势动作都要非常谨慎地使用。因为手势动作虽然表意十分丰富，在语言表达不顺畅的时候，能辅助我们表情达意。但是，由于国家、民族、风俗习惯的不同，同一的手势却会有不同的含义。正如美国人在表示满意、赞赏时喜欢用"OK"的手势，可是在南美，尤其是巴西，如果做此手势，女性会认为你在勾引她，而男性则认为你在侮辱他，马上会做出戒备的姿态。

一、国际商务谈判中的文化差异

文化背景的不同，对谈判的理解也不同，反映在谈判的方式、方法、技巧及风格上也大相径庭，甚至进入谈判正题的切入点也不同。了解和掌握这方面的知识有助于顺利进行商务谈判，把可能变成现实。

一个民族所使用的语言与该民族所拥有的文化之间存在着密切联系，在跨文化交流中，不同文化之间的差异对于谈判语言有明显的制约关系。美国人的大部分信息是通过明确而具体的语言或文字传递的，美方谈判者力求说话清楚，会直接阐述自己的观点。中国人非语言交流和间接的表达方式是传递和理解信息的重要因素，如用体态、眼神、音调、环境等非言语因素来进行沟通。要理解话语的含意，领会字里行间的言外之意是必要的。中国人说话间接隐晦，而且经常使用沉默这一非言语行为，对某一问题即使有看法，或者有不同意见时，往往用沉默来代替，以此表示礼貌和对对方的尊重。中国人在商务谈判过程中是特别有耐性的，自古以来就奉行"和气生财"的古训，尽量避免产生谈判摩擦，用语礼貌含蓄，追求长久的友谊和合作。

国际商务谈判中的非语言差异。国际商务谈判中除了运用语言进行交流外，还广泛使用非语言表达方式进行相应的交流。

谈判人员以非语言的更含蓄的方式发出或接受大量的信息，这些信息较语言信息更为重要，并且这些信息多是无意识地发出的。因此，当谈判者发出不同的非语言信息时，不同文化背景的人容易误解这些信息，而本身还意识不到所发生的错误。中国人经常用沉默表示认可，或者表示对某个问题有看法，或者不同意某项条款，以此表示礼貌和尊重对方，这对沉默持有消极看法的美国人来说，自然很难接受，他们把沉默看做拒绝。一般情况下，"笑"被看做高兴，而中国人有些会用"笑"表示无奈，不认可。中国人的习惯动作往往是摇头或摆手，有些中方谈判者喜欢做这一动作，却因不解其含义而步入了不伦不类的误区。中国人说"对不起"的同时会微微一笑表示歉意；美国人则可能误认为"笑"表示歉意是虚假的。因此，若没有敏锐的跨文化交流意识，便会感到困惑，乃至产生误解。

二、各国商人谈判的风格与特点

谈判风格是谈判者在谈判中表现出的态度、行为及其内在的性格等。因国家、民族、地域、价值观、宗教信仰和文化背景的不同，形成了差异极大的谈判风格。谈判者只有了解不同对手的谈判风格，才能在谈判中有的放矢，采取恰当的谈判策略，取得商务谈判的成功。

1. 俄罗斯人的谈判风格与特点

俄罗斯在地理位置上与我国比较接近，中俄贸易比较频繁。而且，两国有较长的边境线，双方贸易的历史悠久，特别是最近几年贸易活动增加，双方合资合作的领域不断扩大。因此，研究俄罗斯人的谈判风格与特点具有较大的现实意义。

苏联解体后，俄罗斯实行了市场经济，贸易政策发生了巨大的变化，企业有了进出口商品的自主权，对外贸易大幅增长。政府采取各种优惠政策，吸引国外投资者。尽管在体制上有了较大的变革，但还没有完全形成正常的经营秩序和健全的管理体制。形成俄罗斯人如下的谈判特点。

（1）墨守成规，办事效率低。

最近几年，俄罗斯的经济有了较大的变化。但在商务谈判中，部分俄罗斯人还没有摆脱计划经济体制的影响，在进行谈判时，他们还是喜欢按计划办事，如果对方的让步符合他们预定的具体目标，则容易达成协议；如果与预定目标不一致，他们则很难让步。就是他们明知自己的要求不切合实际，也不妥协让步。

无论如何，俄罗斯人是一个强有力的谈判对手。尽管他们有时处于劣势，但是他们还是有办法迫使对方让步，而不是他们让步。另外，在俄罗斯由于谈判人员要对所经办的商品质量和技术等决策负全部责任，因此导致他们在谈判中异常谨慎。并且俄罗斯人谈判还往往要带上各种专家，这就不可避免地减慢了谈判的节奏。

（2）注重技术性谈判。

由于技术引进项目通常都比较复杂，对方报价通常水分较大，为了尽可能以较低的价格购买最有用的技术，他们特别重视技术内容和索赔条款等细节的谈判。在谈判中索取的资料也比较全面，确保引进的技术具有先进性和实用性。因此，在与俄罗斯人进行谈判时，要做好充分的准备。为了能及时准确地对技术进行阐述，在谈判人员中还要配备技术方面的专家。与俄罗斯人谈判，要十分注意合同的用语，语言要精练准确，对合同中的索赔条款也要十分慎重。

（3）注重礼仪。

俄罗斯人历来以热情、豪放、耿直、勇敢而著称于世。在交际场合，俄罗斯人和初次会面的人习惯行握手礼。但对于熟悉的人，尤其是久别重逢的，他们则大多要与对方热情拥抱。在社交生活中，特别注重个人的仪表风度，站立时保持身体挺直。在等候人的时候，不论时间长短,都不会蹲在地上或席地而坐。并且,他们在社交场合还忌讳剔牙等不良动作。因此与俄罗斯人谈判要注重自己的言谈举止,尊重对方,创造良好的谈判气氛。

(4) 较强的讨价还价能力。

俄罗斯人十分善于与他人做生意。善于寻找生意伙伴,善于讨价还价。通常能够使用较少的资金,引进更好的技术。俄罗斯人常常采用招标的方式进行国际贸易,采取离间手段,让投标者之间竞相压价,最后从中渔利。

2. 美国人的谈判风格与特点

【案例】

张先生是位市场营销专业本科毕业生,就职于某大公司销售部,工作积极努力,成绩显著,三年后升职任销售部经理。一次,公司要与美国某跨国公司就开发新产品问题进行谈判,公司将接待安排的重任交给张先生负责,张先生为此也做了大量的、细致的准备工作,经过几轮艰苦的谈判,双方终于达成协议。可就在正式签约的时候,客方代表团一进入签字厅就转身拂袖而去,是什么原因呢?原来在布置签字厅时,张先生错将美国国旗放在签字桌的左侧。项目告吹,张先生也因此被调离岗位。

分析:中国传统的礼宾位次是以左为上,右为下,而国际惯例的座次位序则是以右为上,左为下;在涉外谈判时,应按国际通行的惯例来做,否则,哪怕是一个细节的疏忽,也可能会导致功亏一篑、前功尽弃。

美国人生性开朗、自信果断,重视实际,往往以事情的成败论英雄。结合美国的经济与文化,形成了美国人的谈判特点。主要表现在以下方面。

(1) 干脆利落。

美国人在商务谈判中,精力充沛,比较直接坦率。他们的喜怒哀乐多数通过他们的言谈举止表现出来,不论是表明自己的观点,还是表达对对方的态度都是比较直接的。如果他们不接受对方提出的建议,会毫不隐讳地坦言相告,唯恐引起对方误会。因此,美国人对中国人和日本人在谈判中的表达方式存在明显的不适应。

(2) 注重实际利益,讲究工作效率。

由于美国经济发达,生活、工作各方面的节奏快,美国人十分珍惜时间,在商务谈判过程中,时间观念特别强。并经常抱怨其他国家的人缺乏时间观念,缺乏工作效率。

美国人在谈判中,十分注重效率,提出的具体条件和报价往往比较客观,做生意时主要考虑生意所能带来的实际利益,而不是生意人之间的私人交情。美国人将友谊与生意区分得十分清楚。美国人注重实际利益,还表现在合同的履约率比较高,因为他们一旦签订了合同,就十分重视合同的法律约束力。

美国是一个法制比较健全的国家。执业律师比较多,据有关资料披露:平均每450名美国人中就有一名职业律师,美国人习惯于用法律的方法来解决矛盾纠纷,他们这种法律观念在商务活动中也表现得十分突出。美国人认为,商务活动中最重要的是经济利益。为了保证自己的利益,最上乘的方法就是依靠法律解决商务活动中的纠纷。因此在商务活动中就表现出美国人对合同的条款特别认真,并且特别重视合同违约赔偿的条款订立。一旦双方发生合同纠纷,就按合同中的约定来处理。因此,美国人在商务谈判中对合同及其条款的讨论比较细致,能够合理地解决各种问题。

3. 日本人的谈判风格与特点

日本是资源匮乏、人口密集的岛国。日本人普遍具有民族危机感,讲究团队和协作。日本人的文化受中西方文化的影响,其谈判特点主要表现在以下几个方面。

(1) 讲究礼仪。日本是一个注重礼仪的社会,日本人所做的一切,都要受严格礼仪的约束。

(2) 日本人的等级观念较强,即讲究自己的身份、地位等,甚至同等职位的人,都具有不同的地位和身份。因此,商务谈判中,一定要注意自己的地位、身份,以及对方的地位和身份。对于不同身份、地位的人给予的礼遇不同,要适当处理。

(3) 日本人的团队意识较强,一般的谈判人员往往进行辩论、讨价还价,最后由主谈出面稍做让步,以达到谈判的目的。但要注意,在日本,妇女的地位比较低,在一些重要的场合,往往禁止妇女参加。因此,正式谈判最好不要女性参加,以免引起日方的怀疑或不满,谈判人员的职位、职级应比日方高些,这样可以赢得谈判的主动。

(4) 日本人非常讲究面子。无论在什么情况下,日本人都非常注意留有面子,或者不让对方丢面子。在商务谈判中表现比较突出的是,日本人即使对对方的一些提议或者方案有不同想法,在一般情况下也很少直接地进行拒绝或反驳,而是通过婉转的方式来陈述自己的观点。

(5) 日本人在许多场合的谈判中都非常有耐心,一般不率先表达自己的观点和意见,而是耐心等待,静观事态的发展。时间对于他们来说不是最重要的。但是时间对于欧美人来讲就不一样了,时间就是效率,就是金钱,因此欧美人认为用一个星期能解决的问题,而实际用了两个星期,就是拖延。但对日本人来讲,经过耐心精细准备,谈判应有条不紊地进行。有时为了一笔理想的交易,日本人可以毫无怨言地等待几个月,只要能达到他们预期的目标,或取得更好的结果就行。

4. 法国人的谈判风格与特点

法国人性格开朗、热情,工作态度认真,十分勤劳,善于享受。同时法国还是一个讲究等级制度和社会地位的国家。法国人的谈判特点如下。

(1) 奉行个人主义、珍惜人际关系。法国人在重视关系的同时又奉行个人主义。尽管他们不喜欢直接表达自己的观点,却很容易发生争执,如果有不同意见,在谈判过程中他们会坦率地提出。并且,法国还是社会等级制度最为明显的国家。

一些谈判专家认为,如果与法国公司的负责人或谈判人员建立了良好的关系,也就意味着建立了牢固的生意关系,还会发现法国人是容易共事的伙伴。在商务活动中,在适当的情况下,可以与法国人聊聊其他话题,如新闻、经济和娱乐等方面的,更能融洽双方的关系,创造良好的会谈气氛。

(2) 偏爱横向谈判。在谈判中法国人喜欢先勾画出一个大致的轮廓,再达成原则协议,最后再确定协议中的具体内容。法国人具体的做法是:签署一个具有交易大概内容的协议,在执行的过程中如果对他们有利就执行,如果对他们不利就毁约,或者要求重新修改或签订。

（3）注重个人力量，有特别的时间观念。法国的公司管理者在管理工作中具有独裁的风格，需要管理者有很强的能力，甚至需要知道每一个问题的解决办法。重视个人的力量，集体决策的情况较小。这与法国组织机构明确、简单有关。实行个人负责制，个人权力较大。在商务谈判中，许多情况由个人决策负责，谈判的效率也较高。在法国访问时需要严格遵守约定的商务会面时间，特别是准备出售产品的时候更是这样。法国人严格区分工作时间与休息时间，在法国8月是度假的季节，全国的职员基本都在休假，这时候想做生意是徒劳的。

5. 德国人的谈判风格与特点

在德国，互相了解是交流的首要目标，德国人为自己表达思想的能力感到自豪。他们通常用直接的、坦白的、甚至是直言不讳的语言来进行交流。

（1）自信、办事效率高。

德国是世界上经济实力最强的国家之一，他们的工业发达，生产效率高，产品质量好。企业的技术标准十分精确具体，德国人一直引以为豪。因此，在购买其他国家的产品时，往往把本国产品作为参照标准，不盲目轻信对方的承诺。德国人在办事效率上享有较高的声誉，他们信奉"马上解决"，所以，在德国人的办公桌上，看不到搁置很久、悬而未决的文件。

他们严守合同信誉，一旦达成协议，很少出现毁约行为，因此合同履约率很高，多数德国人更喜欢符合实际的初始报价，不喜欢"先高后低"策略。

（2）谈判态度严谨。

德国人相对来说还是比较保守的，他们一般不会当众表露他们的感情，并很少使用手势。不鼓励使用面部表情，尽量避免打断别人说话。

总之，德国人的谈判风格是审慎、稳重。他们追求严密的组织、充分的准备、清晰的论述、鲜明的主题。因此，德国人谈判前会花费大量的时间和精力，详细研究与谈判有关的情况。

6. 阿拉伯人的谈判风格与特点

（1）宗教信仰。

在阿拉伯国家，商业活动一般由扩大了的家族来指挥。在这些国家中，人们看重对家庭和朋友所承担的义务，相互之间提供帮助、扶持和救济，家族关系在社会经济生活中占有重要地位。

阿拉伯人信奉伊斯兰教，宗教禁忌特别多，酒既不能饮，也不能作为礼品馈赠。阿拉伯世界凝聚力的核心是阿拉伯语和伊斯兰教。虽然谈判人员对这些不一定要精通和信奉，但当与阿拉伯国家谈判时，做基本了解是十分必要的。例如，遇到斋月，阿拉伯人在太阳落山之前，不吃也不喝。商务谈判人员要做到入乡随俗，尽量避免接触食物和茶。在那里，男人必须小心，不能损害当地妇女的声誉。男士不要对女士热情微笑，相互之间不能站得太近，谈话内容更应注意，仅限于一些表面性的问题。

（2）热情好客。

阿拉伯人十分好客，不论谁人来访，都会十分热情地接待。因此，商务谈判经常被一些突然来访的客人打断，主人会抛下谈判对手，与新来的人谈天说地。所以，与他们谈判，必须要有耐心适应这种习惯，学会见机行事，才能获得阿拉伯人的信赖。这是良好的开端，也是达成交易的关键。在阿拉伯国家，如果被邀请到一个商务人士家里做客，登门的时候不需要带礼物，并且要吃很多东西，以表示对主人的感激之情。

（3）时间观念不强。

阿拉伯人认为，人际关系远比时间重要。所以，他们会让谈判对手等待，而去接见没有事先预约的来访者或者处理家事。阿拉伯人不太讲究时间观念，经常会随意中断或拖延谈判，阿拉伯人的决策过程也较长。在阿拉伯国家，不要试图做一个在特定时间内必须完成某件事的规定，并且在制订工作计划进度表时，一定要具有灵活性。这样延误几天或者几星期都不会给己方造成严重的后果。在海湾地区，耐心是个重要的美德。

（4）重视个人关系。

阿拉伯人不喜欢同人面对面地争吵，也不喜欢一见面就急忙谈生意。在他们看来，一见面就谈生意是不礼貌的。他们希望花点儿时间谈谈其他问题，一般要占15分钟或更多的时间，因此最好把开始谈生意的主动权交给阿拉伯人。

在语言交流方面，应尽量选择具有逃避性和间接性的语言。通常来讲，阿拉伯人不喜欢直接说"不"，在他们看来，用间接的方式来说不愉快的事情，更加有礼貌一些。另外，在阿拉伯国家说"是的"并不总表示肯定，除非他说得很有力量或者重复了好几遍。

7. 拉美人的谈判风格与特点

拉丁美洲是指美国以南的地区，包括墨西哥、中美洲和南美洲的国家。它们曾接受拉丁语系的西班牙和葡萄牙的殖民统治，所以称为拉丁美洲。拉美各国历史上政治比较混乱，政变频繁，因此经济落后，贫富分化明显，生产的商品缺乏国际竞争力。

（1）文化差异大。

拉丁美洲虽然与北美洲同处一个大陆，但人们的观念和行为方式却差别极大。拉美人一般不会轻易让步，具有执着、不妥协的性格特点，反映在谈判中就是不轻易让步。拉美人不喜欢妥协，妥协意味着失败、放弃，意味着牺牲个人的尊严和荣誉。在谈判中，他们坚信自己的观点就是正确的，反而要求对方全盘接受，主动让步很少。不过，他们一般不愿意直接阐述自己的观点，往往采用迂回曲折的方式进行说明。

（2）坚持平等互利原则。

与拉美人做生意，要表现出对他们风俗习惯、信仰的尊重与理解，努力争取他们的信任，一定要坚持平等互利的原则。拉美人不愿意和女性谈判，认为与女性谈判有损男子汉的体面。如果确实需要与女性谈判，会开出很高的条件，甚至会给对方出一些难题。

（3）外贸管制。

在中南美国家，由于经济发展所致，各国政府存在差别较大的进出口和外汇管制，而且一些国家对进口证审查很严，一些国家对外汇进出入国境有繁杂的规定和手续。所以，与中南美国家做生意，在签订合同时，一定要进行认真的调查研究，相关合同条款一定要写清楚，以免发生事后纠纷。

(4) 往往不能按期履行合同。

拉美人不太重视合同，经常是签约之后又要求修改合同，合同履约率不高，特别是不能如期付款。另外，这些国家经济发展速度不平衡，国内经常出现高通货膨胀率，在与其的出口交易中，要力争用美元支付。

拉美地区国家较多，不同国家谈判人员特点也不相同。如阿根廷人喜欢握手；巴西人好娱乐、重感情；智利、巴拉圭和哥伦比亚人做生意比较保守等。

总的来讲，只要不干预这些国家的社会问题，耐心适应这些国家的商人做生意的节奏，并同拉美人建立良好的个人关系，从而保证谈判的成功。

项目总结

商务谈判礼仪一方面可以规范自己的行为，表现出良好的素质修养；另一方面可以更好地向对方表达尊敬、友好和友善，增进双方的信任和友谊。因此要求商务谈判人员应从自身的形象做起，在商务活动中给人留下良好的第一印象。本章从商务谈判人员礼仪的角度，介绍了一名合格的商务谈判人员应该具备的知识和素养。

商务谈判礼仪是商务谈判的重要组成部分，是每个参与谈判的谈判者必须遵守的规则，主座谈判时，要做好接待和迎送工作，布置好谈判室及安排好谈判的座次。出席商务谈判的人员要做到仪容整洁，服饰规范，言谈举止文明得体。

在商务谈判过程中，由于谈判人员所处的地区、国家、民族以及文化背景不同，在谈判中的特点不同，有时可能会产生误会甚至摩擦，导致商务谈判的失败，因此掌握商务谈判礼仪的相关内容特别重要。

基本训练

1. 请你结合生活实践谈谈什么是商务谈判礼仪？
2. 一个举止优雅、风度翩翩的谈判者，能给谈判对方留下良好的印象，有助于谈判的成功，谈判者的举止风度包括哪些方面？
3. 谈判礼仪中对男女服饰的穿着有很多要求，你都知道有哪些基本要求？
4. 中国古代礼仪中是非常讲究坐姿、走姿和站姿礼仪的，商务礼仪也尤为重要。你知道一般的谈判坐姿、走姿和站姿的礼仪要求吗？
5. 在国际商务谈判中由于谈判人员所处的地区、国家、民族以及文化背景不同，形成不同的谈判文化和谈判礼仪，请谈谈日本和美国的谈判风格和特点。

实训操作

实训内容：迎送礼仪与见面礼仪训练。

实训目标：通过情景模拟训练使学生熟悉并运用迎送和见面礼仪。

实训组织：抽取12名学生，每组6人，分成两组，分别设定他们在谈判小组中的身份。将2组学生分别作为东道主，进行迎送礼仪和见面礼仪的训练。要求双方人员要穿戴整齐，动作到位规范。

案例分析

案例一：

小张是刘经理的秘书，一天，她收到一封邀请刘经理去参加一个宴会的邀请函，邀请函中明确要求出席宴会时着装为礼服。小张把邀请函交给了经理，并且为经理安排了车辆，却没有注意着装要求，刘经理也没有细看邀请函。当刘经理着便装出现在宴会厅时，感到十分尴尬，因为所有参加宴会的人都穿着正装，只有他一人身着便装。

问题：小张和刘经理应该从中得到什么教训？

案例二：

小王参加工作不久，在一家公司做销售工作，多日来，通过发传真、写电子邮件等，终于找到一家对他们公司产品感兴趣的大公司，该公司同意与小王见面洽谈合作的事情。小王也十分重视这次机会，特意穿上笔挺的西装、锃亮的皮鞋和一双刚买的白色球袜来到对方公司。在与对方面谈时，小王由于是初次，不免有些紧张，坐在椅子上双腿不停地晃动，手指也不时在腿上敲击。面谈结束后，对方只是淡淡地说："以后再联系吧。"面对失败，小王百思不得其解，后来请经理向对方询问原因，对方说："你们员工的素质还有待提高。"

问题：在本次面谈中，小王的表现在哪些方面还有待提高？